Zu diesem Buch

Gerade hatte man in den USA und in Europa begonnen, von einem neuen, friedlichen Zeitalter zu träumen. Allgemeine Abrüstung schien in greifbare Nähe gerückt. Jetzt herrscht im Nahen Osten Krieg. Nicht zuletzt die Folgen des eigenen Rüstungswahns haben in der Ersten und Zweiten Welt für ein jähes Erwachen gesorgt. Hochgerüstet mit westlicher und sowjetischer Kriegstechnologie, hat der irakische Diktator Saddam Hussein den superreichen, aber schwachen Nachbarn Kuwait überfallen und damit den Sturm im Golf entfacht. Plötzlich wird klar, daß der eigentliche Weltkonflikt jetzt erst richtig beginnt: der zwischen Nord und Süd.

Dieser Band befaßt sich sowohl mit der aktuellen Situation im Persischen Golf und ihren Hintergründen als auch mit Fragen, die uns weiter beschäftigen werden, wie immer der Kampf um Macht und Öl auch ausgehen mag. Einige davon: Was für ein Mensch Saddam Hussein ist und wie er zum gefährlichsten Mann der arabischen Welt wurde. Wie das Leben im Irak aussieht. Warum die wirtschaftlichen Gründe für den Überfall aus der Sicht des Diktators erklärbar sind. Welches Waffenpotential inzwischen im Nahen Osten angehäuft ist. Wie das Ende des Ost-West-Konflikts den Golfkrieg mit ermöglicht hat. Welche historischen und ideologischen Gründe nicht nur die armen arabischen Volksmassen für ihren Haß auf den exklusiven Club der Ölpotentaten und auf die USA haben. Welche Ideologien von Panarabismus über arabischen Sozialismus bis zum islamischen Fundamentalismus miteinander streiten und wie sie aussehen. Wie Israel reagiert und was die Krise für die Palästinenser in den besetzten Gebieten bedeutet. Nicht zuletzt: Warum die Bundesrepublik so viel zur Hochrüstung am Golf beigetragen hat. Und schließlich: Welche ungeheuren ökologischen Risiken der nun entfachte Krieg mit sich bringt.

BAHMAN NIRUMAND, 1936 in Teheran geboren, studierte in München, Tübingen und Berlin Germanistik, Philosophie und Iranistik. Er war kurz vor dem Sturz der Monarchie wieder in den Iran eingereist, nachdem er Jahre vorher vor dem Geheimdienst des Schahs ins Berliner Exil geflüchtet war. Als Vorstandsmitglied der Nationaldemokratischen Front wirkte er an der demokratischen Opposition gegen Chomeini mit. Doch die Diktatur der Mullahs zwang ihn bald in den Untergrund und anschließend abermals ins Exil. Bahman Nirumand lebt heute als Journalist und Schriftsteller in Berlin. Veröffentlichungen bei rororo aktuell u. a.: Iran – hinter den Gittern verdorren die Blumen, 1985; Bahman Nirumand/Keywan Daddjou: Mit Gott für die Macht. Eine politische Biographie des Ayatollah Chomeini, 1987/89; Leben mit den Deutschen. Briefe an Leila, Essay, 1989.

Bahman Nirumand (Hg.)

Sturm im Golf

Die Irak-Krise und das Pulverfaß Nahost

rororo

Rowohlt

rororo aktuell – Herausgegeben von
Ingke Brodersen und Hubertus Knabe

Redaktion
Frank Strickstrock / Rüdiger Dammann

127.–167. Tausend Februar 1991

Veröffentlicht im Rowohlt Taschenbuch Verlag GmbH,
Reinbek bei Hamburg, September 1990

Umschlaggestaltung Büro Hamburg –
Jürgen Kaffer / Peter Wippermann
(Foto: Brad Bower / FOCUS)
Satz Times (Linotronic 500)
Gesamtherstellung Clausen & Bosse, Leck
Printed in Germany
1080-ISBN 3 499 12926 4

Inhalt

Vorwort

Sturm im Golf

Die Bewohner der Länder des Nahen Ostens werden im Augenblick von einem furchtbaren Schicksal heimgesucht. Wahrscheinlich werden, wenn dieser Band erscheint, zahlreiche Städte und Dörfer in der Region verwüstet sein und Hunderttausende unbeteiligter Menschen, die heute noch ihren alltäglichen Geschäften nachgehen und Pläne für ihre persönliche Zukunft machen, unter den Trümmern und in Massengräbern liegen.

Saddam Husseins Waffengang gegen das kuwaitische Nachbarland hat die Menschen in Ost und West, die schon seit geraumer Zeit von einem herannahenden goldenen Zeitalter, von einer friedlichen Zukunft in Wohlstand und Freiheit träumten, mit einem Ruck wachgerüttelt. Er hat ihnen in Erinnerung gebracht, daß auf unserer Erde außer Europäern und Nordamerikanern noch andere Menschen existieren, ohne deren Wirken Wohlstand und Reichtum der Industrienationen nicht aufrechtzuerhalten wären. Diese Kriegsaktion hat der Weltöffentlichkeit vor Augen geführt, daß es für die Realisierung des Weltfriedens keineswegs ausreicht, wenn die Großmächte ihre Konflikte beilegen und wenn deren politische Führer sich brüderlich umarmen. Vielleicht ist die gegenwärtige Krise ein Zeichen dafür, daß der Ost-West-Konflikt nach der allgemeinen Wende in einen Konflikt zwischen den industrialisierten Ländern und den Ländern der Dritten Welt übergeht. Es ist kein Zufall, daß man in letzter Zeit in Europa von einer sich anbahnenden Konfrontation zwischen der europäischen Zivilisation und dem islamischen Fundamentalismus spricht und damit ein Feindbild aufstellt und einen Gegensatz hervorzaubert, den es in dieser Weise nicht gibt. Der Islam ist in seiner Gesamtheit nicht mit Chomeini und schon gar nicht mit Saddam Hussein gleichzusetzen. Hier wirkt eine noch traditionell orientierte Politik, die nicht auf Feindbilder und Haß und Rachegefühle verzichten kann.

Was die Kriegsaktion von Saddam Hussein selbst anbetrifft, kann man sie durchaus als die Tat eines Besessenen bezeichnen, eines Besessenen, der in seinem Streben nach Macht keine Verbrechen scheut. Aber bekanntlich hat jedes Verbrechen, jede Wahnsinnstat, eine Logik. Auch die Tat Saddam Husseins scheint keine Ausnahme zu bilden. Ziel des irakischen Diktators ist es, in der Golfregion die erste Geige zu spielen und Macht, vor allem über die konservativen, vom Westen abhängigen Herrscher, zu gewinnen. Er begehrt den freien Zugang zu den Gewässern des Golfs und die Herrschaft über größere Ölquellen in den Golfgebieten. Diese Wünsche des irakischen Herrschers sind nicht neu. Sie sind den Beobachtern der Nahost-Szene längst bekannt.

Vor zehn Jahren, im September 1980, hat der Irak seinen überraschenden Blitzangriff auf das Nachbarland Iran gestartet mit dem Ziel, die ölreichen und von arabischen Stämmen bewohnten südlichen Gebiete Irans zu annektieren. Die Aktion erwies sich als Fehlschlag; sie war von vornherein zum Scheitern verurteilt. Acht Jahre lang dauerte der sinnloseste aller Kriege. Er hinterließ über eine Million Tote, Hunderttausende von Invaliden, verwüstete Dörfer, zerstörte Städte. Die materiellen Schäden werden auf 600 Milliarden Dollar geschätzt. Damals gab es kaum hörbare Proteste, beide Staaten erhielten beliebige Mengen an Waffen und Rüstungsmaterial, da es gut fürs Geschäft war und man es sich mit beiden Ländern nicht verderben wollte. Doch die größere Sympathie galt den Irakern. Die USA lieferten ihnen freizügig militärische Geheimnisse; vor allem Frankreich, die Sowjetunion und die Bundesrepublik stellten ihnen modernste Waffen und Laboranlagen zur Herstellung von chemischen Bomben zur Verfügung. Saddam Hussein konnte zum Wohl der Waffenlieferanten aus Ost und West seine Armee zu der größten und schlagkräftigsten Militärkraft im Nahen Osten ausbauen und sie mit modernsten Waffen, mit Panzern, Kampfflugzeugen und Raketen, ausrüsten. Kein Verbrechen des irakischen Diktators, nicht einmal das Massaker an den Kurden, bei dem allein in der Stadt Hallabije mehr als 5000 Menschen durch Giftgas ermordet wurden, konnte die Waffenlieferanten, Regierungen und ihre Diplomaten davon abhalten, Saddam Hussein zu umwerben.

Der Angriff auf Kuwait war der zweite Versuch, den der Herr über das Zweistromland zur Verwirklichung seiner Träume unternahm. Und dieses Mal glaubte er offenbar, anders als im Falle Irans, seine Aktion genau geplant und das Für und Wider seines Vorhabens gründlich durchdacht zu haben. Anders als bei den südlichen Provinzen Irans konnte er seinen Anspruch auf kuwaitisches Territorium tatsächlich historisch begründen, wenn auch diese Gründe umstritten sind. Die Grenzen zwischen den beiden Nachbarländern sind seit der Unabhängigkeit Kuwaits im Jahre 1961 nicht endgültig festgelegt worden. Spätere Verhandlungen führten zu keinem Ergebnis. Irak beanspruchte vor allem die kuwaitischen Häfen der Inseln Bubian und Warba, die ihm neben der schmalen Halbinsel Fao im Norden des Persischen Golfs einen direkten Zugang zum Meer ermöglichen würden. Für die irakische Kriegsaktion gab es aber auch aktuelle Anlässe und Vorwände. Irak forderte die Annullierung seiner Schulden bei Kuwait, die noch aus der Zeit des iranisch-irakischen Krieges stammten und sich schätzungsweise auf 30 Milliarden Mark beliefen. Saddam Hussein begründete diese Forderung damit, daß er Kuwait im Golfkrieg vor iranischen Angriffen geschützt habe. Darüber hinaus beschuldigte Irak Kuwait, in den achtziger Jahren, während des Golfkrieges, in den Ölfeldern von Ramaila im Süden Iraks Öl «gestohlen» zu haben und forderte dafür eine Entschädigung von umgerechnet etwa 3,87 Milliarden Mark. Schließlich warf Bagdad Kuwait vor, den Ölmarkt bewußt überschwemmt, dadurch die Preise gedrückt und dem Irak damit schwer geschadet zu haben.

Der Angriff auf Kuwait war also eine kalkulierte Aktion, der Erfolg der Annexion militärisch gesichert. Selbstverständlich hatte die 130000 Mann starke, hochgerüstete irakische Invasionsarmee gegen die überrumpelten 22000 Söldnersoldaten Kuwaits ein leichtes Spiel. Innerhalb von sieben Stunden konnte das kleine Land mit zwei Millionen Einwohnern besetzt werden. Der Emir und sein Gefolge verließen fluchtartig das kleine Reich, die Söldner streckten die Waffen. Auch politisch-psychologisch konnte der Überfall bei den arabischen Volksmassen legitimiert werden. Saddam Hussein betonte, seine Kriegsaktion gelte einem korrupten, verschwenderischen Herrscherhaus, einer Dynastie, die bei den Arabern schon seit langem verhaßt war. Er konnte daher bei den arabischen Massen auf Einverständnis und Wohlwollen rechnen. Denn für Millionen Araber war es nicht einsichtig, daß die kuwaitischen Herrscher in Reichtum schwelgten, während sie selbst in größter Armut ihr Dasein fristen mußten. Es bedurfte keiner besonderen Demagogie, um bei diesen ewig gedemütigten Volksmassen Haß und Neidgefühle zu schüren und Schadenfreude zu wecken. Selbst die kuwaitischen Soldaten und Offiziere waren nicht bereit, als Märtyrer für das «Vaterland» zu sterben; sie leisteten kaum Widerstand.

Gerade Saddams Erklärung, endlich soziale Gerechtigkeit walten zu lassen und die Reichtümer der Region gerecht verteilen zu wollen, war ein kluger Schachzug, der ihm den Jubel der Massen sicherte. Allein in Jordanien erklärten sich in den ersten Tagen Zehntausende bereit, den irakischen Diktator zu unterstützen. In Libyen, dem Jemen, Sudan und Mauretanien bekundeten Tausende bei Massenkundgebungen ihre Sympathie für Saddam und sicherten ihm ihren Beistand zu. In Sprechchören riefen sie: «Saddam, wir sind für dich mit unserer Seele, unserem Körper, unserem Hab und Gut.»

Ein wichtiger taktischer Gegenzug gelang Saddam nach der Landung amerikanischer Truppen in Saudi-Arabien und nach der Massierung von Kriegsschiffen in den Gewässern des Golfs. Nach dieser Invasion sprach der Führer der irakischen Baathisten, die den Sozialismus auf ihre Fahnen geschrieben haben, von einem «Heiligen Krieg» der Araber, von einem Krieg der islamischen Märtyrer gegen eine gemeinsame Front von «Zionisten, Imperialisten und deren arabischen Marionetten». Über Nacht schien ein neuer Nasser auferstanden. Die arabischen Volksmassen hatten wieder ihren nationalen Helden, ihren Retter, der es wagt, den Feinden Arabiens die Stirn zu bieten. Innerhalb weniger Tage schien der Feldherr aus Mesopotamien die Gewähr dafür zu bieten, jene Träume zu verwirklichen, die bislang völlig unrealisierbar schienen: die Bildung einer gemeinsamen Front zwischen Panarabisten, islamischen Fundamentalisten, traditionell orientierten Linken und palästinensischen Befreiungsorganisationen. Der PLO-Führer Arafat umarmte den irakischen Diktator Saddam Hussein wie eine sehnsuchtsvoll erwartete Geliebte.

Der erklärte Laizist Saddam Hussein präsentierte sich als Befreier von Mekka und Medina, als der neue islamische Messias. Die vier Hauptziele, die er proklamierte, Einheit der Araber, Rettung des Islams, Befreiung Palästinas und Verwendung des Öls als Waffe gegen ausbeuterische Industrieländer, waren den Volksmassen wie aus der Seele gesprochen. Das sind die in Worte gefaßten Sehnsüchte der politisch engagierten Araber, der Barfüßigen und Habenichtse. Und je mehr ausländische, vor allem amerikanische Kriegsschiffe in den Gewässern des Golf fuhren, je mehr ausländische Truppen – Saddam behauptete sogleich, es seien auch israelische Soldaten dabei – in Saudi-Arabien stationiert wurden und je enger sich die gekrönten

Häupter und konservativen Herrscher arabischer Staaten an den Westen anlehnten, desto verlockender wurden Saddams Versprechungen.

Dem machtbesessenen arabischen Diktator ist es gelungen, innerhalb weniger Wochen die herrschenden Regimes in den Nachbarstaaten innerarabisch in die Isolation zu treiben. Die Vermutung, Saddam werde, wenn er die Krise übersteht, die Lücke, die Nasser hinterließ, mit noch größerem Gewicht füllen, scheint zuzutreffen. Der bekannte ägyptische Journalist Heikal schreibt: «Wenn es Saddam Hussein gelingt, seine Position in Kuwait fest zu behaupten, dann kann er die arme und entwurzelte Bevölkerungsmasse der arabischen Welt auf seine Seite bringen und eine stürmische revolutionäre Entwicklung herbeiführen, wie sie diese Region bislang noch nicht kannte. Wenn erst einmal der Sturm losgeht in den Golfstaaten, wird er alle hinwegfegen.»

Aber gegen diesen Sturm wurden sehr bald zahlreiche hohe Dämme errichtet. Und die Invasion der Alliierten hat den Kriegstreiber von Bagdad ins Stolpern gebracht, könnte ihn sogar zu Fall bringen. Die heftige Reaktion, die allgemeine Mobilmachung und schließlich der Krieg gegen den irakischen Diktator waren indessen weder die Folge eines sensiblen Rechtsempfindens oder einer humanen Einstellung noch der Solidarität mit den korrupten Herrschern im Nahen Osten. Wäre dieses Rechtsempfinden, wären diese humanen Gefühle ausschlaggebend, dann hätte es im Falle Falklands, Grenadas, Panamas oder Libyens heftige Proteste geben müssen.

Dann hätte man die Besetzung palästinensischer Gebiete durch Israel über Jahrzehnte nicht geduldet. Im Falle Kuwaits geht es weder um Recht noch um Humanität, es geht um die nackten wirtschaftlichen und militärstrategischen Interessen der Großmächte und der gesamten Industriestaaten, es geht vor allem um das Öl.

Denn unter dem Wüstenland der arabischen Halbinsel lagern die größten Erdölvorkommen der Erde. Die ausgewiesenen Reserven von 195 Milliarden Barrel Erdöl machen den Irak plus Kuwait zum zweitgrößten Erdölbesitzer der Welt. Das allein ist der Grund für die größte militärische Mobilmachung der USA seit dem Vietnam-Krieg. Hunderte von Bombern, Jagdflugzeugen sowie Flugzeugträger wurden in die Golfregion geschickt. Die Zahl der US-Soldaten stieg auf zuletzt 450000 an.

Der Überfall auf Kuwait war für Saddam mit größten Risiken verbunden. Seine Kriegsaktion war ein Spiel mit dem Feuer, denn mit Ausnahme der arabischen Volksmassen hatte er die ganze Welt gegen sich. Ihm fehlte vor allem der Spielraum, der bislang den Ländern der Dritten Welt auf der Grundlage des Ost-West-Gegensatzes zur Verfügung stand. Die Beschlüsse der Vereinten Nationen, die darin vereinbarten Boykottmaßnahmen und schließlich das Ultimatum gegen den Irak zeigten deutlich, daß dieser Spielraum nicht mehr existierte. Diese Feststellung war schon früh in der sowjetischen Tageszeitung *Iswestija* nachzulesen. Dort hieß es: «Die Weltorganisation ist nicht mehr in zwei Lager gespalten, deren Gegensätze und Feindseligkeiten von einigen Dritt-Welt-Ländern zum eigenen Vorteil ausgenutzt werden können.»

Die Frage war, wieweit und vor allem wie lange der Irak in der Lage sein würde, dem allgemeinen Druck von außen standzuhalten und ob die USA über das von der UNO beschlossene Embargo hinaus militärische Aktionen gegen das Zweistromland planen. Sie ist durch den Angriff der Alliierten auf den Irak inzwischen entschieden.

Der einfachste und für die Region ungefährlichste Ausweg aus der Nahost-Krise wäre auch in der gegenwärtigen Phase noch gefunden, wenn der Irak der Forderung der Weltorganisation nachgeben und seine Truppen aus Kuwait zurückziehen würde. Doch dies scheint undenkbar. Denn eine solche Demütigung würde das Regime Saddam Husseins vermutlich nicht überleben. Wohl nicht zuletzt aus diesem Grund hat Saddam erklärt, Irak und Kuwait seien auf ewig vereint. Damit sei einer der «abscheulichsten und verbrecherischsten Akte des Kolonialismus» beseitigt. Das vereinigte Land werde «ein Paradies der Araber». Er beharrt auf der Position, die er schon vor dem Krieg einnahm: «Wir werden allen die Augen ausstechen, die es wagen, die arabische Nation anzugreifen.»

Der zweite Ausweg für Irak wäre ein Festhalten an Kuwait, verbunden mit der Hoffnung, daß er den Krieg so lange durchhält, bis die Koalition der westlichen Alliierten mit seinen arabischen Nachbarn abbröckelt und die öffentliche Meinung im Westen umschlägt. Jedoch ist fraglich, ob der Irak dem massiven militärischen Druck über einen längeren Zeitraum widerstehen kann. Hinzu kommen ja noch die fortlaufenden Boykottmaßnahmen. 70 bis 80 Prozent seiner Nahrungsmittel bezieht das Land aus dem Ausland. Das Staatsbudget wird nahezu vollständig durch die Ölausfuhr gedeckt. Für die Erhaltung der militärischen Kampfstärke werden Ersatzteile benötigt, die zum größten Teil aus dem Ausland importiert werden müssen. Bei einem lang andauernden Boykott würde also der Irak, der im übrigen mit mehr als 100 Milliarden Dollar verschuldet ist, vollständig ausbluten. Die Regierung könnte nicht einmal die Versorgung der Soldaten und Offiziere auf Dauer sichern. Wirtschaftlicher Ruin, Hungersnot und auch die verheerenden Folgen des Krieges können bald zu einem Stimmungswandel in der Bevölkerung führen.

Schon zur Zeit der Boykottmaßnahmen versuchte Saddam, einen Ausweg aus den Folgen dieser Maßnahmen zu finden. Die Schritte, die er unternahm, können auch noch für den Verlauf des Krieges von Bedeutung sein. Der erste Schritt bestand in dem Vorschlag, im Falle eines Rückzugs der USA aus Saudi-Arabien, eines Rückzugs israelischer Soldaten aus den besetzten Gebieten und syrischer Truppen aus dem Libanon das kuwaitische Territorium freizugeben. Dieser Vorschlag brachte Saddam Hussein den Beifall der Volksmassen, er konnte ihm aber keinen Ausweg aus der Sackgasse bieten, weil er schon damals von allen angesprochenen Staaten abgelehnt wurde.

Der zweite Schritt, dem eine bei weitem größere Bedeutung beigemessen werden muß, hat in der Tat im Hinblick auf den Boykott für den Irak gewisse Erleichterungen gebracht und später zumindest eine mögliche Front innerhalb des Krieges vermieden. Völlig überraschend bot der irakische Präsident dem iranischen Nachbarland, gegen das er acht Jahre lang Krieg geführt hatte, seine Freundschaft an. Er akzeptierte uneingeschränkt die iranischen Forderungen, namentlich den Vertrag von Algier, den er zu Beginn des Krieges vor den Fernsehkameras zerrissen hatte. Und er erklärte sich bereit, seine im Iran stationierten Truppen aus den immer noch besetzten Grenzgebieten zurückzuziehen und alle Kriegsgefangenen freizulassen.

Was Saddam mit diesem unerwarteten Schritt bezweckte, ist nicht schwer zu erraten. Die Gefahr eines iranischen Angriffs sollte damit gebannt und die im Iran stationierten Truppen sollten freigesetzt werden. Wäre der Iran bereit, im Gegenzug die von der UNO beschlossenen Boykottmaßnahmen zu ignorieren und seine Grenzen für irakische Export- und Importwaren zu öffnen, dann wären vorerst die schlimmsten Folgen des Embargos gebannt. Noch wünschenswerter für den Irak wäre natürlich, wenn die im Iran herrschenden Ayatollahs sich zu einer gemeinsamen Front mit dem ehemaligen Feind im Nachbarland gegen Israel, die Westmächte und ihre arabischen Alliierten entschließen würden. Zu Lebzeiten Ayatollah Chomeinis wäre vielleicht eine Beteiligung Irans an einer Front gegen die «Feinde des Islam» denkbar gewesen. Doch jetzt, wo die sogenannten Gemäßigten im Iran unter Rafsandjani die Annäherung an die USA anstreben und im Kampf gegen radikale Fraktionen die Öffnung der Grenzen für ausländisches Kapital planen, scheint die Realisierung der vorgetragenen Wünsche aus Bagdad kaum denkbar. Der Iran hat ja auch seine neutrale Haltung in diesem Krieg bekundet. Dennoch ist bei den fundamentalistischen Moslems im Iran eine Kehrtwendung nicht ausgeschlossen, vor allem dann, wenn Israel sich am Krieg beteiligen würde.

Wenn diese und andere taktische Rechnungen des Diktators nicht aufgehen, ist zu befürchten, daß er zu einem Verzweiflungsschlag ausholt, wie angedroht die Ölfelder im südlichen Golf in Brand setzt und einen massiven Schlag gegen Israel versucht. Ein solcher Schritt wäre ein selbstmörderisches Unternehmen.

Die Israelis jedenfalls, die sich auf Drängen der USA sogar noch nach ersten, glimpflich verlaufenen Raketenangriffen im Hintergrund halten, um den Zorn der Araber und die Sympathien für Saddam Hussein nicht noch zusätzlich zu steigern, würden wohl kaum weitere Provokationen durch den Irak dulden. Bereits nach den ersten Angriffen auf Tel Aviv wurden massive Gegenschläge geplant, die Bevölkerung auf militärische Aktionen vorbereitet. Sollte der Irak, wie angedroht, auch chemische und biologische Waffen gegen Israel einsetzen, dann wird die Geduld der Regierung in Tel Aviv wohl zuende sein.

Bleibt noch die Frage, welche Folgen der nun begonnene Krieg gegen den Irak für die USA haben wird. Die Folgen des Krieges und seine Risiken für die Vereinigten Staaten sind in der gegenwärtigen Lage indessen unüberschaubar. Der Irak könnte sich für die USA in ein neues Vietnam verwandeln und dabei die ganze Region in Mitleidenschaft ziehen. Das würde sich für die USA sowohl innen- als auch außenpolitisch äußerst negativ auswirken. Es hat sich ja bereits jetzt herausgestellt, daß der Irak durch einen «Blitzkrieg» nicht zu besiegen ist. Abgesehen von einer starken Armee verfügt das Land vermutlich noch über chemische Waffen.

Wie auch immer die gegenwärtige Krise, die mit dem irakischen Feldzug gegen Kuwait ausgelöst wurde und schließlich zum Krieg eskalierte, ihr Ende findet: Fest steht jedenfalls, daß die Krise bereits jetzt schon zu verheerenden Folgen geführt hat. Sie hat auch tiefe Wunden aufgerissen und nicht nur Irak und Kuwait, sondern über die Region hinaus zahlreiche Länder in Mitleidenschaft gezogen. Sie hat Konflikte ausgelöst, deren Wurzeln in der Zeit des Kolonialismus, Neokolonialismus und des Kalten Krieges, aber auch in den bilateralen Beziehungen zwischen den Staten des Nahen Ostens liegen. Sie hat eine Lawine ins Rollen gebracht, die so bald nicht zum Stillstand kommen wird, zumindest so lange nicht, wie nicht ein tiefgreifendes Umdenken bei den Völkern und den Herrschern in der Region, aber auch in den Industrieländern in ihren Beziehungen zu den Ländern der sogenannten Dritten und Vierten Welt stattgefunden hat.

Die Absicht des vorliegenden Bandes besteht darin, über die aktuellen Ereignisse hinaus Hintergrundinformationen zu liefern und die vielschichtigen, ineinander verwobenen Aspekte der regionalen und überregionalen Konflikte im Nahen Osten genauer zu untersuchen und offenzulegen.

Die an diesem Band beteiligten Autorinnen und Autoren sind ausnahmslos langjährige Beobachter der nahöstlichen Szene; es sind Sachverständige für die jeweiligen Themenkomplexe, die hier behandelt werden. Daß zwei von ihnen ihren Beitrag nicht mit eigenem Namen zeichnen wollen, ist ein weiteres Indiz dafür, daß Diktaturen die Freiheit auch jener Menschen einschränken können, die außerhalb ihres Machtbereichs leben. Die Aktualität des Themas machte eine rasche Herstellung des Bandes erforderlich. Für diese schnelle und dennoch fundierte Arbeit sei allen Autorinnen und Autoren, aber auch den Mitarbeiterinnen und Mitarbeitern des Rowohlt Verlages gedankt.

Dieser Band wurde zum erstenmal im August 1990 fertiggestellt. Die in ihm enthaltenen Analysen haben weiterhin Bestand. Die Eskalation der Krise zum Krieg machte die Aufnahme zusätzlicher Beiträge sinnvoll und notwendig, die am Schluß des Bandes versammelt sind.

Bahman Nirumand, Januar 1991

Bahman Nirumand

Der Kriegstreiber von Bagdad

Saddam Husseins zielstrebiger Weg zur Macht – eine Biographie der Gewalt

Ein Fernsehbesitzer sucht in Bagdad eine Werkstatt, um sein Gerät schnell reparieren zu lassen – ein mühsames Unterfangen, denn im Irak ist die Reparatur von Elektrogeräten mit langen Wartezeiten bis zu sechs Monaten verbunden. Doch zum Erstaunen des Fernsehbesitzers nimmt die erste Werkstatt, die er aufsucht, das Gerät entgegen; in einer halben Stunde könne er es wieder abholen. Als der Mann nach der vereinbarten Zeit zurückkommt, sieht er, daß die Mattscheibe seines Fernsehgeräts mit einem Foto von Saddam Hussein überklebt ist. «Das Gerät braucht nicht repariert zu werden», sagt der Mechaniker. «Was du mit dem Gerät sehen kannst, habe ich dir auf die Mattscheibe geklebt.»

Derlei Witze über den Personenkult um den irakischen Staatspräsidenten sind im Irak viel im Umlauf. Tatsächlich wird der irakische Diktator jeden Abend bis zum Überdruß im Fernsehen präsentiert. Saddam als weiser und tapferer Feldherr – obwohl er nie Soldat gewesen ist –, als kinderliebender, fürsorglicher, gütiger Vater, als Verfechter der Rechte der Frauen, Retter der Barfüßigen und Habenichtse, als Beschützer von gläubigen Moslems, von Bauern, Beduinenstämmen, kurdischen Minderheiten, als umworbener Diplomat und großer Staatsmann. Dreißig bis fünzigmal in der Stunde hört man den Namen des Präsidenten in den staatlichen Rundfunkprogrammen.

Saddam Hussein ist reichlich ausgestattet mit Ämtern und Würden. Er ist Präsident der Republik, Vorsitzender des alles beherrschenden Revolutionsrates, Ministerpräsident, Oberbefehlshaber der Streitkräfte, Generalsekretär der regierenden Baath-Partei. Er trägt diverse Titel wie «Weiser Führer der revolutionären Massen», «Vater des Volkes», «Sonne des Volkes», «Führer des Volkes», «Schwert Arabiens». Jeder Iraker begegnet mehrmals am Tag seinem Bild, seinem Denkmal, seinem Namen. Auf den öffentlichen Plätzen, am Eingang eines jeden Dorfes steht sein Standbild aus bemaltem Karton in

Überlebensgröße, herabblickend auf das vorbeigehende Fußvolk. In keiner Amtsstube, keinem Privatbüro fehlt die Fotografie des Staatsoberhauptes, ja oft zieren dessen Bilder auch die Wohnzimmer der Iraker. Als Marschall in Gala-Uniform mit Schärpe und Ordensstange, in kurdischer Tracht mit lässig geschlungenem Turban, als Beduine oder elegant-europäisch gekleideter Staatsmann, angepaßt an die jeweilige Atmosphäre, mal gütig lächelnd, mal grimmig dreinblikkend, mal nachdenklich in die Ferne schauend präsentiert sich der Landesvater seinen fünfzehn Millionen* Untertanen. Selbst auf dem Zifferblatt zahlreicher Uhren am Handgelenk von Frauen, Männern und Jugendlichen, auf dem Kopftuch junger Mädchen, am Schlüsselbund der Autofahrer darf das Konterfei des selbsternannten Volksführers nicht fehlen. In den Restaurants, Teestuben, Kinos, Schauspielhäusern, in den Omnibussen, Taxis, am Zeitungskiosk, überall drängt sich das rundliche Gesicht des Präsidenten mit dem Männlichkeit ausstrahlenden Schnurrbart auf.

1937 bei Tikrit, einer Kleinstadt im kurdisch-arabischen Grenzgebiet, geboren, kam Saddam mit neun Jahren zur Schule. Die Eltern stritten sich ständig; der Vater, ein Beduine, suchte schließlich das Weite. Die Mutter heiratete wieder, gab den gerade elf Jahre alt gewordenen Sohn in die Obhut ihres Bruders. Mit zwanzig landete Saddam wegen eines angeblichen (oder tatsächlichen) Mordes in Tikrit im Gefängnis. Dort nahmen ihn einige ebenfalls inhaftierte Baathisten in ihren Kreis auf; seine politische Laufbahn begann.

1959 planten die inzwischen erstarkten Baathisten einen Anschlag auf den damaligen Ministerpräsidenten Qasim. Saddam, 21jährig, sollte Schützenhilfe leisten. Doch mit einer Nebenrolle mochte er sich nicht begnügen. «Ich konnte nicht einfach abseits stehen und zuschauen», rühmte er sich später. «Ich mußte schießen.» Er schoß und traf nicht nur den im offenen Wagen vorbeifahrenden Ministerpräsidenten, dessen Fahrer und Beifahrer, sondern auch zwei der eigenen Gefährten, die den Anschlag von der anderen Straßenseite her hätten ausführen sollen. Der Premier kam schwerverletzt davon, sein Fahrer und die zwei Attentäter waren auf der Stelle tot. Saddam selbst, von zwei Kugeln im Bein getroffen, konnte fliehen – zunächst in den Bagdader Untergrund, danach über Syrien nach Ägypten.

* Eine genaue Einwohnerzahl ist nicht bekannt; die Schätzungen schwanken zwischen vierzehn und achtzehn Millionen.

Im Februar 1963 putschten sich die Baathisten in Bagdad an die Macht. Eiligst kehrte Saddam in den Irak zurück, übernahm in der Hauptstadt die Leitung des «Untersuchungskomitees» in dem berüchtigten Gefängnis «Ghasr Nahaje» (Palast des Endes). Wie viele er hier zu Geständnissen gezwungen, wie viele er gefoltert und umgebracht hat, weiß vermutlich niemand. Fest steht jedenfalls, daß die paramilitärischen Garden der Baath-Partei innerhalb weniger Wochen Tausende von Gegnern massakrierten.

Die Regierungszeit der Baathisten war von kurzer Dauer. Im Februar 1963 an die Macht gelangt, mußten sie bereits im Oktober desselben Jahres die Herrschaft an eine Nasser-freundliche Offiziersgruppe unter Abd al-Salam Arif abtreten. In die Opposition gedrängt, spaltete sich die Baath-Partei. Saddam schloß sich dem rechten Flügel an. Durch Intrigen, Drohungen und Denunzierung seiner Rivalen gelangte er innerhalb weniger Jahre in die oberen Ränge der Partei.

Der Sechs-Tage-Krieg von 1967 und die damit verbundene Niederlage arabischer Länder gegen Israel führte auch im Irak zur Wiederbelebung der Opposition. Die irakische Kommunistische Partei (IKP-Zentrale Führung), die mittlerweile erheblichen Rückhalt in der Bevölkerung hatte, schritt vor allem im Süden des Landes zum bewaffneten Kampf. Die Kurden verstärkten ihren Widerstand gegen die Zentralregierung. Für die Baathisten boten die Unruhen im Land und die Unfähigkeit der Regierung Arif, die Opposition in die Schranken zu weisen, eine Chance zur Wiedererlangung der Macht. Sie boten der Regierung Zusammenarbeit an, besetzten Schlüsselpositionen im Staatsapparat und in der Armee. Wenige Monate später eroberten sie vollends die Macht. Siebzig bewaffnete Männer – Saddam Hussein gehörte zu den Anführern – führten eine Palastrevolution durch, schickten Arif in die Verbannung und setzten Hassan al-Bakr auf den Präsidentenstuhl. Doch im Hintergrund hielt bereits Saddam die Fäden in der Hand. Nach dem Machtwechsel wurden abermals zahlreiche Menschen verhaftet und ermordet. Offiziell wurde die Hinrichtung von etwa 100 angeblichen Spionen bekanntgegeben. Sie wurden – zur Abschreckung – im Zentrum von Bagdad öffentlich exekutiert. Fest entschlossen, die Macht zu behalten und die Fehler von 1963 zu vermeiden, proklamierten die Baathisten die «weiße Revolution», riefen alle Parteien zur Mitarbeit auf – auch die Kommunisten und die kurdische Nationalbewegung. Später wurden sogar zwei Mitglieder

der IKP und zwei Repräsentanten der Kurden ins Kabinett aufgenommen – ein kluger Schachzug, der die Opposition ohne größere Zugeständnisse neutralisierte und der Regierung die Gelegenheit gab, ohne Zeitdruck ihre Widersacher nacheinander auszuschalten. All dies geschah unter der Regie Saddams, der sich weiterhin im Hintergrund hielt.

Die Erdölkrise von 1973 ließ die Öleinnahmen um das Dreifache ansteigen und ermöglichte dem Regime damit die Durchführung größerer Aufbauprojekte. Es begann eine Phase der ökonomischen und sozialen Prosperität, die dem Regime zu einer größeren Basis in der Bevölkerung verhalf. Schon ein Jahr zuvor war – zum Stolz der Nation – die gesamte Ölindustrie verstaatlicht worden. Einen darauffolgenden Boykott des irakischen Erdöls durch westliche Ölkonzerne versuchten die Baathisten durch einen Freundschaftsvertrag mit der Sowjetunion zu umgehen. Die UdSSR verpflichtete sich, das irakische Öl zu den jeweiligen Weltmarktpreisen zu kaufen. Von der Richtigkeit dieses Plans, so wird erzählt, habe sich Staatspräsident Hassan al-Bakr nur durch eine Pistolenkugel in seinen linken Arm überzeugen lassen, die Saddam Hussein persönlich abgefeuert haben soll.

Der Freundschaftsvertrag mit der Sowjetunion stärkte keineswegs den politischen Einfluß der moskautreuen IKP. Im Gegenteil. Der zunehmende Widerstand der Kurden lieferte der regierenden Baath-Partei die Handhabe zu einem Gesetz, das sämtlichen Parteien – also auch der kommunistischen Partei – jede weitere politische Tätigkeit unter Androhung der Todesstrafe untersagte.

Die Liquidierung der kurdischen Widerstandsbewegung gelang dem Baath-Regime 1975 durch das Abkommen von Algier, das Saddam Hussein mit dem Schah vom Iran traf. Zu diesem Abkommen, bei dem der Schah der irakischen Regierung Zugeständnisse in Grenzfragen abrang, gehörte auch die Vereinbarung, jegliche Unterstützung der Opposition im Nachbarland zu unterlassen. Somit verpflichtete sich der Iran, die bis dahin gewährte finanzielle und militärische Hilfe an irakische Kurden einzustellen. Außerdem sollten in beiden Ländern in den Grenzgebieten Zwangsumsiedlungen jeweils 30 Kilometer ins Landesinnere durchgeführt werden. Die irakische Regierung führte diese Verpflichtung gründlich aus: Zehntausende Menschen kurdischer Abstammung wurden landeinwärts in die 30 Kilometer entfernten Dörfer vertrieben. Dort leben sie heute noch, zusammengepfercht in Lehmhütten und Höhlen, unter den ständig auf sie gerichteten Gewehren der Wachsoldaten. Das leergefegte Gebiet – eine der fruchtbarsten Gegenden Iraks – wurde verbrannt, Brunnen wurden verschüttet, Flüsse trockengelegt. Das Land sollte für immer unbewohnbar gemacht werden.

Nach der Zerschlagung der kurdischen Nationalbewegung begann die Abrechnung mit den Kommunisten. Im Mai 1978 wurden 31 KP-Mitglieder und -Sympathisanten öffentlich hingerichtet. Saddam Hussein bereitete seine absolute Herrschaft vor. Vom Sommer 1978 bis August 1979 wurden 191 Todesurteile wegen «Konspiration gegen die Revolution» vollstreckt, zwischen Mai 1978 und März 1979 sollen Zehntausende Menschen verhaftet und gefoltert worden sein. Vom 1. Januar 1979 an «verschwanden» innerhalb von sechs Wochen 1913 KP-Mitglieder sowie über 2000 Kurden.

Auch die schiitische Opposition, die durch die iranische Revolution Auftrieb – sowie materielle und militärische Unterstützung – erhalten hatte und sich nun durch Anschläge auf Regierungsmitglieder bemerkbar machte, bekam die staatliche Repression zu spüren. Laut Gesetz sollte jedes Mitglied der schiitischen Organisation «Al-Dawaa», ja sogar jeder Sympathisant dieser Organisation, der politische Ideen der Schiiten propagierte oder ihre Aktivitäten förderte, mit dem Tode bestraft werden. Bakr al-Saadr, geistlich-politischer Führer der Schiiten, wurde verhaftet und ermordet. Gerüchte besagen, daß Saddam ihn mit eigenen Händen erwürgt haben soll.

Diese massive Unterdrückung der Opposition, das brutale Vorgehen gegen Kommunisten, Schiiten, Kurden, wurde keineswegs von allen Führern der Baath-Partei gutgeheißen. Staatspräsident Hassan al-Bakr und einige Mitglieder des Revolutionsrats empfahlen Kompromisse und Zugeständnisse. Saddam aber duldete keinen Widerspruch. Der Präsident wurde unter Hausarrest gestellt und schließlich wegen «Krankheit und Regierungsunfähigkeit» seines Amtes enthoben. Damit war für Saddam die letzte Hürde auf seinem Weg zur absoluten Macht genommen. Am 11. Juli 1979 übernahm er auch formell die Staatsführung.

Seinen Einzug in den Präsidentenpalast feierte er mit einer gründlichen Säuberung in den eigenen Reihen. Zum 22. Juli berief er die Mitglieder der Baath-Partei zu einer Vollversammlung nach Bagdad ein. Der Sonderparteitag wurde zu einem Tribunal umfunktioniert. Saddam ergriff die Gelegenheit, um alte und neue Rechnungen zu begleichen und unliebsame, unbequeme Weggefährten auszuschalten.

Schon Tage zuvor war der Generalsekretär des Kommandorats, Muchli Abdul Hussein, festgenommen worden. Auf einer Kommandoratssitzung hatte ihn Saddam nach einem Wortgefecht hinauswerfen lassen, hinter der Tür warteten schon Sicherheitsbeamte auf ihn und nahmen ihn fest. Sein «Verbrechen» bestand, wie der Gerichtsvorsitzende Hamid Haddad es formulierte, darin, «bei der parteiinternen Wahl Saddams zum Staatspräsidenten unausgeglichen und schlecht gelaunt reagiert zu haben». Muchli Abdul Hussein ahnte, was ihm nach seiner Verhaftung blühte. Bangend um sein Leben, bat er um Vergebung: «Schont mich, und ich sage euch alles, was ich über andere weiß. Ich werde euch alle Namen nennen.»

Tatsächlich trat er auf der eiligst einberufenen Parteivollversammlung auf, nannte die Namen von etwa 200 Personen, die er der Verschwörung gegen die Parteiführung bezichtigte. Die Genannten wurden sofort abgeführt. Unter ihnen befanden sich fünf Mitglieder des Revolutionsrats, vier Minister, der kommandierende General in Nord-Irak, der Chefredakteur der Parteizeitung *Al Thaura*, der Generaldirektor der amtlichen Nachrichtenagentur INA und fünf amtierende Botschafter (Spanien, Senegal, Uganda, DDR, Ungarn), die eiligst, ohne ihr schlimmes Schicksal zu ahnen, zum Sonderparteitag nach Bagdad gekommen waren. Zehn Tage dauerten die «Gerichtsverhandlungen». Am 8. August verkündete Saddam vor versammelten Volksmassen triumphierend: «Das Gute hat über das Schlechte gesiegt, die Wahrheit über die Lüge. Die bösen Geister sind bezwungen und vom Körper unseres heldenmütigen Volkes abgestoßen worden. Wir sind enttäuscht, aber nicht traurig. Für uns war es besser, dieses Krebsgeschwür zu beseitigen, um den Marsch auf dem Pfad der Ehre und Würde mit mehr Kraft, Glauben und Zielstrebigkeit fortzusetzen.»

Am selben Tag in der Frühe wurden 21 der Inhaftierten wegen «Hochverrats» und «Verschwörung gegen die Revolution» hingerichtet und 33 zu Zuchthausstrafen zwischen drei und fünfzehn Jahren verurteilt. Hamid Haddad, Vorsitzender des Sondergerichtes, bezeichnete die Hinrichtungen als «demokratische Exekutionen».

Saddam Hussein wußte, daß er allein mit der Knute seine Herrschaft nicht aufrechterhalten und stabilisieren konnte. Er kündigte «eine neue Phase der Revolution», die Aufhebung des bereits zehnjährigen Ausnahmezustandes, eine neue Verfassung, die Schaffung unabhängiger politischer Institutionen und freie Wahlen zu einem Parlament an. Tatsächlich besitzt der Irak seit 1980 ein Parlament. Doch das Parlament hat selbst formal gesehen keine Macht. Es ist ihm untersagt, von sich aus Gesetzesvorschläge in militärischen sowie finanz- und sicherheitspolitischen Angelegenheiten vorzulegen; es kann gegen den Willen des Kommandorats der Revolution keine Gesetze verabschieden, es kann keine Gesetzesvorlagen des Revolutionsrates wesentlich verändern.

Gesetz und Gewalt, Militär und Sicherheitspolizei, Öleinnahmen und Almosen, Zuckerbrot und Peitsche sicherten die absolute Macht des Staatspräsidenten. Indes, die Herrschaft über fünfzehn Millionen Untertanen konnte anscheinend die Machtgelüste des Präsidenten nicht stillen. Er wollte noch höher hinaus, träumte von der Ausweitung seines Herrschaftsbereichs, davon, nach dem Sturz des Schahs im Iran in dessen Fußstapfen zu treten und die Vormachtstellung in der gesamten Golfregion und unter den arabischen Staaten zu erringen. Sicherlich spielten dabei auch innenpolitische Überlegungen eine Rolle. Ein äußerer Feind würde von den inneren Problemen ablenken und den staatlichen Terror legitim erscheinen lassen.

Saddam nahm die propagandistischen und militärischen Provokationen aus dem Iran zum Anlaß, zerriß vor den Fernsehkameras den 1975 mit dem Schah geschlossenen Vertrag von Algier, den er selbst unterzeichnet hatte, und erklärte ihn für ungültig. Beraten von geflüchteten Schah-Generälen, befahl er am 22. September 1980 seiner Armee einen Blitzangriff auf Chomeinis neugegründete Islamische Republik. «Oh, Saddam, du bist unsere Sonne, du bist unser Führer, dir folgen wir, wohin du befiehlst», ließ er seine Soldaten und Untertanen skandieren. Und sie folgten tatsächlich seinem Befehl und überfielen das Nachbarland Iran. Doch die Hoffnungen des Präsidenten erfüllten sich nicht, der Feldzug blieb bald im Sande stecken. Er wurde wenig später von der iranischen Armee, von Chomeinis Revolutionswächtern und fanatischen Scharen von Gläubigen zurückgedrängt. Der irakischen Bevölkerung und Armee fehlte es an Kampfmoral, die angeblichen Gründe für den Krieg konnten sie nicht überzeugen. Bei der Rückeroberung von dem im Süden Irans gelegenen Hafen Chorramschahr ergaben sich widerstandslos 30000 irakische Soldaten. Selbst der Versuch Saddams, den Krieg als die zweite «Quadisia» – so hieß die Schlacht, bei der das islamische Heer der Araber im 7. Jahrhundert dem Sassanidenreich eine vernichtende Niederlage zufügte – hinzustellen, konnte die Kampfbereitschaft der Iraker nicht stärken.

Vermutlich wird Saddam schon nach wenigen Wochen seine abenteuerliche Kriegsaktion bereut haben. Vielleicht ist ihm schon damals der Gedanke gekommen, er hätte zur Erweiterung seines Machtbereichs besser Kuwait angreifen sollen. Nun versuchte er seinen mißlungenen Feldzug durch mehrmalige Friedensangebote zu beenden. Doch Chomeini, der in dem Krieg eine Gelegenheit sah, seinerseits von den inneren Problemen seines Landes abzulenken und seine Vision von der Gründung eines islamischen Imperiums zu verwirklichen, lehnte ab. Für ihn war der Krieg, wie er es selbst ausdrückte, «ein Geschenk des Himmels». Er forderte den Sturz Saddam Husseins und der Baath-Partei.

Saddam geriet in Bedrängnis. Wohl oder übel wechselte er bald die Position, der Wolf verwandelte sich in ein Lamm, Saddam schlüpfte in die Rolle eines Feldherrn, der märtyrerhaft nicht nur sein Land, sondern die gesamte Region vor dem Bösewicht Chomeini und seinen islamisch-fundamentalistischen Anhängern retten mußte. Er erhielt nun massive Unterstützung aus Jordanien, Saudi-Arabien, Ägypten und vor allem Kuwait. Zahlreiche Länder, allen voran die Sowjetunion, Frankreich, die Bundesrepublik und die USA, trugen ihren Teil dazu bei, daß der Herrscher des Landes zwischen Euphrat und Tigris seine Armee zur viertgrößten der Welt ausbauen konnte. Russische Kampfflugzeuge, französische Exocet-Raketen, chemische Laboranlagen aus der Bundesrepublik ermöglichten ihm eine gigantische Aufrüstung mit modernsten Waffen. Die USA versorgten ihn mit nötigen Kriegsgeräten und militärischen Geheiminformationen. Kein Verbrechen des Diktators konnte die Waffenlieferanten davon abhalten, die Wünsche des irakischen Herrschers nach der Stärkung seiner militärischen Schlagkraft zu erfüllen, nicht einmal der Einsatz von chemischen Waffen, bei dem beispielsweise in der von Kurden bewohnten irakischen Stadt Halabije an einem einzigen Tag 5000 Menschen umgebracht wurden.

Acht Jahre dauerte der iranisch-irakische Krieg. Er hinterließ mehr als eine Million Tote, Hunderttausende Invaliden, zerstörte Städte und Dörfer. Dies alles hinderte Saddam nicht daran, den in einer Pattsituation abgeschlossenen Waffenstillstand als eigenen Sieg zu feiern.

Saddam Husseins Position im Irak hatte sich inzwischen – dank der militärischen Aufrüstung – erheblich gestärkt. Der alleinherrschende

Präsident saß fest im Sattel. Von innen her drohte dem Despoten keine Gefahr. Polizei und Geheimdienste hatten das Land mit einem engmaschigen Netz überzogen.

Mittlerweile überwachen sechs Geheimdienste das Volk und sich gegenseitig. Alle Schlüsselpositionen in Regierung und Armee sind vom Saddams Untergebenen besetzt. Die Opposition, zersplittert oder liquidiert, vermag keine ernst zu nehmende Alternative zu bieten. Saddams Person wird wie bei kaum einem Staatsmann geschützt. Wenn er seinen Palast verläßt und durch die Straßen fährt, dann setzt sich ein Zug von zehn schwarzen, kugelsicheren Limousinen in Bewegung, umringt von einer Spezialtruppe auf Motorrädern. In neun oder zehn Wagen sitzen Doppelgänger des Präsidenten. Das Staatsoberhaupt vermeidet das Bad in der Menge. Besichtigt der «große Feldherr» ein Regiment, so werden zuvor alle anwesenden Soldaten und Offiziere entwaffnet. Es könnte ja einer auf dumme Gedanken kommen.

Saddams mißglückter Versuch, durch den Krieg mit dem Iran seinen Machtbereich zu erweitern, hat ihn keineswegs zu einer bescheideneren und stilleren Gangart veranlaßt. Im Gegenteil, er scheint wie ein gestochener Stier wilder geworden zu sein. Sein Hunger nach Macht ist gewachsen, ebenso sein Selbstbewußtsein. Aber er ist auch erfahrener geworden. Sein Feldzug gegen Kuwait ist im Vergleich zu dem gegen den Iran wesentlich besser vorbereitet und gründlicher durchdacht.

Der Überfall auf das Nachbarland hat zu einer enormen Steigerung seiner Popularität geführt. Für die Volksmassen – und dies nicht nur im Irak, sondern in sämtlichen arabischen Staaten – gilt er nun als Retter des Arabertums und des Islams. Er hat den Arabern ein neues Selbstwertgefühl verliehen und in ihnen die Hoffnung auf die Verwirklichung einer Einheit der arabischen Welt geweckt. Viele Araber, selbst dogmatische Linke, erblicken in ihm den mutigen Staatsmann, der, im Gegensatz zu seinen Amtskollegen in anderen arabischen Staaten, den Imperialisten und Zionisten die Stirn zu bieten wagt. Die Ereignisse der letzten Wochen haben die Massen in eine Art Trancezustand versetzt. Das Bild des blutrünstigen, machtbesessenen Diktators Saddam Hussein ist vergessen und verschwunden. Den Massen erscheint er jetzt fast als ein «lebender Märtyrer». Die Menschen in der Region bewundern ihren neuen Führer so sehr, daß selbst der Zynismus, den er sich vor wenigen Tagen mit seinem Friedensangebot an den Iran geleistet hat, sie nicht wachrütteln konnte. Mit diesem Friedensangebot, das unter anderem die Anerkennung des Vertrages von Algier beinhaltete, für dessen Annullierung Saddam nach eigenen Angaben den achtjährigen Krieg angezettelt hatte, gab er offen zu, daß dieser Krieg und damit der Tod von Hunderttausenden seiner Landsleute völlig sinnlos und unbegründet gewesen ist.

Saddam genießt die neugewonnene Macht und seine große Popularität. Er wird sie so leicht nicht aus der Hand geben. Den Blick nach vorn gerichtet, hält er das Schwert Arabiens in der Hand, die Massen folgen ihm. Hinter ihnen liegen die Massengräber.

Arnold Hottinger

Rebellen oder Amerikas Musterknaben

Die neue Polarisierung der arabischen Welt nach dem Rückzug der Sowjetunion

Rund 30 Jahre lang hat der Nahe Osten in einem zweipoligen politischen Kraftfeld existiert, das durch die Einwirkungen Washingtons und Moskaus geprägt war. Das bipolare System begann schlagartig mit der Sensation der Lieferung sowjetischer Waffen an Gamal Abd el-Nasser im Jahr 1955. Man tarnte sie damals als tschechoslowakische Waffen. Alle großen Nahostkrisen – 1956, 1967, 1970 (Schwarzer September in Amman), 1973 – waren dadurch gekennzeichnet, daß die Sowjetunion und die Vereinigten Staaten, nachdem sie bis zum Rande eines Krieges unter Supermächten gegangen waren, am Ende gemeinsam einen Waffenstillstand oder eine Befriedung durchsetzten, weil die beiden Supermächte fürchteten, sie könnten miteinander zusammenstoßen, wenn die Kriege oder Konfrontationen ihrer beiderseitigen Klientenstaaten allzu lange dauerten und allzu unausgeglichen zu enden drohten. Die Vereinigten Staaten, verbunden und später auch verbündet mit Israel, vermochten aus den meisten dieser Krisen als Punktsieger hervorzugehen. Die Sowjetunion hatte eher das Nachsehen und fand sich 1956, 1967 und 1973 veranlaßt, ihren Klienten die verlorenen Waffen nachzuliefern sowie neue Waffen und sowjetische Militärexperten zur Verfügung zu stellen, wenn sie ihre Position im Nahen Osten nicht ganz verlieren wollte.

Zwischen den Waffengängen konnten die Russen jedoch ihre Stellung mehrmals wieder verbessern. So nach der Suezkrise in Syrien, Ägypten, im Irak (1958), vorübergehend sogar in Jordanien, im Sudan und im Libanon; nach der arabischen Niederlage von 1967 in Syrien, in Ägypten und Südjemen; nach dem Teilsieg von 1973 noch einmal in Syrien. Doch dies kostete sie jedesmal neue Anstrengungen in der Form von Waffenlieferungen zu günstigen Bedingungen und zivilen Hilfeleistungen an Ägypten (Hochdamm, Stahlwerk von Helouan) und an Syrien (Asad-Damm, Eisenbahn Lattakiyé–Aleppo, von den Tschechen errichtete Raffinerie in Homs).

Die Sowjetunion schaffte es nie, in den Erdölstaaten richtig Fuß zu fassen. Einzig Gaddafi in Libyen und der Irak seit der Revolution von 1958 erwiesen sich als gute Kunden für sowjetische Waffen, bestanden jedoch auf ihrer eigenen Ideologie. Die Erdölstaaten lernten früh, so der Irak schon zwei Jahre nach seiner Revolution, daß sie für ihre Erdöldollar im Westen bessere Waren einkaufen konnten als im Sowjetblock. Politisch hatten die oligarchischen, traditionellen Regimes der arabischen Halbinsel allen Grund, der Sowjetunion zu mißtrauen. Deren Parteigänger, die lokalen Kommunisten und die radikalen arabischen Nationalisten sozialistischer Färbung, waren die natürlichen Feinde der herrschenden Könige und Emire.

Einen empfindlichen politischen Rückschlag erlitt die Sowjetunion 1972, als Präsident Sadat schlagartig alle sowjetischen Berater aus Ägypten auswies. Dies scheint geschehen zu sein, weil die sowjetischen Militärberater nicht an die Fähigkeit der Ägypter glaubten, einen erfolgreichen Krieg gegen Israel zu führen, und deshalb von einem Waffengang abrieten. In der Sicht vieler ägyptischer Offiziere stand hinter dieser Warnung vor einem Krieg mit Israel (dieser wurde ein Jahr später von Ägypten ausgelöst) und dem nicht enden wollenden Wiederaufbau der ägyptischen Armee unter sowjetischer Oberaufsicht das Interesse eines «imperialen» Verbleibens der Sowjetunion in ihrem Lande. Eine Haltung, die ihre Zustimmung zu Sadats Handeln erklärt.

Einen noch gewichtigeren Rückschlag erlitt die Sowjetunion in Afghanistan. Sie war Weihnachten 1979 mit sechs Divisionen in Afghanistan einmarschiert, um das dortige, nominell kommunistische Regime davor zu retten, einem islamisch orientierten Volksaufstand zum Opfer zu fallen. Der Einmarsch geschah also primär wohl nicht in weit ausgreifenden aggressiven Absichten mit Blick auf den Persischen Golf, wie es damals viele Beobachter glaubten, sondern vielmehr, um eine Ansteckung der muslimischen zentralasiatischen Völker der Sowjetunion durch den Jihad (den Heiligen Krieg) der Afghanen zuvorzukommen.

Doch die sowjetischen Divisionen, die später weiter verstärkt wurden, vermochten des afghanischen Widerstandes nie ganz Herr zu werden, und dieser erhielt Geld und Waffen über Pakistan aus Amerika und aus Saudi-Arabien nachgeliefert. Die zehnjährigen Blutopfer und Militärkosten in Afghanistan dürften viel dazu beigetragen haben, Moskau die Sinnlosigkeit eines politisch-militärischen Ringens mit den Vereinigten Staaten um den Nahen Osten erkennen zu lassen.

Der Rückzug Moskaus aus dem dreißigjährigen Ringen mit den USA um Einfluß im Nahen Osten muß aber natürlich auch im Rahmen der weltweiten Entwicklung gesehen werden, die zur Entspannung zwischen den beiden Supermächten führte. «Lokale Konflikte» wie in Afrika, Zentralamerika, im Nahen und im Fernen Osten, in denen die Supermächte bisher stets Positionen bezogen hatten, wurden nun abgebaut. Ihr Fortdauern hätte die Entspannung behindert, zu der sich die beiden Supermächte allmählich durchrangen. Moskau zog sich nicht nur aus Afghanistan zurück (1989); im Nahen Osten verminderte es auch seine Unterstützung für Südjemen (was im Mai 1990 zum Zusammenschluß der beiden Jemen führte) und reduzierte sein Engagement in Äthiopien sowie im gesamten Horn von Afrika. Syrien wurde benachrichtigt, daß die Sowjetunion künftig das Fernziel Präsident Assads, «strategische Parität» mit Israel zu erringen, nicht mehr unterstützen könne, obgleich sie bereit sei, ein angemessenes Verteidigungspotential für Syrien weiter mitzutragen. Moskau mahnte auch gleichzeitig, daß es gern für bisher gelieferte Waffen bezahlt werden würde.

Syrien war der letzte sowjetische Protegé von Bedeutung in der arabischen Welt gewesen. Südjemen hatte seine Glaubwürdigkeit als sozialistischer Staat bereits 1986 verloren, nachdem sich die sozialistische Staatspartei im Januar durch die bestehenden Stammesgegensätze in zwei feindliche Teile spaltete, die einander erbittert und blutig bekämpften. Ägypten hatte sich unter Präsident Sadat auf die amerikanische Seite geschlagen, und die Verbindungen mit dem Irak waren während des irakisch-iranischen Krieges (1980–88), ungeachtet des sowjetisch-irakischen Freundschaftspaktes von 1972 und trotz des Umstandes, daß die Sowjetunion der wichtigste Waffenlieferant der Iraker geblieben war, immer lockerer geworden, weil Moskau mit dem revolutionären Iran Chomeinis trotz Perioden heftiger Unstimmigkeiten nicht ganz brechen wollte.

Die inneren Probleme im bisherigen Ostblock und in der Sowjetunion haben in den letzten zwei Jahren ein militärisch-politisches Eingreifen der Sowjetunion weit jenseits ihrer Grenzen praktisch unmöglich und damit auch unglaubwürdig gemacht. Sogar wenn ihre leitenden Politiker einen solchen weltmachtpolitischen Anspruch aufrechterhalten wollten, was heute nicht der Fall zu sein scheint, könnten sie ihn schwerlich noch durchsetzen. Es sind heute die sowjetischen Einzelstaaten selbst, die sich teils mit militärischen (z. B. Milizen in Armenien und Aserbaidschan; Bewaffnete in Usbekistan), teils mit politischen Mitteln der Zentrale entgegenstellen. Ihr Problem dürfte auf geraume Zeit hinaus sein, mit solchen zentrifugalen Tendenzen im eigenen Reich fertig zu werden.

Die Sowjetunion hat nicht nur ihre Verbindungen mit ihren ehemaligen Klientenstaaten gelockert oder ganz aufgegeben, sie strebt auch ein besseres Verhältnis zu Israel an. Sie hatte ihre Beziehungen zu Israel 1967 abgebrochen, um ihr Engagement auf der arabischen Seite zu unterstreichen. Obgleich heute die diplomatischen Beziehungen noch nicht voll wiederaufgenommen sind, haben die Russen unter dem schon Jahre andauernden Druck Washingtons seit Ende 1989 die Massenauswanderung der sowjetischen Juden nach Israel zugelassen. Sie erklären den Arabern, sie seien nicht in der Lage, auf ihre gegen diese Entwicklung eingelegten Proteste einzugehen. Der amerikanische Kongreß hat mögliche Wirtschaftshilfen für die UdSSR von der Zulassung der Auswanderung der Juden der Sowjetunion abhängig gemacht, und der Kreml bewegt sich ohnehin auf freie Auswanderungsrechte für die gesamte sowjetische Bevölkerung zu.

Die Angst vor Israel und seinen Einwanderern

Für die arabische Welt hat die Masseneinwanderung der sowjetischen Juden nach Israel eine enorme Bedeutung. Alle arabischen Regierungen, einschließlich der ägyptischen, sehen in ihr eine Wiederholung der Einwanderungswellen, die zwischen 1920 und 1945 zur Etablierung Israels geführt haben. Sie fürchten, diese Einwanderung werde zu einer weiteren Expansion Israels führen, mindestens in bezug auf die heute besetzten Gebiete (Westjordanland, Gazastreifen, Golan-Höhen, südlibanesische «Sicherheitszone»), in denen sie die heutigen arabischen Bevölkerungsmehrheiten von einer Vertreibung bedroht sehen.

Diese aus arabischer Sicht höchst unerfreuliche und gefährliche Entwicklung war – nach dem Abzug der Sowjetunion aus Afghanistan, der im übrigen die dortigen Kämpfe auch nicht zur Ruhe brachte, weil die Sowjetunion die Regierung von Kabul mit Waffenlieferungen und Finanzunterstützung weiterhin aufrechterhielt und die Amerikaner mit ihren Klienten das gleiche taten – die erste Folge der neuen Weltlage, welche die Araber zu spüren bekamen. Sie mußte bei ihnen den Eindruck stärken, die Sowjetunion habe ihre bisherigen politischen Partner fallengelassen und tue nun, was ihren eigenen Interessen im Rahmen der neuen Zusammenarbeit mit den USA am besten entspreche, ohne die Wünsche der Araber noch groß zu berücksichtigen.

Diskussionen unter den arabischen Politikern und Intellektuellen, was unter den neuen Umständen zu tun sei, brachten drei verschiedene Lösungsprojekte hervor: Ägypten, das seit 1977 (dem Jahr des plötzlichen Besuches Sadats in Jerusalem) mit dem Beispiel eines Friedensschlusses mit Israel vorangegangen war, trat dafür ein, daß die Araber einen für alle – auch für die Palästinenser – tragbaren Kompromiß mit Israel auf der Grundlage von «Land gegen Frieden» anstreben sollten. Es gab aber auch arabische Regimes und Intellektuelle, die der Ansicht waren, ein den arabischen Minimalbedingungen entsprechender Frieden mit Israel, und damit auch ein zufriedenstellendes Auskommen mit Washington, sei auf jeden Fall unerreichbar und vielleicht gar nicht wünschenswert. Sie riefen nach einer Konfrontation mit den Amerikanern und Israeli, weil sie die Amerikaner als die mit Israel identifizierte Hauptstütze des Staates der Juden ansahen. Schließlich gab es Politiker, die in erster Linie Kompromisse und Ausweichmanöver durchführten, um sich selbst und ihren Staaten eine langfristige Existenz zu sichern. Als ein solches Manöver, das primär auf Zeitgewinn hinauslief, sollte sich die Gründung größerer arabischer Blöcke auf regionaler Basis herausstellen.

Die ägyptische Diplomatie, sekundiert durch die Jordanier, versuchte, sowohl die europäischen Staaten als auch die USA einzuspannen, um Israel auf dem Weg eines Friedenskompromisses voranzubringen. Sie hoffte, am Ende einen Ausgleich aufgrund der Formel «Land gegen Frieden» zu erreichen. Wenn das israelische Hindernis einmal aus dem Weg geräumt sei und die Palästinenser eine Kompromißlösung annähmen, die ihnen erträglich schien, so glaubten die Ägypter, würden die verbleibenden Probleme des Nahen Ostens vergleichsweise leicht zu lösen sein. Denn im Grunde handle es sich um Organisations- und Entwicklungsfragen. Und das Geld dafür, in der Form von Ölrenten, befinde sich in der Region selbst und werde von sich aus in ihr Anlagen suchen, wenn die politische Stabilität einmal gewährleistet sei.

Doch gegen diesen ägyptischen Zweckoptimismus, der übrigens in der Türkei Özals ein Echo fand, traten die radikalen Feinde der Israeli auf, die nicht daran glaubten, daß ein Kompromißfrieden mit Israel in einer Form, der die arabischen Minimalwünsche befriedige, möglich sei. Sie vermuteten, nicht ohne Grund, die Israeli seien ohnehin darauf aus, sich jedenfalls die besetzten Gebiete endgültig einzuverleiben und, wie die Araber es nennen, Großisrael aufzurichten. Sie sahen auch keinerlei konkrete Anzeichen dafür, daß die Amerikaner ihre israelischen Freunde und Partner daran hindern könnten oder wollten, eine solche Politik zu verfolgen. Sie glaubten im Gegenteil, eine israelisch-amerikanische Verschwörung zu erkennen, die darauf ausgehe, die arabische Welt in konfessionelle Kleinstaaten aufzulösen, um einen neuen Nahen Osten zu schaffen, der zu schwach sei, um sich der israelisch-amerikanischen Hegemonie entgegenzustellen.

Als einen Beleg für ihre These führten die Verteidiger solcher Verschwörungstheorien die Entwicklung in Libanon an. Bei der Auflösung dieses arabischen Staates in seine religionsgemeinschaftlichen Bestandteile und bei der darauf folgenden Unterstellung dieser Bestandteile unter die Gewalt ihrer jeweiligen Milizen hatte in der Tat Israel eine wichtige Rolle gespielt. Doch konnte man nicht guten Glaubens behaupten, daß Israel die entscheidenden Anstöße zu allen libanesischen Wirren gegeben habe. Die Anfänge des Bürgerkrieges seit 1975 gingen auf die Libanesen selbst und die Palästinenser zurück. Dann hatte Syrien eine entscheidende Rolle übernommen (Einmarsch von 1976), und die Israeli hatten sich darauf als weitere Kraft eingeschaltet, indem sie zuerst die libanesischen Maronitenmilizen gegen die Syrer gestützt und ausgerüstet hatten (ab 1976).* Später entschlossen sich die Israeli zweimal zu einer Invasion Libanons (1978 und 1982), um die von Libanon aus wirkenden Palästinenser zu zerschlagen und – im Falle der zweiten, größeren Invasion – einen ihrer maronitischen Freunde, Beschir Gemayel, durch den Druck ihrer Armeen zum Präsidenten Libanons wählen zu lassen. Sie glaubten, wie Schiff und Ya'ari belegen, auf diesem Weg

* Vergleiche: Ze'ev Schiff und Ehud Ya'ari: Israels Lebanon War. Counterpoint, London, updated edition 1986

eine Kollaboration Libanons mit Israel gegen Syrien und den Rest der arabischen Welt erzwingen zu können.

Die Vertreter einer solchen Zerstückelungstheorie verwiesen auch auf andere Entwicklungsansätze, die ihre Meinung zu bestätigen schienen. In Syrien regierten die Alawiten über die Mehrheit der Sunniten; im Irak die arabisch-sunnitische Minderheit (rund ein Viertel der Bevölkerung) über die Kurden und die schiitische Bevölkerungshälfte. In Ägypten nahmen die Zwischenfälle zwischen Kopten und Moslems zu, und manche der islamischen Gruppen schienen darauf aus zu sein, die nationale Regierung zu Fall zu bringen.

Doch bei alledem gab es keine schlüssige Evidenz dafür, daß tatsächlich eine verborgene Hand an der Arbeit sei. Es gab auch andere Möglichkeiten der Erklärung. Als wichtigste wäre die Unfähigkeit der autoritär oder totalitär regierten Staaten zu nennen, mit den ihnen gestellten Problemen fertig zu werden, was – wie immer in ähnlichen Lagen – die Minoritätenprobleme verschärfte.

Die Vertreter der Verschwörungstheorie – Saddam Hussein gehört prominent zu ihren Anhängern – mußten notwendigerweise den Israeli und Amerikanern die schwärzesten Absichten gegenüber der arabischen Staatenwelt zuschreiben. Daher vertraten sie logischerweise die Ansicht, die Araber hätten gar keine andere Wahl, als den Israeli und den hinter ihnen stehenden Amerikanern entschlossen die Stirn zu bieten.

Der syrische Staatschef Hafis el-Assad hatte diese Politik der Konfrontation ebenfalls vertreten, solange er sich durch die Sowjetunion gedeckt fühlen konnte. In Libanon hatte er nach 1982 mit sowjetischer Geld- und Waffenhilfe einen Widerstand gegen die von den Amerikanern angeführten internationalen Truppen und gegen die israelische Besetzung des halben Libanons belebt und geleitet, der sich im besonderen gegen den Plan eines Friedensvertrages zwischen Israel und Libanon richtete. Assad war mit Hilfe des libanesischen Nationalen Widerstandes und der iranisch geschulten Selbstmordkommandos (blutige Anschläge auf Amerikaner, Franzosen und Israelis vom Oktober 1983 und im folgenden November) soweit erfolgreich, daß die Israeli Libanon bis auf einen noch heute besetzten südlichen Reststreifen (die sogenannte Sicherheitszone) räumten und der von ihnen mit amerikanischer Assistenz ausgehandelte Friedensvertrag mit Libanon, den Assad einen «Kapitulationsvertrag» taufte, nie in Gültigkeit trat. Damals wurde Assad der Bismarck der Araber genannt.

Doch nach dem Ende des irakisch-iranischen Krieges (Waffenstillstand im Sommer 1988) wurde Saddam Hussein, Assads erbittertster Feind, schrittweise zum wichtigsten Vertreter der harten arabischen Linie gegen Israel und Amerika. Er verfügte über ein großes, gutausgerüstetes, kriegserprobtes Heer – mit einer Million Soldaten das größte in der arabischen Welt –, mit dem das syrische sich nicht messen konnte. Dies um so weniger, als die syrische Armee zu bedeutenden Teilen in Libanon stand und dort dem korrumpierenden Einfluß der Großstadt Beirut und des libanesischen Geldes ausgesetzt war.

In die gleiche Periode fielen auch die schon erwähnten Warnungen der Sowjetunion, die Syrien ein vermindertes Engagement der Russen an seiner Seite ankündigten. Assad sah sich veranlaßt, eine Versöhnung mit Ägyptens Präsident Mubarak zu suchen und seinem Rivalen, dem Staatschef des Iraks, die Rolle des ersten Vorkämpfers gegen die «israelisch-amerikanische Verschwörung» zu überlassen.

Der gescheiterte Versuch, Saddam «einzurahmen»

Eine dritte Politik der Araber war angesichts des Ausscheidens der Russen aus der Konfrontationsarena des Nahen Ostens entworfen worden. Sie stellte einen Mittelweg zwischen den von Ägypten und Jordanien geförderten Friedensbemühungen und den zuerst von Syrien, später im Irak formulierten Konfrontationsstrategien dar. Die Araber versuchten, Staatenblöcke auf regionaler Basis zu bilden, die sie als Vorstufen von künftigen größeren politischen Zusammenschlüssen verstanden und die dazu dienen sollten, ihnen in der Weltpolitik wirtschaftlich und politisch mehr Gewicht zu verschaffen.

Kurz nach dem Ausbruch des irakisch-iranischen Krieges waren die Erdölstaaten am Golf vorangegangen und hatten den Kooperationsrat der arabischen Golfstaaten gegründet, der aus Saudi-Arabien und den fünf kleineren Staaten am Golf und am Meer von Oman bestand. Die beiden größeren, kriegführenden Golfstaaten Iran und Irak waren ausgeschlossen, und viele Landeskundige merkten an, daß der Rat ohne den Krieg des Irak mit Iran schwerlich zustande gekommen wäre. Ohne die Ablenkung durch den Krieg hätte der Irak zweifellos seine Beteiligung an dem Golfrat gefordert. Dies wäre den anderen Staaten unbequem gewesen, weil sie – schon damals – das irakische Hegemoniestreben im Golf fürchteten. Sie hätten wahrscheinlich eher auf den Zusammenschluß überhaupt verzichtet, als sich von Bagdad vor die peinliche Wahl stellen zu lassen, den Irak entweder aufzunehmen oder auszuschließen. Der Ehrgeiz Saddam Husseins, eine große Rolle im «Arabischen Golf» zu spielen, war schon vor dem Ausbruch des Krieges mit Iran deutlich gewesen. Doch die Kriegslage, die den Irak absonderte, erlaubte die Bildung des ersten arabischen Staatenbundes am Golf.

Ein weiterer Zusammenschluß kam im Februar 1989 zwischen Ägypten, dem Irak, Jordanien und Nordjemen zustande. Dabei hatten die beteiligten Staaten jeweils ihre eigenen Hintergedanken. Den Ägyptern ging es darum, ihre endgültige Rückkehr in die arabische Welt vorzubereiten, von der sie wegen ihres Friedensschlusses mit Israel vom Jahr 1979 mit Ausschluß aus der Arabischen Liga bestraft worden waren. Jordanien hoffte, durch noch engeren Anschluß an den Irak über seine Wirtschaftsprobleme hinwegzukommen, und der Irak wollte nach dem Abschluß des irakisch-iranischen Krieges eine größere Rolle im arabischen Raum spielen. Jordanien und Ägypten hofften auch, Syrien mit der Zeit in diesen Staatenbund einzuschließen, den sie den Arabischen Kooperationsrat nannten. Sie machten eifrige Versuche, Damaskus und Bagdad zu versöhnen, doch sie scheiterten an der unnachgiebigen Haltung Saddam Husseins, der forderte, Präsident Assad müsse Selbstkritik üben und sich bei ihm dafür entschuldigen, daß er im iranisch-irakischen Krieg mit Iran zusammengearbeitet habe.

Jordanien und Ägypten hofften gewiß auch, ihren irakischen Partner im Arabischen Kooperationsrat im Sinne ihrer Politik eines Ausgleichs gegenüber Israel und einer womöglich konstruktiven Zusammenarbeit mit den USA zu beeinflussen. Mubarak und Hussein hatten dank der Hilfe, die sie Saddam Hussein in seinem Krieg mit Iran hatten zukommen lassen, ein gewisses Wohlwollen des irakischen Machthabers gewonnen und hofften nun, ihren Einfluß im Sinne der Mäßigung zur Geltung zu bringen.

Die erhofften Annäherungsschritte in Richtung Israel erwiesen sich jedoch als illusionär, obgleich Arafat und seine Mitführer die PLO im November 1988 in Algier dazu überredet hatten, Israels Recht, innerhalb gesicherter Grenzen zu leben, anzuerkennen und obgleich Arafat selbst in Genf im Dezember 1988 Erklärungen abgab, die schlußendlich sogar die Ansprüche der Amerikaner gegenüber den Palästinensern befriedigten. Arafat nahm die Resolution 242 des Sicherheitsrates, die das Recht aller Staaten der Region bekräftigt, innerhalb sicherer Grenzen zu leben, ausdrücklich an, und er verzichtete auf den Terrorismus. Die Amerikaner entschlossen sich daraufhin, einen Dialog mit der PLO zu beginnen. Dieser Dialog führte jedoch zu keinerlei Resultaten und wurde von den Amerikanern abgebrochen, nachdem eine Gruppe von Palästinensern unter der Führung von Abul Abbas am 30. Mai 1990 eine Landung an der israelischen Küste versucht hatte und dabei von den Israeli zusammengeschossen wurde, ohne daß ein Israeli verletzt worden war. Die Amerikaner wollten dies als eine Terroraktion ansehen, für die Palästinenser war es eine «militärische Aktion», und auf solche hatten sie nicht verzichtet, bis der Frieden erreicht sei.

Der Machtantritt einer reinen Likud-Regierung im Juni 1990 in Israel anstelle der vorausgegangenen Koalitionsregierungen verschlechterte die Chancen eines Kompromißfriedens, wie er den Ägyptern, der PLO und den Jordaniern vorschwebte, noch mehr, während die Masseneinwanderung sowjetischer Juden nach Israel alle Araber anhaltend beunruhigte. Der Ruf nach einer Friedenslösung erschien unter diesen Umständen als eine reine Utopie, und die offensichtliche Unerfüllbarkeit der Politik der sogenannten Gemäßigten gab der Gegenströmung Auftrieb, die eine Konfrontation für unerläßlich hielt: Innerhalb der PLO unter den Syrien zuneigenden Palästinensergruppen sowie im Irak Saddam Husseins gewannen die Radikalen an Boden.

Saddam Hussein wollte die Ende 1990 in Bagdad zusammengekommene arabische Gipfelkonferenz dazu benützen, um die anderen Staatschefs zu arabischen Sanktionen gegen die Amerikaner wegen ihrer Israelpolitik zu veranlassen. Er sah Möglichkeiten vor allem im Bereich der Erdölpolitik, der arabischen Gelder, die in den USA angelegt sind, sowie in einem Stopp der Importe aus den Vereinigten Staaten. Seine Gäste waren jedoch nicht einverstanden. Präsident Assad war der Konferenz überhaupt ferngeblieben. Saddam mußte sich schließlich mit einigen scharfen Worten über die Amerikaner im Schlußkommuniqué der Konferenz begnügen, ohne daß es zu Sanktionsandrohungen gekommen wäre.

Damals mögen die arabischen Mitherrscher Saddams, die Könige Fahd, Hussein, Hassan und Präsident Mubarak sowie alle anderen

«Gemäßigten» sich geschmeichelt haben, sie hätten Saddam Hussein «eingerahmt». Heute wissen wir, daß ihr Versuch, ihn im Sinne der Mäßigung zu beeinflussen, mißraten war und daß alle Bemühungen, einen dritten Weg zwischen der Herausforderung der Amerikaner und der Annahme ihrer Führungsposition zu finden, scheitern sollten.

Ob der irakische Machthaber schon damals seinen Angriff auf Kuwait plante, oder ob er sich etwas später dazu entschloß, bleibt zur Zeit ungewiß. Es ist jedoch klar, daß er durch die Anklagen gegen das Scheichtum und die auf sie folgende Aggression vom 2. August aus der Umrahmung ausbrach, die seine Nachbarn um ihn herum hatten zimmern wollen, und daß er im Verlauf dieses Ausbruchs den Rahmen des Arabischen Kooperationsrates gänzlich in Stücke riß.

Ein dritter arabischer Zusammenschluß war ebenfalls im Februar 1989 in Nordafrika zwischen Algerien, Tunesien, Marokko, Mauretanien und Libyen beschlossen worden. Er wurde möglich, weil sich die beiden größeren Maghrebstaaten, Algerien und Marokko, entschieden, ihren alten Streit über die Westsahara, der sie seit 1975 getrennt hatte und zeitweise in bittere Gegner verwandelte, auszuklammern und so rasch wie möglich zu lösen. Er ist allerdings noch nicht gelöst, und die jüngsten Ereignisse mit der Entsendung marokkanischer Truppen nach Saudi-Arabien und scharfen Stellungnahmen zugunsten Saddam Husseins und gegen die Amerikaner in Libyen, Algerien, Tunesien und sogar Mauretanien machen nur zu deutlich, daß auch der Zusammenhalt dieses Blockes noch keineswegs sichergestellt ist.

Amerika scheidet die Geister

Das neue Einpolmodell der nahöstlichen Staatenordnung hat damit als erste Folge eine Zweispaltung der arabischen Welt in «Musterknaben» und «Rebellen» gegenüber der amerikanischen Führungsposition gezeitigt. Der Rebellen sind nur wenige, wenn man die Regierungen zählt: der Irak als Vormacht, Libyen als beigeselltes Fliegengewicht, die PLO gezwungenermaßen, weil die Amerikaner unter israelischem Einfluß nicht bereit sind, die PLO ernst zu nehmen und sie ihren Ansprüchen gemäß als Verhandlungspartner zu akzeptieren. Doch zu den erklärten Rebellen kommen alle jene Staaten hinzu, die Bedenken gegenüber der amerikanischen Aktion in Saudi-Arabien anmeldeten und aus diesem Grunde in Kairo beim nächsten arabischen Gipfel, vom 9. und 10. August 1990, nicht für die Entsendung arabischer Truppen auf die arabische Halbinsel stimmen wollten, auf der bereits amerikanische Soldaten eingetroffen waren: Jordanien, Jemen, Tunis, Algerien, Mauretanien, der Sudan. Und wenn man sich die «Musterknaben» genauer besieht, so besteht ihr Hauptkontingent aus den sechs direkt durch Saddam Hussein bedrohten (und im Falle Kuwaits schon besetzten) Staaten des Golfrates. Dazu kommen Syrien und Libanon, Ägypten und Marokko und die auf saudisches Wohlwollen angewiesenen schwachen Staaten am Horn Afrikas, Somalia und Djibouti. Ägypten und Marokko sind auf die amerikanischen Hilfsgelder angewiesen, um ihre immer weiter wachsende Bevölkerung zu ernähren, und im Falle Ägyptens lassen die Amerikaner es sich relativ viele Dollars kosten, ein Regime in Kairo zu stützen, das den Frieden mit Israel aufrechterhält. Eine enge Symbiose zwischen den beiden Staaten und Washington besteht seit etlichen Jahren und hat sich mit jedem Jahr gefestigt, da die Bevölkerungszunahme andauert und andere Nahrungsquellen als die amerikanischen nicht im gleichen Maße anwachsen.

Syrien und Libanon stellen einen Sonderfall dar: Der bisherige Rebell Damaskus wurde zum Musterknaben, der sogar symbolische Truppen nach Saudi-Arabien entsandte, weil er gezwungen ist, sich gegen Saddam Hussein zu wehren und seine Politik von jener Iraks zu differenzieren, wenn er von seinem irakischen Feind nicht verschlungen werden will. Die libanesische Regierung unter Präsident Hraoui und Ministerpräsident al-Hoss steht unter syrischem Schutz und syrischer Militärbesetzung und muß außenpolitisch genau das tun, was Damaskus von ihr verlangt.

Blickt man auf die Reaktion der Völker, nicht der Regierungen, so wird noch deutlicher, daß der Rebellen viele sind, der Musterknaben eher wenige. Freilich dürften die staatseigenen elektronischen Medien und Zeitungen in Marokko und in Ägypten dafür sorgen, daß ihre eigene Bevölkerung – soweit möglich – im Sinne der Regierungspolitik, also gegen Saddam Hussein, beeinflußt wird und Partei ergreift. Die meisten Beobachter in der arabischen Welt sind sich jedoch darüber einig, daß die Empörung unter der einfachen Bevölkerung über die amerikanische Militärpräsenz in Saudi-Arabien weit größer ist als der Ärger über die Invasion Kuwaits durch den irakischen Machthaber. Diese Haltung scheint in allen Staaten deutlich, in denen sie frei zum Ausdruck kommen kann. Sie erklärt sich durch die koloniale und post-koloniale Vergangenheit und den Haß auf Israel, der nun einmal im Mittelpunkt der politischen Emotionen der meisten Araber steht.

Der Durchschnittsaraber ist allen Berichten nach darüber aufgebracht, daß die industrialisierte Welt unter Schwertführung Amerikas im Falle der Besetzung Kuwaits mit einer solch gewaltigen Militäraktion geantwortet hat, während sie nichts gegen die Besetzung arabischer Gebiete durch Israel und kaum etwas Wirksames gegen die Invasion Libanons durch die israelische Armee im Jahr 1982 unternommen habe.

Sogar auf Zypern haben alle Abgeordneten des griechischen Parlamentes und sämtliche Journalisten der griechischsprachigen Zeitungen sofort die Frage gestellt: «Warum hat die industrielle Welt nichts getan, um die Invasion unserer Insel durch die Türkei vom Jahre 1974 rückgängig zu machen, während sie nun solch gewaltige Mittel gegen den Irak einsetzt?»

Die Fragesteller selbst wissen natürlich recht genau, wie die Antwort auf ihre rhetorische Frage lautet: Kuwait ist ein Ölstaat, und es geht den Amerikanern und ihren westlichen Bundesgenossen darum, ihre Ölversorgung zu möglichst billigen Preisen einigermaßen sicherzustellen und aus diesem Grunde den Zugriff eines einzigen Machthabers auf allzugroße Teile der Welterdölreserven am Golf zu verhindern. Es ist eine wirtschaftliche und noch mehr eine Machtfrage. Ein Saddam Hussein, der unbehindert Kuwait in seine Macht brächte und daraufhin den schwächeren Staaten am Golf sein Diktat aufzwingen könnte, befände sich auf dem Weg, eine politische und wirtschaftliche Großmacht zu formen, die der westlichen Welt möglicherweise ihren Willen aufzwingen könnte. Zum Beispiel auch in bezug auf Israel, das von vielen Arabern und übrigens auch von nicht wenigen Israelis und Amerikanern als ein unversenkbarer US-Flugzeugträger in der arabischen Welt angesehen wird.

Was den Amerikanern und ihren Verbündeten als eine Gefahr erscheint, nämlich die Monopolisierung der Erdölvorkommen am Arabischen Golf in der Hand eines «starken Mannes», wird von den meisten Arabern, wenngleich durchaus nicht von allen Regierungen, als eine Chance gesehen, auf die sie seit Jahren, ja recht eigentlich seit Generationen, gewartet haben – nämlich innerhalb der arabischen Welt Macht zu entwickeln und auszuüben statt von fremder Macht beherrscht und gesteuert zu werden.

Solche Aussichten, die Saddam Hussein gegenwärtig zu bieten scheint, lassen viele das Unrecht vergessen, das er Kuwait antat, besonders da die allzu reichen Emire kaum volkstümlich waren. Und die Machthoffnungen – oder sind es Machtillusionen? – lassen viele der häßlichen Aspekte des Regimes von Bagdad, wie seinen skandalösen Umgang mit den Menschenrechten, in arabischen Augen in Vergessenheit geraten.

Die Kräfte, die miteinander ringen, sind nicht bloß militärischer Art; Saddam Hussein ist bemüht, über die Häupter der Regierungen hinweg an die arabischen Völker zu appellieren, und diese Politik hat ihm Vergleiche mit Abd el-Nasser eingetragen. Daß freilich heute die arabischen Völker genügend Druck auf ihre Regierungen ausüben könnten, um sie in Ländern wie Ägypten, Syrien oder Marokko zu zwingen, ihre Hilfe für die Feinde Saddam Husseins einzustellen, ist unwahrscheinlich. Diese Regierungen haben ihre Völker fest in der Hand.

In Ägypten stellen sich junge Freiwillige vor den Botschaften der Saudis und der Kuwaiter als Soldaten zur Verfügung, während in Amman, Tunis, Algier und anderen nicht auf der amerikanischen Seite engagierten Hauptstädten die Freiwilligen zu den irakischen Botschaften strömen.

Aufbegehren oder Frieden mit Israel

Es scheint sinnlos, die neue einpolige Ordnung, in der sich die arabische Politik in der nächsten Zukunft abspielen wird, in ein ideologisches System oder eine politische Theorie pressen zu wollen, wie etwa jene der Unterschiede zwischen «Nord» und «Süd». Nicht einmal die der Region angemessenere Unterscheidung zwischen Erdöl exportierenden und daher reichen und Erdöl importierenden, armen Staaten dient dazu, die Ereignisse zu erklären. Denn die Gegensätze in dieser ersten Konfrontation nach dem Ausscheiden der Sowjetunion aus dem nahöstlichen Machtgefüge ziehen sich quer durch die Gruppe der armen und jene der reichen arabischen Staaten. Mit Amerika wirken zusammen die reichen Staaten am Golf und die armen Nordafrikas, Ägypten und Marokko. Beide Gruppen aus guten Gründen: Die Reichen suchen amerikanischen Schutz für ihren Reichtum und ihre heutigen Herrschaftsstrukturen; die Armen können es sich nicht erlauben, ihrer amerikanischen Unterstützungsgelder verlustig zu gehen. Andere Arme wie den Sudan, Tunesien, Algerien (heute trotz seines Erdöls eher zu jener Gruppe gehörig) und Jordanien findet man in den Rängen der Zweifler. Jeder aus seinen eigenen Gründen. Jordanien wegen seiner finanziellen und politischen Bindungen an Saddam Hussein und dessen Irak sowie wegen seiner über die Jahre gewachsenen Skepsis gegenüber der amerikanischen Israelpolitik; der Sudan wegen der islamischen Elemente, die heute hinter den regierenden Militärs die Drähte ziehen (die Moslems aller Staaten treten für Saddam Hussein ein, weil sie die amerikanische Hegemonie im Nahen Osten fürchten); Algerien und Tunesien, weit vom Krisenherd entfernt, glauben wohl, sich eine Haltung erlauben zu können, die den Neigungen ihrer Völker entspricht. Unter den Reichen geht Gaddafi seine eigenen, idiosynkratischen Wege mit den Rebellen. Den Sonderfall Syrien mit seinem libanesischen Annex haben wir schon behandelt: ein Armer, der diesmal aus Furcht und Feindschaft gegenüber Saddam Hussein mit den Reichen geht.

Die entscheidende Wahl in der einpoligen Welt des heutigen, neuen Nahen Ostens dürfte ganz einfach geworden sein und auch in den nächsten Jahren so bleiben: Wagt es ein Staat, gegen die amerikanische Vormacht aufzubegehren oder nicht? Wenn er es tut, wird er nicht verfehlen, das antiamerikanische Brennmaterial zu sammeln, das in der ganzen arabischen Welt, primär wegen der amerikanischen Israelpolitik, in Fülle vorhanden ist und entzündet werden kann.

Entscheidet er sich für die Zusammenarbeit mit den USA und damit dafür, ihre Vormacht in der Region als ein Faktum hinzunehmen, an dem die arabische Welt von sich aus nichts ändern könne (heute noch weniger als zuvor, weil ihr auch noch die Stützung des sowjetischen Gegenpols fehlt), muß er sich wohl auch mit der Existenz Israels abfinden und dürfte gut daran tun, die latenten Expansionstendenzen der Zionisten durch einen Friedensschluß einzugrenzen, der zum erstenmal in der Geschichte Israels feste Grenzen für den Staat der Juden setzen würde, wo immer diese zu liegen kämen.

Welche der beiden Ausrichtungen, Musterknaben oder Rebellen, den Nahen Osten in den kommenden Jahren und vielleicht auf geraume Zeit hinaus dominieren wird, dürfte weitgehend von dem Ausgang der gegenwärtigen Krise abhängen. Geht Saddam Hussein unter, dürfte die Ausrichtung der gesamten Region auf den einen, amerikanischen Machtpol perfekt werden und die Völker müßten sich auf geraume Zeit darauf einrichten, unter einem amerikanischen Regen- und Sonnenschirm zu leben. Daß dies nicht notwendigerweise zu einer Verarmung zu führen braucht, kann man aus der Entwicklung Westeuropas seit dem Zweiten Weltkrieg ablesen. Prosperität oder Elend werden in viel größerem Maße als von der außenpolitischen Ausrichtung von der Innenpolitik abhängen, in erster Linie davon, ob es den arabischen Völkern gelingt, sich pluralistische und einigermaßen freiheitlich ausgerichtete Regime zu verschaffen, oder ob sie weiterhin unter mehr oder weniger wohlwollenden Oligarchen und ihren eigenen Machtgelüsten völlig verfallenen Diktatoren ihre Tage verbringen.

Marianne Stern

Die Grenzen der Macht

Zwischen Abhängigkeit und Autonomie – das Dilemma der arabischen Welt

Nahezu einmütig schwiegen die arabischen Herrscher, als Saddam Hussein am 2. August 1990 das Nachbarland Kuwait besetzte, um sich auf Dauer dessen reicher Ressourcen zu bemächtigen. Der Angriff kam nicht unerwartet, dennoch schockierte er die Anrainerstaaten tief. Wer würde, allen Versprechungen des irakischen Präsidenten zum Trotz, das nächste Opfer Saddams sein? Für die Regierenden in der Region ist Saddam Hussein, der machtschlaue und kühl kalkulierende Politiker, eine Bedrohung; für viele Araber indes symbolisiert er Stärke, verspricht Revanche für erlittene Demütigungen und weckt Hoffnungen auf soziale und politische Veränderungen.

Einstimmig zu sprechen und zu handeln, scheint angesichts der tiefgreifenden Divergenzen und unterschiedlichen Interessen der arabischen Staaten fast aussichtslos. Die arabische Einheit – in Worten oft beschworen – hat nie existiert. Die Ursachen dafür sind freilich nicht nur in den nationalstaatlichen Interessen und den konkurrierenden Machtansprüchen der Herrschenden zu suchen. Die Zerrissenheit der arabischen Welt ist auch Erbe der alten Kolonialmächte und Folge der äußeren Einmischungen in diese ökonomisch und geostrategisch so wichtige Region.

Das Kalkül

> *«Die kuwaitische Monarchie existiert nicht mehr, verliert eure Zeit nicht damit, sie zu verteidigen.»*
>
> Der irakische Vizepräsident bei seiner Ankunft in Kairo [1]

Die Hilfsappelle des kuwaitischen Herrschers verhallten scheinbar ungehört. Noch Stunden nach der irakischen Invasion hielt ein Sprecher der gerade in Kairo tagenden Islamischen Konferenz eine Reaktion der Versammlung auf die Aggression Bagdads für verfrüht.[2] Nur Marokko, Algerien und Libanon, vom Kriegsschauplatz weit entfernte Länder, verurteilten noch am gleichen Tag die militärische Besetzung. Die arabischen Außenminister dagegen tagten dreimal in Kairo, ohne ein gemeinsames Kommuniqué oder gar gemeinsames Handeln zu beschließen.[4] Niemand wollte die wirtschaftlichen Nachteile und innenpolitischen Folgen eines Bruches mit dem Irak tragen oder es sich mit dem Diktator von Bagdad verderben, der – nach Israel – über die stärkste Militärmacht im Nahen Osten gebietet und dessen wortradikale Propaganda die Unzufriedenheit der arabischen Massen geschickt auszunutzen weiß.

Saddam Hussein kennt seine arabischen Amtskollegen gut. Die Chancen waren nicht schlecht, daß sie die Annexion Kuwaits dulden und sich mit der neuen Machtposition des irakischen Präsidenten abfinden würden.

Washington handelt

> *«Wir hatten gute Informationen über Pläne und Absichten des Irak. Für uns gab es keine Überraschungen.»*
>
> Mark Mansfield, Sprecher des amerikanischen Geheimdienstes CIA[5]

Während sich die arabischen Staaten zu keinem gemeinsamen Handeln durchringen konnten, hatten die USA ihre Linie längst festgelegt und waren dabei, sie diplomatisch abzusichern. Den Nahen Osten betrachten die USA seit dem Zweiten Weltkrieg als ihr natürliches Einflußgebiet, in dem Washington seine «nationalen Sicherheitsinteressen» gegen sowjetische Bedrohung zu verteidigen habe. Diesen Anspruch jedenfalls formulierten die USA 1957 in der Eisenhower-Doktrin und bekräftigten ihn mit schöner Regelmäßigkeit.[6] Die Bereitschaft, ihren Einfluß gegebenenfalls auch militärisch zu sichern, demonstrierten die USA zuletzt 1987. Als damals der iranisch-irakische Krieg zu eskalieren drohte, schickte Washington die amerikanische Flotte in den Golf. Er werde nicht zulassen, erklärte der amerikanische Präsident, daß wichtige Seewege vom Iran – damals der Hauptfeind der USA – diktiert und von der Sowjetunion kontrolliert werden.[7] Inzwischen freilich ist die kommunistische Gefahr entfallen, die «vitalen» Interessen Amerikas in dieser Region indes sind geblieben und müssen heute gegen den Irak verteidigt werden. Im Rahmen der Ost-West-Entspannung und der veränderten sowjetischen Außenpolitik sind die Aussichten für Washington gestiegen, die eigene Politik in internationale Beschlüsse und multinationales Handeln einzubinden.

Nur vier Tage nach der Besetzung des Ölscheichtums verhängte der UN-Sicherheitsrat einmütig umfassende Wirtschafts- und Handelssanktionen gegen den Aggressor, Jemen enthielt sich der Stimme. Die Sowjetunion, dem Irak durch ein Freundschaftsabkommen verbunden, blockierte die Boykottmaßnahmen nicht, wie noch während der amerikanischen Geiselaffäre im Iran.[8] Unter dem Wirtschafts- und Handelsembargo gegen Bagdad – sollte es denn wirklich funktionieren – aber werden besonders Jordanien und Ägypten zu leiden haben, Staaten, die heute am Rande des wirtschaftlichen Ruins stehen.

Die Lage am Golf eskalierte schnell: Als der Irak, zwei Tage nach dem UN-Sanktions-Beschluß, Kuwait formell annektierte, kündeten die USA und Großbritannien die Entsendung von Truppen in die Golfregion an. Nun suchte Saddam Hussein die saudischen Herrscher zu beruhigen: Seine Truppen würden das Königreich nicht angreifen. Diese Zusicherungen freilich vermochten den König – trotz eines irakisch-saudischen Nichtangriffspaktes[9] – kaum zu überzeugen. Schließlich hatte der irakische Präsident auch vor der Invasion Kuwaits behauptet, das reiche Emirat nicht angreifen zu wollen. Inzwischen aber standen an der saudischen Grenze und in Kuwait weit mehr Truppen, als zur Besetzung des Nachbarlandes notwendig schienen. Überdies kennt der saudische Herrscher die unüberbrückbaren Gegensätze, die zwischen seiner traditionalistischen, im Innern instabilen Monarchie und dem laizistischen, modernen Irak bestehen. Gegensätze, die zehn Jahre lang durch die revolutionäre Bedrohung der Islamischen Republik, dann durch den iranisch-irakischen Krieg in den Hintergrund gedrängt worden waren.

Aufgrund der Perspektive, fortan von einem übermächtigen Nachbarn dominiert, früher oder später gar selber angegriffen und vom Thron gejagt zu werden, entschied der saudische König, dem Drängen seiner Schutzmacht USA nachzugeben und amerikanische Truppen ins Land zu lassen. Ein gefährlicher Entschluß, der die antiamerikanische Stimmung in der arabischen Welt zu mobilisieren, die Region zu destabilisieren und vom israelisch-arabischen Konflikt abzulenken droht. Der Monarch teilte seinen Untertanen die Entscheidung einen Tag später im Fernsehen mit: Er habe die amerikanische Regierung gebeten, seinem Land beizustehen. Die fremden Truppen blieben nur so lange im Land, wie das Königreich es wünsche.[10] Als sich die arabischen Staatschefs am gleichen Tag zu einem Gipfeltreffen in Kairo versammelten, waren die ersten amerikanischen Truppen in Saudi-Arabien gelandet.

Der Kairoer Gipfel

> *«Für uns gibt es nur eine Wahl: arabisches Handeln, das höhere arabische Interessen sichern will, oder eine ausländische Intervention, bei der wir nichts zu sagen und über die wir keine Kontrolle haben.»*
>
> Hosni Mubarak, ägyptischer Präsident[11]

Die Verlegung amerikanischer Einheiten nach Saudi-Arabien, wo ohnehin seit Jahren viele US-Militärberater stationiert sind, war Wasser auf die Propaganda-Mühlen des irakischen Regimes und brachte die arabischen Staatschefs in Zugzwang. In Kairo tagte die arabische Gipfelkonferenz, um eine politische Lösung zu finden und den Irak zum Rückzug aus Kuwait zu bewegen. Der ägyptische Präsident, Konkurrent Saddam Husseins um die Führungsposition in der arabischen Welt, hatte sich jedoch, von den USA unter Druck gesetzt, längst entschieden, das Vorgehen Washingtons auch militärisch zu unterstützen. Ägypten ist gemeinsam mit Saudi-Arabien das wichtigste Land in der amerikanischen Militärstrategie und zudem von amerikanischer Wirtschafts- und Militärhilfe abhängig. Wie auch Sadat 1980 zu Beginn des Golfkrieges, erklärte sich Kairo bereit, ägyptische Truppen nach Saudi-Arabien zu schicken, den amerikanischen Nachschub durch eigene Einheiten zu sichern und militärische Einrichtungen bereitzustellen.[12]

Auch die Kairoer Gipfelkonferenz führte erwartungsgemäß zu keiner Einigung, sondern lediglich zu einem Mehrheitsbeschluß, den Saddam Hussein propagandistisch ausnutzen sollte: Zwölf der zwanzig Staaten (Tunesien nahm nicht teil) verurteilten die irakische Aggression gegen Kuwait und dessen Annexion. Die Versammlung unterstützte nicht nur die Resolutionen des UN-Sicherheitsrates, sondern billigte auch den Entschluß Saudi-Arabiens, amerikanische Truppen in das Land zu lassen – eine Selbstverteidigungsmaßnahme, wie es hieß. Damit hatten diese Staaten den amerikanischen Truppenaufmarsch im Nahen Osten gebilligt, der – wie es in Washington hieß – die UN-Sanktionen militärisch durchsetzen sollte, ohne hierfür durch UN-Beschlüsse autorisiert worden zu sein. Der irakische Präsident hatte nun leichtes Spiel, von der eigenen Aggression abzulenken und den amerikanisch-arabischen Konflikt in den Mittelpunkt zu rücken.

Für die Resolution hatten – neben Saudi-Arabien und den Golfstaaten – u. a. Ägypten, Syrien und Marokko gestimmt. Diese Länder zeigten sich – aus unterschiedlichen Erwägungen – auch bereit, eigene Truppen nach Saudi-Arabien zu schicken, kleine Kontingente, die den Alleingang der USA kaschieren und aus der Verteidigung Saudi-Arabiens eine gemeinsame arabische Sache machen sollten. Die PLO hingegen war auf der Konferenz eifrigster Verfechter der irakischen Sache – und erwies mit dieser unnötig exponierten Position den eigenen nationalen Ambitionen einen schlechten Dienst. Jordanien und Jemen, die gemeinsam mit Irak und Ägypten dem *Arabic Cooperation Council* (ACC) angehören, gingen auf Distanz zum irakischen Präsidenten. Jordanien enthielt sich der Stimme und äußerte Vorbehalte: Amman werde erst dann Truppen nach Saudi-Arabien schikken, wenn die Amerikaner abgezogen seien. Jemen, Libyen und die PLO stimmten trotzdem gegen die Entschließung.

Der kuwaitische Emir Jabir aber hatte die Konferenz schon vor deren Ende verlassen. Später ließ der iranische Außenminister Velayati auf seiner Rundreise durch die Golfemirate verlauten, der Emir sei wütend gewesen, weil auf der Konferenz nur über die Verteidigung Saudi-Arabiens debattiert worden sei, nicht aber darüber, wie er die Herrschaft über sein Land wiedererlangen könnte.[13]

Aufruf zum Heiligen Krieg

> *«Oh, Araber! Oh, Moslems! Oh, Gläubige, wo immer ihr seid: Dies ist der Tag, euch schnell zu erheben, um Mekka zu verteidigen, das in den Speeren der Amerikaner und Zionisten gefangen ist.»*
>
> Saddam Hussein in seiner Freitagsansprache am 10.8.90[14]

Der Beschluß Großbritanniens und der USA, Flotteneinheiten in die Nahostregion zu verlegen, und die Landung amerikanischer Truppen in Saudi-Arabien verwandelten den anfänglichen Schock über die Aggression Bagdads in eine wachsende Welle öffentlicher Unterstützung für Saddam Hussein. Die arabische Welt war empört. Die linksgerichtete libanesische Zeitung *As-Safir* schrieb: Saddam Hussein habe ein Verbrechen an Kuwait begangen, aber die saudische Königsfamilie ein viel größeres, unverzeihliches an der ganzen arabischen Welt, indem sie die Imperialisten auf die arabische Halbinsel gerufen habe.[15] «Sie hätten uns nicht an Saddams Repressionen erinnern müssen, wir wissen das besser. Aber die Geschichte hat uns gelehrt, daß die USA nichts gegen Diktatoren haben, wenn sie proamerikanisch sind», sagte ein irakischer Oppositioneller, der seit 1980 im Exil lebt. Und ein syrischer Offizier ließ verlauten: «Die Amerikaner sollten sich vergegenwärtigen, daß sie, wenn sie Irak angreifen, alle Araber um Saddam mobilisieren.»

In vielen arabischen Ländern gingen die Massen gegen die USA und für Saddam Hussein auf die Straße. Arabische Nationalisten und islamische Fundamentalisten – zu anderen Zeiten unversöhnlich – demonstrierten gemeinsam; der Antiamerikanismus einte sie. Angesichts des Scheiterns der israelisch-palästinensischen Verhandlungen, der Einwanderungswelle sowjetischer Juden nach Israel, der Abhängigkeit vieler arabischer Regime vom Westen sowie angesichts ungelöster sozialer Fragen und wirtschaftlicher Probleme fand der Wortradikalismus Saddam Husseins offene Ohren.

Die Verbrechen des irakischen Präsidenten, die Liquidierung der eigenen Opposition, die Giftgaseinsätze gegen Kurden und Iraner, schienen vergessen. Vergessen scheint auch, daß der oberste Kriegsherr Iraks, der im Golfkrieg die reichen Ressourcen seines Landes verspielt hatte, kaum geeignet ist, die arabische Nation zu erlösen. Saddam Hussein aber war es gelungen, Gefühle der Ratlosigkeit, Frustration und Demütigung zu mobilisieren, arabisch-nationalistische und selbst islamisch-fundamentalistische Strömungen hinter sich zu vereinigen. Dabei hatte der islamische Revolutionsführer Chomeini den irakischen Präsidenten zehn Jahre lang als gottlos verteufelt.

Irakische Propaganda-Sender strahlten nach Ägypten und Saudi-Arabien. Das saudische Regime verrate die arabische Sache und lasse zu, daß mit den amerikanischen Truppen der Kolonialismus in die arabische Welt zurückkehre. Mubarak hingegen verschaffe den Amerikanern durch die Entsendung der ägyptischen Truppen ein Feigenblatt. Gegen den Irak – wie gegen die gesamte freie arabische Welt – gebe es eine große israelisch-amerikanische Verschwörung, deren Ziel es sei, die israelisch-amerikanische Hegemonie im ganzen arabischen Raum zu errichten, und die amerikanischen Truppen, die nun im Herzen der arabischen Welt und an den heiligen Stätten von Mekka und Medina stünden, drohten, dieser Verschwörung zum Erfolg zu verhelfen. Alle Araber hätten unter diesen Umständen die Pflicht, dem Irak in seinem Widerstand zu helfen.[16] In fast allen arabischen Staaten meldeten sich Tausende von Freiwilligen, um den Irak gegen das israelisch-amerikanische Komplott zu verteidigen.

Taktisch klug bot Saddam Hussein, der wenige Wochen zuvor noch jedes Gespräch mit Kuwait platzen ließ, nun Verhandlungen an. Schließlich hatten auch die arabischen Staatschefs betont, trotz der Entsendung von Truppen auf eine politische Lösung hinarbeiten zu wollen. Der Verhandlungsvorschlag des irakischen Präsidenten freilich war in erster Linie für die arabische Öffentlichkeit gedacht.* Saddam schlug vor, alle Resolutionen des UN-Sicherheitsrates zum Nahostproblem durchzusetzen. Das bedeute: Israel gebe die besetzten palästinensischen Gebiete auf, die syrischen Truppen verließen den Libanon, Irak und Iran zögen sich hinter die internationale Grenze zurück. Ein schöner Traum, mit dem der irakische Tyrann die arabischen Massen gewinnen kann, benennt er doch alte, brennende Probleme, die weder Washington noch die UNO lösen konnten oder wollten. Mit dem letzten Punkt bereitete der irakische Präsident zudem sein spektakuläres Friedensangebot an den langjährigen Kriegsgegner Iran vor. Dann kam Saddam zum eigentlichen Kern seines

* Es war zugleich ein ernstgemeintes Signal, sich auf weiter kriegerische Aktionen nicht einlassen zu wollen, sofern ihm Kuwait bliebe.

Vorschlages: Die amerikanischen Truppen sollten unter Aufsicht der UNO von multi-arabischen Truppen ersetzt werden; Ägypten dürfe sich nicht beteiligen, weil Kairo sich der amerikanischen Verschwörung angeschlossen habe. Schließlich müsse das gegen Irak verhängte UN-Embargo eingefroren und die Blockade aufgehoben werden. Seien all diese Forderungen erfüllt, dann könne Bagdad sich mit Kuwait arrangieren, freilich nur unter Berücksichtigung der historischen irakischen Rechte wie des Willens des kuwaitischen Volkes.[17]

Die internationale Einheitsfront

Die USA hatten das Embargo inzwischen weitgehend durchgesetzt und keinen Zweifel daran gelassen, die Sanktionen durch eine militärische Blockade auch tatsächlich wirksam werden zu lassen. Zwei Anrainerstaaten des Irak standen im Mittelpunkt der diplomatischen Bemühungen: die Türkei und Jordanien, beide wirtschaftlich, Jordanien auch bündnispolitisch mit Bagdad verbunden.

Der NATO-Staat Türkei, wichtiges Glied bei einer wirtschaftlichen und militärischen Einkreisung des Irak, hat sich zwar nicht überreden lassen, eigene Truppen nach Saudi-Arabien zu schicken, wohl aber hatte Ankara den amerikanischen Bombern und Kampfflugzeugen umgehend Stützpunkte zur Verfügung gestellt. Im Falle eines irakischen Angriffs auf die Türkei, so versicherte der amerikanische Unterhändler dem türkischen Staatspräsidenten, würden die NATO und Amerika seinem Land schon zur Seite stehen. In einer nichtöffentlichen Krisensitzung hat das türkische Parlament der Regierung daraufhin weitreichende Vollmachten erteilt: Im Fall einer Aggression darf der Regierungschef ohne weitere Konsultationen den Kriegszustand ausrufen.[18]

Nur zögerlich stimmte der NATO-Staat den ökonomischen Sanktionen gegen Bagdad zu. Ankara bezieht jährlich fast die Hälfte seines Erdöls aus dem Irak; Bagdad tilgt mit diesen Lieferungen Schulden von 800 Mio. Dollar. Die Türkei ist zudem ein wichtiges Transitland für Waren vom und in den Irak, ein Geschäft, das jährlich 600 Mio. Dollar Devisen verspricht. Auch die irakische Pipeline brachte der türkischen Staatskasse jährliche Gebühren von 250 Mio. Dollar ein. Hinzu kommen die Überweisungen von 60000 türkischen Arbeitern im Irak. Der Emir von Kuwait hat angeboten, die Verluste zu tragen, die auf 2 bis 2,5 Mrd. Dollar jährlich geschätzt werden, falls sich die Türkei den Boykottmaßnahmen anschlösse.[19] Das ist für den reichen Herrscher eine Kleinigkeit: Die Gewinne seines Landes aus Auslandsinvestitionen übersteigen heute bereits die Erdöleinkünfte des Emirats. Selbst eine geringfügige Ölpreissteigerung trifft dagegen arme Länder wie die Türkei schwer.

Sollen die UN-Sanktionen wirksam werden, muß sich auch Jordanien beteiligen. Innen- und außenpolitisch in Bedrängnis und vom Irak wirtschaftlich abhängig, reagierte der Haschemiten-König besonders vorsichtig auf die irakische Aggression. Die Stimmung der Bevölkerung – zur Hälfte Palästinenser, Flüchtlinge zumeist – ist auf seiten Saddam Husseins, der sich vor wenigen Monaten auf dem Arabischen Gipfel in Bagdad wortradikal als der starke Mann empfahl, der Israel – und sei es mit Giftgas – in die Knie zu zwingen in der Lage sei. Die Palästina-Frage schien dem Präsidenten geeignet, die gigantische Aufrüstung für die machtpolitischen Interessen des irakischen Regimes zu glorifizieren.

Doch der Diktator von Bagdad ist zu sehr Realist, um Israel wirklich anzugreifen. Einen Krieg indes hatte er gegen den Iran vom Zaun gebrochen, einen Staat, den er nach dem Sturz des Schahs, des Gendarmen des Westens am Golf, schwach genug wähnte, um ihn in einem Blitzkrieg besiegen zu können. Giftgas hatte Saddam Hussein gegen iranische Soldaten eingesetzt – und gegen die kurdische Minderheit im eigenen Land, der er, der mächtige Präsident, autonome Rechte verwehrt. Dennoch, die Worte Saddam Husseins fanden Widerhall: Zu groß sind die Frustrationen der arabischen Bevölkerung, da die Unnachgiebigkeit der israelischen Regierungen nach drei Jahren Volksaufstand alle Hoffnungen auf eine gerechte Verhandlungslösung für die Palästinenser zerstört hat.

Nach der irakischen Aggression gegen Kuwait fanden keine Demonstrationen für Saddam Hussein statt. Als aber US-Präsident Bush amerikanische Truppen nach Saudi-Arabien schickte und der Arabische Gipfel in Kairo diese Maßnahme indirekt billigte, gingen die Menschen in vielen arabischen Staaten auf die Straße. Zehntausende demonstrierten in Jordanien gegen die amerikanische Invasion und forderten den Sturz von Mubarak, Assad und König Fahd: «Nein zu den Agenten Amerikas, Ja zur Standfestigkeit des Irak.» «Die Welt schlief, als Israel die Westbank, den Gazastreifen und die Golan-Höhen besetzte.» «Saddam, Schwert der arabischen Welt.»[20]

Die Gefühle der eigenen Bevölkerung in Rechnung stellend, hatte der jordanische König den Irak bis dahin vorsichtig unterstützt. Das kleine Land, das von westlicher Hilfe und finanziellem Beistand der Golfstaaten abhängig ist, war dem Irak seit Jahren ökonomisch, durch Anleihen, Handel und Investitionen, eng verbunden.

Seit Anfang der siebziger Jahre hatte sich die wirtschaftliche Lage langsam stabilisiert: Jordanien profitierte von der Prosperität in den Ölstaaten; jordanische Gastarbeiter in den Golfländern schickten Devisen; nach Wiedereröffnung des Suezkanals 1975 wurde der Hafen von Aqaba wieder bedeutsam, verbilligte Im- und Exporte und ließ Jordanien zu einem Transitland für die Golfstaaten und den Irak werden. Nach Beginn des Bürgerkrieges im Libanon siedelten Firmen und Banken nach Amman um. Der Beginn des Golfkrieges schließlich und die Schließung der syrischen Grenzen ließen Jordanien zum lebenswichtigen Transitland für Bagdad werden, vor allem, nachdem dessen Hafenanlagen am Schatt al-Arab gleich zu Beginn des Krieges zerstört worden waren.[21]

Trotz des hohen Handelsdefizits Ammans blieb dessen Zahlungsbilanz bis 1980 positiv. Neben den Amerikanern trugen hierzu von 1978 an vor allem die arabischen Staaten mit Ausgleichszahlungen bei. Als Frontstaat zu Israel sollte Jordanien 1,25 Mrd. Dollar jährlich erhalten, eine Summe, die niemals vollständig gezahlt wurde. 1983 beispielsweise kamen aus Saudi-Arabien und Kuwait 600 Mio. Dollar, die anderen Staaten hielten sich zurück. Seit 1985 ist die Hilfe weiter zurückgegangen.[22] In diesem Jahr waren es nur noch 260 Mio. Dollar, von denen allein Kuwait bereits die Hälfte beisteuerte.[23] Die Auslandsschulden nahmen demgegenüber rapide zu. 1989 beliefen sie sich auf 11,2 Mrd. Dollar[24], eine immense Summe für das kleine Land.

Als nach Umschuldungsverhandlungen im April 1989 die Preise für Lebensmittel und Kraftstoff drastisch erhöht wurden (bis zu 50 Prozent), begehrte die jordanische Bevölkerung im Süden des Landes auf. Die Unruhen veranlaßten König Hussein, längst überfällige politische Reformen einzuleiten. Der Monarch sprach sich für eine verantwortliche Pressefreiheit, gegen Korruption, für eine Entpolitisierung der Religion und für Wahlen aus. Seit 1967 – nach dem Verlust der Westbank im Krieg gegen Israel[25] – war in Jordanien nicht mehr gewählt worden. Erst als sich der jordanische König nach der Niederlage der PLO im Libanon 1983 mit PLO-Chef Arafat versöhnte und im

Rahmen des Reagan-Vorschlages gemeinsame jordanisch-palästinensische Verhandlungen mit Israel führen wollte, berief Hussein 1984 die jordanische Nationalversammlung[26] ein und ließ Nachwahlen durchführen. Parteienverbot und Kriegsrecht – bestehend seit 1967 und erst Ende 1989 ausgesetzt – freilich wurden nicht aufgehoben. Wahlerfolge verbuchten nur die islamischen Fundamentalisten – als Wohlfahrtsorganisation waren die Moslembrüder nicht vom Parteienverbot betroffen – und die arabischen Nationalisten. Die Wahlen nach den Unruhen von 1989 – an denen Palästinenser kaum teilnahmen[27] – bestätigten diesen Trend: Der Islamische Block erhielt 40 Prozent der Stimmen, der Demokratische Block weniger als die Hälfte. Die traditionellen Notabeln verloren an Macht, ein Indiz für die Auflösung alter Stammes- und Clanstrukturen[28] und für den wachsenden Einfluß der Moslembrüder und anderer radikal-fundamentalistischer Strömungen, die der König jahrelang begünstigte, um den Einfluß der laizistischen Opposition zurückzudrängen – eine Politik, die ihm jetzt gefährlich werden kann. Der jordanische König jedenfalls möchte sich in Zukunft nur noch Scherif nennen lassen, ein Hinweis auf die direkte Abstammung seiner Familie vom Propheten und auf die Unantastbarkeit seines Herrschaftsanspruchs.

Im Golfkrieg unterstützte Jordanien den Irak. Die Zusammenarbeit zwischen Jordanien und Irak – unter britischer Mandatsherrschaft beides haschemitische Monarchien – hatte sich seit Mitte der siebziger Jahre verbessert, als Bagdad seine außenpolitische Isolation durchbrechen und nach Wiedereröffnung des Suezkanals den jordanischen Hafen Aqaba wirtschaftlich nutzen wollte. Die guten Beziehungen zwischen den Staaten blieben freilich ein taktisches Bündnis, das beiden ökonomische Vorteile versprach.

Nach 1958 – dem Sturz der Monarchie im Irak – brachen die bis dahin freundschaftlichen Beziehungen zwischen den Staaten ab, deren Gesellschaftssysteme einander nun unversöhnlich gegenüberstanden. Jordanien war, wegen seiner kompromißbereiten Haltung in der Palästina-Frage, seiner engen Bindungen an Großbritannien und nach 1958 an die USA, ebenfalls von dem nasseristischen Ägypten und dem baathistischen Syrien isoliert. Deshalb wandte sich der jordanische König Anfang der sechziger Jahre der saudischen Monarchie zu. Trotz aller Zwistigkeiten zwischen beiden Dynastien schloß Hussein mit Riad 1962 einen Bündnisvertrag, der Kooperation in der Außenpolitik und militärische Zusammenarbeit vorsah; drei Jahre später handelten beide Staaten ein Grenzabkommen aus, in dem Jordanien ein breiterer Küstenstreifen bei Aqaba zugesprochen wurde.[29]

Obwohl die Gegensätze zum Ägypten Nassers wuchsen, schloß der Haschemiten-König – um Protesten im Innern wegen seiner gemäßigten Haltung gegenüber Israel zuvorzukommen – wenige Tage vor Ausbruch des Juni-Krieges 1967 ein Verteidigungsabkommen mit dem ägyptischen Präsidenten. Hussein verlor damals die palästinensische Westbank, ein fruchtbares, relativ entwickeltes Gebiet, das sein Großvater Abdallah nach dem ersten israelisch-arabischen Krieg 1948 seinem Wüstenreich einverleibt hatte. Am Krieg 1973 nahm Jordanien nicht mehr teil, erneuerte aber danach die Beziehungen zu seinen großen Nachbarn Syrien und Ägypten.

Dem Separatabkommen Ägyptens mit Israel 1978/79 stand der jordanische König positiv gegenüber, hoffte er doch, in Autonomie-Verhandlungen über die von Israel besetzten Gebiete seine alten Ansprüche auf die Westbank erneuern zu können.[30] Trotzdem unterstützte Hussein schließlich die arabischen Boykottmaßnahmen gegen Ägypten, da er sich in der arabischen Welt nicht isolieren oder von amerikanischer Hilfe allzu abhängig erscheinen wollte. Bei erster Gelegenheit freilich nahm er die diplomatischen Beziehungen zu Ägypten wieder auf.[31]

Bis heute muß der jordanische König versuchen, es allen Seiten recht zu machen. Sein Land liegt zwischen den beiden übermächtigen Nachbarn Irak und Israel. Hatte Hussein lange Jahre den Ausgleich mit Israel gesucht, so scheiterten all seine Bemühungen an dessen starrer Haltung in der Palästina-Frage. Heute sieht der Monarch seine Herrschaft mehr denn je durch die israelische Politik bedroht: Angesichts der Masseneinwanderung sowjetischer Juden werden die Stimmen in Israel lauter, die einen Transfer der Palästinenser in arabische Länder fordern – und Jordanien ist eben für viele Israelis *der* palästinensische Staat.

Ein offener Bruch mit Saddam Hussein hingegen, so fürchtet der Monarch, brächte nicht nur die öffentliche Meinung gegen ihn auf und isolierte Jordanien gegen israelische Bedrohungen, sondern lähme auch die jordanische Wirtschaft. Jordanien bezieht heute 95 Prozent seines Erdöls aus dem Nachbarland, den Rest aus Kuwait; die Hälfte des irakischen Handels wird über den Hafen Aqaba abgewickelt; ein Viertel aller jordanischen Exporte geht nach Bagdad. Aber auch die Abhängigkeit von den Golfstaaten ist groß. 330000 Jordanier – bei einer Gesamtbevölkerung von 3,2 Mio. – arbeiten in den Golfstaaten, 90000 davon in Kuwait. Deren Überweisungen machen ein Drittel der jordanischen Deviseneinnahmen aus.[32]

Der jordanische König setzte deshalb zunächst auf sein diplomatisches Geschick und hoffte auf eine politische Lösung des Konfliktes. Von einer Verurteilung der Besetzung Kuwaits sah er zunächst einmal ab: Einen solchen Beschluß halte er für verfrüht, er glaube, Saddam Hussein sei eine Person, der man vertrauen und mit der man verhandeln könne.[33] Zudem sei die Anwesenheit amerikanischer Truppen in einem arabischen Land «explosiv» und habe den Grenzkonflikt zu einer internationalen Konfrontation gemacht. Die westlichen Staaten wollten die Karte der arabischen Welt neu zeichnen, um ihre Ölversorgung sicherzustellen.

Offensichtlich hatte der Monarch jedoch die Entschlossenheit der USA und anderer Staaten unterschätzt. Denn wenig später ließ der König verlauten, Jordanien erkenne die Regierung des Emirs weiterhin an. Den internationalen Boykottmaßnahmen gegen Bagdad stimmte Amman zwar zu, wollte die Sanktionen aber mit Hinweis auf die eigene schwierige Wirtschaftslage nicht mittragen. Auch dem amerikanischen Präsidenten Bush machte der König bei seinem Besuch in den USA keine eindeutigen Zusagen: Er werde Aqaba für den größten Teil des irakischen Handels schließen, wolle aber von den Vereinten Nationen prüfen lassen, ob Lebensmittellieferungen auch unter die Sanktionen fielen oder aber als humanitäre Hilfe gelten würden.[34]

Ein Angebot an die Islamische Republik

Der Konflikt am Golf spitzte sich schnell zu. Der amerikanische Präsident Bush hatte gerade entschieden, jedweden Handel mit dem Irak notfalls militärisch zu blockieren, da trat Saddam Hussein mit einem spektakulären Angebot an die Öffentlichkeit. Der Präsident sprach seinen iranischen Amtskollegen Rafsandjani direkt an: «Alles, was Sie begehrten, ist nun erfüllt.» Gemeinsam könne man dem Golf zu einem Meer des Friedens machen. Bagdad sei bereit, die irakischen Truppen aus den besetzten iranischen Gebieten zurückzuziehen und die Kriegsgefangenen freizulassen. Seine Regierung erkenne den Grenzvertrag von Algier an.

Das Erstaunen über das Friedensangebot Bagdads war groß. Im Abkommen von Algier nämlich hatten sich der Schah von Persien und Saddam Hussein 1975 darauf geeinigt, die Grenze zwischen beiden Ländern vom iranischen Ufer des Schatt al-Arab in die Flußmitte zu verlegen. Im Gegenzug stellte Teheran damals jegliche Unterstützung für die Kurden ein, deren Widerstand das irakische Baath-Regime ernsthaft bedrohte. Als der Schah wenige Jahre später gestürzt war, forderte Saddam Hussein von der noch schwachen Islamischen Republik, den Grenzvertrag zu revidieren.

Der Iran ging auf diesen Handel nicht ein. Als Saddam Hussein 1980 den Krieg gegen den Iran begann, war die Verlegung der Grenze ein Kriegsziel: Die Souveränität der arabischen Nation – nicht des Irak – über den Schatt al-Arab müsse wiederhergestellt werden, hieß es von irakischer Seite. Ein Versuch, den Krieg gegen den Iran zu arabisieren und die eigenen Großmachtambitionen zu verschleiern.

Acht Jahre dauerte der Krieg, in dem sich beide Staaten gegenseitig zerstörten. Dann verpflichteten sich Iran und Irak unter der Ägide der UNO zum Waffenstillstand. Die Friedensverhandlungen indes blieben erfolglos. Denn der Irak wollte seine Truppen nicht – dem Abkommen gemäß – hinter die Vorkriegsgrenzen zurückziehen, sondern hielt weiterhin Gebiete des Iran besetzt. Teheran aber wollte Gefangene erst nach einem Truppenrückzug austauschen.

Der iranische Präsident Rafsandjani nahm das Angebot Bagdads dankend an. Hatte doch der erneute Griff des irakischen Präsidenten nach der Vorherrschaft am Golf dem Iran einen unerwarteten Erfolg beschert: Ohne eine Konzession machen zu müssen, gewann die Islamische Republik die politische Schlacht am Ende des Krieges. Ein später Sieg des verstorbenen Ayotollahs, wie seine Anhänger meinen.

Uneigennützig freilich war das Angebot des irakischen Präsidenten nicht. Nun konnte er Truppen von der iranischen Front abziehen und an die südliche Grenze verlegen. Zudem hoffte Saddam, der Iran wäre möglicherweise bereit, das Embargo gegen den Irak zu durchbrechen. Denn Teheran und Bagdad haben durchaus gemeinsame Interessen, wenn auch aus unterschiedlichen Beweggründen: beide Staaten sind gegen US-Truppen in der Region und wollen keine Erhöhung von Förderquoten der übrigen OPEC-Länder. Der Iran kann seine Erdölproduktion wegen der Kriegsschäden nicht steigern und ist für seinen Wiederaufbau an hohen Ölpreisen interessiert; der Irak hingegen sieht in hohen Preisen ein zusätzliches Druckmittel gegen den Westen und die UN-Beschlüsse.

Honorieren indes möchte der iranische Staatspräsident die Zugeständnisse des ehemaligen Kriegsgegners nicht: Das Problem eines Friedens zwischen Iran und Irak sei eine Sache; der Einmarsch in Kuwait eine andere. Bagdad müsse sich aus dem Emirat zurückziehen. Teheran sei ebenso gegen das Eindringen amerikanischer Truppen in die Golfregion und werde nicht tatenlos zusehen, wie sich die USA in Saudi-Arabien festsetzten. Realist, der er ist, wird Rafsandjani für den ehemaligen Kriegsgegner Irak die neuen Kontakte zu Frankreich und Großbritannien kaum gefährden.

Das Öl

Als Saddam Hussein vor zehn Jahren den Krieg gegen Iran begann, war er von den USA und den Golfstaaten geradezu ermutigt worden. Der Sturz des Schah-Regimes hatte die Region destabilisiert; die amerikanische Vorherrschaft am Golf schien gefährdet. Der Einmarsch der Sowjetunion in Afghanistan und die Besetzung der amerikanischen Botschaft in Teheran durch Anhänger Chomeinis waren Anlaß für die USA, militärische Stärke zu demonstrieren. Der amerikanische Präsident Carter drohte im Januar 1980: «Jeder Versuch einer auswärtigen Macht, Kontrolle über die Region des Persischen Golfes zu erlangen, wird als Angriff auf die vitalen Interessen der USA betrachtet und mit allen Mitteln, einschließlich militärischer Gewalt, zurückgeschlagen.» [35] Entsprechend dieser Politik wurde die – schon 1977 von Carter geplante – *Rapid Deployment Force* gebildet und neue Militärbasen in der Golfregion aufgebaut. Auch die Staaten am Golf fühlten sich durch den starken Nachbarn Irak und die islamische Revolution im Iran bedroht. Ein Krieg gegen den Iran entsprach durchaus den Interessen äußerer Mächte. Deshalb sicherten Saudi-Arabien und die Golfstaaten dem Irak großzügige finanzielle Hilfe für den Fall eines Krieges zu. Jordanien würde weiterhin den Gütertransport von und nach Irak garantieren, falls die irakischen Häfen geschlossen würden. Ehemalige Schah-Generäle bestärkten den Irak, den Iran anzugreifen. Dessen Armee werde schnell zusammenbrechen.[36] Der geplante Blitzkrieg scheiterte; der Irak indes wurde nur zögernd unterstützt, denn auch ein Sieg Bagdads war nicht erwünscht.

Als der Irak 1990 in Kuwait einmarschierte, galten andere Vorzeichen: Die Islamische Republik war durch den langen Krieg neutralisiert; das irakische Regime allerdings hatte weiter aufgerüstet und war nach Israel zur zweitstärksten Militärmacht in der Region aufgestiegen. Bagdad aber stand seit Ende des Krieges vor unüberwindbaren ökonomischen Schwierigkeiten. Der Krieg hatte die Wirtschaft ruiniert, die Erdöleinkünfte waren durch Niedrigpreise geschrumpft, Zinsen und Tilgungen für 70 bis 80 Mrd. Dollar Schulden konnte der Irak nicht zahlen, wollte aber gleichzeitig seinen ambitiösen zivilen und militärischen Aufbauplan verwirklichen. Der Fall der Ölpreise im Frühjahr 1990 – verursacht durch Überproduktion Kuwaits und der Vereinigten Arabischen Emirate – senkte die Einnahmen Bagdads wieder auf das kritische Niveau von 1988. Die Proteste der irakischen Bevölkerung gegen die Folgen von Sparpolitik und wirtschaftlichen Liberalisierungsmaßnahmen wuchsen, es kam zu Unruhen. Die Regierung subventionierte erneut die Nahrungsmittel und senkte die Preise, belastete aber dadurch den Staatshaushalt immer stärker. Der Irak forderte daraufhin von den Staaten am Golf einen Schuldenerlaß und beschuldigte Kuwait, zum Nachteil Bagdads in der neutralen Zone zwischen beiden Staaten Erdöl gefördert zu haben.

Noch 1989 war der Irak in der Ölpreispolitik den saudischen Vorschlägen gefolgt, während Teheran auf höheren Preisen bestand. In wirtschaftlich mißlicher Situation änderte Bagdad seine Ölpolitik und forderte – nun gemeinsam mit den Kriegsgegner Iran – Ölpreissteigerungen. Das ließ aufhorchen. Für Juli war eine OPEC-Konferenz einberufen worden. Schon vor der Tagung wurden Fragen diskutiert, an die im letzten Jahr noch niemand gedacht hatte: Wer bestimmt die Ölpreise? Die reichen Erdölländer oder die militärischen Mächte Iran und Irak? Sieben Jahre lang waren die ersteren in einer Schlüsselposition gewesen, da sie ohne Probleme die Produktion steigern oder drosseln konnten und somit in der Lage waren, die Rohöl-Preise zu manipulieren. Im Golfkrieg war diese Art Ölpolitik eine Waffe gegen den Iran: 1986 steigerte Saudi-Arabien seine Erdölförderung schlagartig, die Preise, die 1979 noch 32 Dollar pro Barrel betragen hatten, wurden kurzfristig auf 10 Dollar pro Barrel gedrückt und pendelten sich dann auf 14 Dollar ein. Auf dem letzten OPEC-Treffen einigten sich die Ölproduzenten, die Preise pro Barrel Rohöl auf 20 Dollar anzuheben, eine Steigerung, die dem Irak 6 Mrd. Dollar Mehreinnahmen hätte bringen können – wenn sich Kuwait und die VAE an die genannten Förderquoten gehalten hätten.

Als dies nicht geschah, beschloß Saddam Hussein zu handeln. Warum sollte er nicht versuchen, sich an den reichen Golfstaaten schadlos zu halten, für die er – nicht ganz zu Unrecht – den Krieg gegen die Islamische Republik mitgeführt zu haben glaubte? Auf das Nachbarland Kuwait hatte der Irak schon 1961 – nach dessen Unabhängigkeit von Großbritannien – Anspruch erhoben. Eine Annexion des Landes jedenfalls würde Bagdad in den Besitz von 20 Prozent der Welterdölvorräte bringen und dessen wirtschaftliche, politische und militärische Macht in der Region stärken. Damit waren die USA und die westlichen Staaten ganz und gar nicht einverstanden – und auch Israel nicht, das im folgenden Konflikt lieber im Hintergrund agierte. Washington jedenfalls war entschlossen, die Pläne Saddam Husseins zu vereiteln und die Annexion Kuwaits notfalls mit militärischen Mitteln rückgängig zu machen, um durch Aufrechterhaltung des Status quo die eigene Vorherrschaft in dieser geostrategisch wichtigen Region zu sichern.

Seit Ende des Zweiten Weltkrieges bestimmen die USA wesentlich die Erdölpolitik. Damals sollte das Öl der arabischen Halbinsel schnell gefördert werden: für den Wiederaufbau in Europa, als Ausgleich für amerikanische Rohölreserven, die im Krieg übermäßig beansprucht worden waren, und für die militärische Vorratshaltung für einen möglichen neuen Krieg. Der Nahe Osten war – im Rahmen des amerikanischen Containment gegenüber der Sowjetunion – geopolitisch bedeutsam geworden. Um die eigenen Interessen zu vertreten, schlossen sich die Erdölförderländer 1960 in der OPEC zusammen, setzten aber erst 1971 eine erste Preissteigerung durch, die international keine Beachtung fand. Als aber im Rahmen der arabischen Boykottmaßnahmen gegen Israel 1973 (Oktoberkrieg) die Ölpreise um das Vierfache auf 12 Dollar pro Barrel erhöht wurden, horchte die Welt auf. Unbeachtet blieb der erfolgversprechende Versuch der Förderländer, die Ausfuhr von Rohöl mit Raffinerieprodukten zu koppeln, um die eigene Industrialisierung zu fördern. Die Industriestaaten gründeten daraufhin 1974 die «Internationale Energie-Agentur», um die westliche Strategie gegen das Kartell der Förderländer zu koordinieren: Erschließung von Erdölquellen außerhalb der OPEC-Länder, Entwicklung von Alternativ-Energien und Sparmaßnahmen. Auf diese Weise nahm der Einfluß der OPEC auf die Erdöl-Politik ab.[37] Die Ölländer blieben vom Westen abhängig.

Die reichen Ölstaaten

1932 wurde das Königreich Saudi-Arabien gegründet, der dritte saudische Staat in zwei Jahrhunderten. 1901 hatte Ibn Saud, der spätere Staatsgründer, von Kuwait aus begonnen, die arabische Halbinsel zu erobern. Wichtiges Mittel, die Stämme der Halbinsel zu einigen und Kämpfer für die lang dauernde Eroberung zu gewinnen, war die Wiederbelebung der Lehren des puritanisch-islamischen Reformers Abd el-Wahhab, denen das Haus Saud seit 1745 anhing. 1925 vertrieben die Truppen des «Sultan des Nadschd» den haschemitischen Scherif Hussein aus Mekka und Medina. Dessen Söhne erhielten von den Briten den jordanischen und irakischen Thron.[38] Der Sultan war nun auch König des Hedschas; er rief, nach Niederschlagung aufständischer Stämme, 1932 das Königreich Saudi-Arabien aus, eine traditionalistische Monarchie, die auf der wahhabitischen Variante des Islam basierte. Rechtsgrundlage war und ist die Sharia, das islamische Gesetz. Alle wichtigen Ministerien und Gouverneursposten sind in den Händen von Söhnen des Staatsgründers Ibn Saud, wesentliche politische Entscheidungen werden in Absprache mit dem engeren Familienrat gefällt. Parteien, Gewerkschaften und Massenorganisationen sind – mit Hinweis auf die islamischen Grundwerte – in Saudi-Arabien nicht zugelassen.

In den zwanziger und dreißiger Jahren war der saudische Staat arm. Die Mehrheit der Bevölkerung lebte unter harten Existenzbedingungen in der Wüste. 50 Jahre später betrugen die staatlichen Einnahmenüberschüsse 100 Mrd. Dollar im Jahr. Das Leben der Menschen veränderte sich in wenigen Jahren grundlegend: Der Sprung vom jahrhundertealten Nomadenleben in eine neue, hochtechnisierte Welt mit modernster Infrastruktur mußte bewältigt werden, ein Umbruch, der Widersprüche zu traditionellen Wertvorstellungen und Normen produzieren sollte.

Die saudische Regierung hatte 1933 amerikanische Ölgesellschaften das Recht überlassen, die eigenen Erdölvorkommen auszubeuten, die heute auf 25 Prozent der globalen Vorräte geschätzt werden. Sechs Jahre später wurde das erste Erdöl ausgeführt, bis 1945 aber blieben – kriegsbedingt – Förderung und Export gering. 1939 betrugen die Öleinnahmen zwei Millionen Dollar.

Mit dem Ende des Zweiten Weltkrieges begannen die USA, ihre politischen und strategischen Interessen im Nahen Osten durchzusetzen. Die amerikanischen Erdölinteressen und der Wunsch nach militärischen Stützpunkten in arabischen Ländern indes schienen mit der Politik Washingtons im Palästina-Konflikt zu kollidieren: Die amerikanische Regierung wollte das zionistische Projekt in Palästina unterstützen, es sich aber auch nicht mit den arabischen Regimes verderben. Deshalb traf sich Präsident Roosevelt – von der Jalta-Konferenz[39] kommend – mit dem saudischen König Ibn Saud auf einem US-Kriegsschiff im Großen Bittersee: Roosevelt wollte den König bewegen, in der Palästina-Frage nachzugeben und der Einwanderung von Juden zuzustimmen. Der König lehnte ab. Roosevelt versprach seinerseits, die arabischen Interessen in der amerikanischen Nahostpolitik zu berücksichtigen.[40].

In Wirklichkeit war die proisraelische Politik der USA mit deren Erdölinteressen in Saudi-Arabien durchaus vereinbar. Riad war zur Förderung und zum Verkauf seines Erdöls auf amerikanische Technologie und ausländisches Marketing angewiesen. Zudem waren die saudischen Herrscher grundsätzlich prowestlich orientiert und streng antikommunistisch eingestellt. Die ökonomischen und politischen Eigeninteressen der saudischen Monarchie bildeten somit den Rahmen für deren Haltung im israelisch-arabischen Konflikt. Mit Gründung der ARAMCO (*Arab American Oil Companie*) 1944 begann die Ausbeutung der saudischen Erdölfelder in großem Stil.

Der saudische König vertraute schon damals ganz auf den militärischen Schutz der USA. Im Gegenzug erhielt Washington 1946 «unbegrenzte Luftverkehrsrechte» auf dem Flugplatz Dharan. Die Grundlage für eine enge militärische Kooperation war geschaffen.

In den sechziger und siebziger Jahren wuchsen die Gewinne aus dem Erdölgeschäft beständig und stiegen nach der Erdölkrise 1973/74 sprunghaft an: Damals hatte der saudische König Feisal die Ölexporte seines Landes gestoppt, verärgert über umfangreiche amerikanische Waffenlieferungen an Israel während des Oktoberkrieges.[41]

Die Ölkrise war da. Schrittweise übernahm die saudische Regierung in den folgenden Jahren (bis 1980) das Kapital der ARAMCO. Die *Saudi National Company* – wie die Erdölgesellschaft nun hieß – blieb aber zur Förderung, Verarbeitung, Vermarktung und Exploration des Erdöls weiter von den amerikanischen Konzernen abhängig.

1981 schließlich erreichten die Erlöse aus dem Erdölexport ihren Höhepunkt: mehr als 100 Mrd. Dollar. Der Umsturz im Iran und der beginnende Iran-Irak-Krieg hatte zu einem zweiten Ölschock mit enormen Preissteigerungen geführt. Zwei Jahre später wiederum waren die Einkünfte – bedingt durch niedrige Preise und geringe Förderungsquoten – auf fast ein Drittel gefallen.

Die hohen Überschüsse aus dem Erdölgeschäft führten zu keiner größeren Unabhängigkeit von den westlichen Ländern; im Gegenteil, Saudi-Arabiens wirtschaftliche und militärische Bindungen an die USA wuchsen. Der König ließ sein Land für Milliarden Erdöl-Dollar von den Amerikanern aufrüsten und machte es somit noch stärker von amerikanischen Waffensystemen und Militärberatern abhängig. Schwerpunkt der Aufrüstung waren der Kauf entwickelter Waffensysteme und der Ausbau einer militärischen Infrastruktur, welche die kleine saudische Armee gar nicht nutzen konnte. Im Ernstfall – das wußten die saudischen Herrscher – waren sie auf fremde Truppen angewiesen. An der militärischen Überlegenheit Israels indes konnten diese Waffenkäufe – entgegen aller Propaganda – nichts ändern.

Auch die ökonomischen Verflechtungen wuchsen: Die Saudis investierten Milliardenbeträge in den USA und im westlichen Ausland und wurden zum großen Kreditgeber an internationalen Finanzmärkten.

Trotz seines archaischen Charakters hat sich das saudische System im Vergleich zu den meisten anderen arabischen Staaten als erstaunlich stabil erwiesen. Das hat verschiedene Ursachen: die saudischen Könige legitimieren ihre Herrschaft nicht nur mit dem Islam, sondern stützen sich auf einen gut funktionierenden Sicherheitsapparat. Aktionen wie die Besetzung der Großen Moschee in Mekka 1979 oder die schiitischen Unruhen in der Ölprovinz al-Hasa wurden schnell unterdrückt und konnten dem Regime nicht gefährlich werden. Die gewaltigen Erdöleinnahmen gewährleisteten zudem – trotz der Rezession nach 1983 – relativen Wohlstand für die saudische Bevölkerung (etwa ein Viertel der Bewohner sind Ausländer mit geringeren Rechten). Dennoch wuchsen die innenpolitischen Spannungen, denn auf Dauer ließ sich die Kluft zwischen sozialer und ökonomischer Wirklichkeit und dem religiös legitimierten politischen System nicht überbrücken. Seit 1986 jedenfalls wünscht der saudische König als «Hüter der beiden Heiligtümer» tituliert zu werden, ein Indiz dafür, daß er sich auch vor islamisch-fundamentalistischer Opposition fürchtet. Der schiitische Revolutionsführer Chomeini jedenfalls hatte häufig zum Sturz der Monarchie am Golf aufgerufen und die gottlose Herrschaft der Saudis über die heiligen Stätten gebrandmarkt.

Nach der islamischen Revolution im Iran und seit Beginn des Iran-Irak-Krieges wurden deshalb die Sicherheitsmaßnahmen im Innern weiter ausgebaut und die Zusammenarbeit mit den übrigen Golfstaaten in GCC (*Gulf Corporation Council*, 1981) gesucht. Als es 1987 auf der Pilgerfahrt in Mekka zu Unruhen kam, die wahrscheinlich vom Iran geschürt worden waren, schossen die Sicherheitskräfte in die Menge: Es gab mehr als 400 Tote. Die schnelle und entschlossene Niederschlagung der Unruhen galt als Indiz für die gewachsene innere Sicherheit. Auch die militärische Zusammenarbeit zwischen Saudi-Arabien und den USA wurde ausgeweitet. Die saudischen Herrscher waren verunsichert, da die USA auch den Schah, den hochgerüsteten Verbündeten am Golf, nicht zu schützen vermocht hatten. Washington schickte vier AWACS-Flugzeuge nach Saudi-Arabien. Sie wurden den Saudis später verkauft, blieben aber letztlich in der Verfügungsgewalt der USA.[42]

Der Handel war Teil eines Verteidigungsplanes, den Saudi-Arabien und die USA zwischen 1980 und 1982 in Geheimgesprächen ausgehandelt hatten.[43] Im Herbst 1985 meldete die *New York Times*, daß Saudi-Arabien den USA für den Ernstfall die Nutzung seiner Militärbasen zugesagt habe.[44] Zwei Jahre später, als der Konflikt am Golf eskalierte und die amerikanische Flotte zum Schutz kuwaitischer Tanker im Golf kreuzte, berichtete die amerikanische Presse von erweiterten Landerechten für US-Kampfflugzeuge. Die Saudis dementierten. Mit Blick auf die arabische Bevölkerung wollte man mit den Amerikanern nicht allzueng zusammenarbeiten.

Die Golfstaaten wurden erst Anfang der sechziger Jahre von Großbritannien unabhängig; die engen Beziehungen zur alten Kolonialmacht indes blieben bestehen. Das Scheichtum Kuwait, im letzten Jahrhundert formal dem Osmanischen Reich unterstellt, geriet unter britische Schutzherrschaft, als Konstantinopel die Bagdad-Bahn bis nach Kuwait ausbauen wollte. Großbritannien sah seine Interessen am nördlichen Golf gefährdet und schloß mit dem Herrscher von Kuwait ein Schutzabkommen. Der Scheich verpflichtete sich, keiner dritten Macht Land zum Kauf, zur Pacht oder auch nur zur Nutzung abzutreten. In einem weiteren Abkommen sicherte sich Großbritannien 1913 auch die kuwaitischen Erdölvorkommen. Als der Erste Weltkrieg begann, erklärte London das Scheichtum zu seinem Protektorat. Die Grenzen zu den Nachbarstaaten wurden – nach Zusammenbruch des Osmanischen Reiches – 1922 in einem Abkommen zwischen Saudi-Arabien, der britischen Mandatsregierung in Irak und dem britischen politischen Agenten in Kuwait festgelegt.[45]

Unmittelbar nach der Unabhängigkeit Kuwaits 1961 meldete der damalige irakische Staatspräsident Kassem die Ansprüche seines Landes auf das Emirat an: Kuwait sei in osmanischer Zeit Teil der Provinz Basra gewesen und gehöre deshalb zum Irak. Britische Truppen verhinderten, daß der Irak seine Forderungen militärisch durchsetzte. Nach dem Tode Kassems erkannte Bagdad die Unabhängigkeit Kuwaits an.

Unter britischem Protektorat wurde Kuwait außenpolitisch von Großbritannien vertreten; im Innern herrschte der Scheich, gestützt auf die britische Schutzmacht, unumschränkt. Der Niedergang des Seehandels und der Perlenfischerei indes ließ Kuwait – einst blühender Handelsplatz am nördlichen Golf – bis zum Ende des Zweiten Weltkrieges zu einem der ärmsten Länder werden.

Schon 1938 war im Scheichtum eines der reichsten Erdölfelder der Welt entdeckt worden, aber erst 1946 konnte – kriegsbedingt – das erste Erdöl exportiert werden. Die Erdölproduktion Kuwaits erreichte 1972 ihren Höhepunkt. Die Verstaatlichung der gesamten Ölwirtschaft (bis 1977), die Nutzung des Erdgases und der Aufbau von drei Raffinerien haben dazu beigetragen, daß die Einnahmen auf dem Erdölsektor trotz sinkender Förderquoten beständig zunahmen. Nach wie vor erwirtschaftet dieser Sektor zwischen 80 und 90 Prozent der Staatseinnahmen. Der Aufbau einer importsubstituierenden Industrie gelang allerdings nicht. Kuwait blieb von der Konsum- und Produktionsgütereinfuhr abhängig.

Seit den Ölpreiserhöhungen von 1973 haben die kuwaitischen Herrscher Milliarden Dollar im Ausland investiert. Nach Schätzungen betrugen diese Investitionen bis 1982 100 Mrd. Dollar. Die Hälfte davon soll in 500 US-Firmen angelegt worden sein; in der Bundesrepublik war das Land 1987 mit 25 Prozent an der Hoechst AG, mit 14 Prozent bei Daimler-Benz und mit 25 Prozent an dem Stahlunternehmen Korf beteiligt. Die Investitionssumme des Staates verdoppelt sich noch, wenn man die privaten Einlagen hinzuzählt, wie die der Familie des Emirs beispielsweise. 1976 hat die kuwaitische Regierung den *Fund for Future Generations* gegründet, in dem jährlich 10 Prozent der Staatseinnahmen als Kapitalreserve für die Nachöl-Ära angelegt werden. Die Gewinne aus solchen Auslandsinvestitionen sind meist reinvestiert worden. Nur selten wurde damit der Staatshaushalt finanziert.[46] Andere arabische Staaten jedenfalls, die Investitionen bitter nötig hätten, haben von den Erdölmilliarden der Golfstaaten am wenigsten profitiert. Hier liegt ein Grund, warum arabische Massen heute dem irakischen Präsidenten zujubeln, oder aber einfach sagen: Kuwait hat nur das bekommen, was es verdient.

Das Emirat wird gern als Wohlfahrts- und Versorgungsstaat bezeichnet. Das freilich gilt nur für Kuwaitis, eine Minderheit der zwei Millionen Menschen in diesem Staat. Sechs von zehn Einwohnern sind Ausländer, je nach Herkunftsland Menschen zweiter oder dritter Klasse, mit erheblich weniger Rechten als die Kuwaitis. Die größte Ausländergruppe in Kuwait sind die Palästinenser, die seit 1948 in das Emirat immigrierten und – zum großen Teil hochqualifiziert – für den schnellen Aufbau des modernen Staates in Verwaltung und anderen Staatssektoren dringend gebraucht wurden. Die Palästinenser nahmen bald wichtige Positionen im Staat ein. Auch der heutige PLO-Chef Arafat war Ende der fünfziger Jahre nach Kuwait gekommen. Hier entstand die wichtigste Palästinenserorganisation, die *Fatah*. Unter dem damals regierenden Scheich war das politische Klima bis 1965 relativ liberal gewesen, die Verfassung von 1962 sicherte die Macht des Emirs sowie die Vorrechte der Prinzen; eine gewählte Versammlung beteiligte auch die wichtigen politischen Kräfte des Landes an der Macht. Die liberale Atmosphäre schwand unter seinen Nachfolgern: 1976 und 1985 wurde das Parlament aufgelöst und die Verfassung teilweise suspendiert.

Kuwait hatte Bagdad im Krieg gegen Iran von allen Golfstaaten am stärksten unterstützt, wenn auch nicht uneigennützig. Durch die Nähe zur Kriegsfront sah sich Kuwait von allen Seiten bedroht. Schiitische Untergrundorganisationen, mit engen Bindungen zum Iran, suchten das Land zu destabilisieren. Im Dezember 1983 verübten sie Sprengstoffanschläge auf die Botschaften der USA und Frankreichs, auf öffentliche Gebäude und Industrieanlagen, im Mai 1985 gar ein Attentat auf den Emir. Waren die Täter in diesen Jahren vor allem Schiiten aus dem Irak und aus Libanon, so änderte sich das zwei Jahre später. Bombenanschläge auf kuwaitische Einrichtungen im In- und Ausland, Drohungen gegen die Tagung des Islamischen Gipfels, Inbrandsetzen von Erdöl-Bohrlöchern gingen nun auf das Konto der kuwaitischen Schiiten. Die Regierung ließ verhaften und verurteilen; die Bestimmungen für Ausländer wurden verschärft.

Kuwait war aber nicht nur im Innern bedroht. Weil das Land den Irak finanziell unterstützte und ihm die Benutzung seines Luftraumes gestattete, wurde Kuwait Opfer des iranisch-irakischen Tankerkrieges. Während zwischen Riad und Teheran offensichtlich die stillschweigende Übereinkunft bestand, saudische Tanker – für entsprechende Gegenleistungen – nicht anzugreifen, gerieten die kuwaitischen Schiffe unter iranischen Beschuß. Die Regierung des Emirs suchte in Moskau und Washington um Schutz nach. Die Sowjetunion lieh Tanker aus, die USA ließen kuwaitische Schiffe unter amerikanischer Flagge fahren und nutzten die Gelegenheit für den Aufmarsch ihrer Flotte im Golf.

Gleich nach dem Waffenstillstand im Golfkrieg verschlechterte sich das Verhältnis zwischen Kuwait und Irak. Der Emir erwartete für seine Hilfe im Krieg eine schnelle Lösung der strittigen Grenzfragen und wollte sein Land an das irakische Bewässerungssystem anschließen. Dafür freilich forderte Saddam Hussein die Inseln Bubiyan und Warba sowie finanziellen Ausgleich. Ein hoher Preis – Vorspiel für einen neuen Krieg.

Anmerkungen

1) Le Monde, 4.8.90
2) Die Zeit, 10.8.90
3) Le Monde, 4.8.90
4) ebd.
5) zit. nach Die Zeit, 10.8.90
6) In der Eisenhower-Doktrin (5.1.57) erklärten die USA ihre Bereitschaft, den Ländern des Nahen Ostens auf deren Aufforderung wirtschaftliche

und militärische Hilfe gegen das Vordringen der Sowjetunion oder des sowjetischen Einflusses zu gewähren.

7) Vgl. M. Stern, Minen im Golf – Droht eine Ausweitung des Krieges?, in: Der Krieg am Golf, 1/Juli-Sept. 1987, S. 7
8) Dennis Ross, Soviet Views Toward the Gulf War, in: Orbis, Philadelphia, Fall 1984, S. 438
9) Neue Zürcher Zeitung, 16. 8. 90
10) Die Zeit, 17. 8. 90
11) Time, 10. 8. 90
12) Le Monde, 9. 8. 90
13) Financial Times, 13. 8. 90
14) Financial Times, 11./12. 8. 90
15) As-Safir, 10. 8. 90, zit. nach: Neue Zürcher Zeitung, 11./12. 8. 90
16) Neue Zürcher Zeitung, 16. 8. 90
17) Tagesspiegel, 3. 8. 90
18) Neue Zürcher Zeitung, 15. 8. 90
20) Financial Times, 13. 8. 90
21) Thomas Koszinowski, Jordanien, in: Steinbach/Robert (Hg.), Der Nahe und Mittlere Osten, Bd. 2, Länderanalysen, Opladen 1988, S. 197–213
22) Deutsches Orient-Institut, Th. Koszinowski, H. Mattes (Hg.), Nahost, Jahrbuch 1987 und 1989, Opladen, Jordanien
23) Le Monde, 9. 8. 90
24) Nahost, Jahrbuch 1987, Jordanien, a. a. O.
25) Wenige Tage vor dem Juni-Krieg 1967 schloß der jordanische König mit Nasser einen Verteidigungspakt; er beteiligte sich am Krieg und verlor die Westbank.
26) Die jordanische Nationalversammlung – bestehend aus Abgeordneten Transjordaniens und der Westbank – war seit 1974 nicht mehr zusammengetreten. Die Westbank war seit 1967 von Israel besetzt, 1974 mußte der jordanische König den Alleinvertretungsanspruch für die dort lebenden Palästinenser an die PLO abgeben. S. Anm. 30.
27) Mitte des Jahres 1988 hatte der jordanische König alle legalen und administrativen Bindungen an die Westbank gelöst und so seinen Anspruch auf die Westbank aufgegeben.
28) Nahost, Jahrbuch 1989, Jordanien, a. a. O.
29) Koszinowski, a. a. O.
30) Diese Ansprüche mußte der jordanische König 1974 auf der Arabischen Gipfelkonferenz in Rabat abtreten. Die PLO erhielt damals das Alleinvertretungsrecht für die Palästinenser.
31) Diese Gelegenheit bot sich 1984. Arafat war von syrischen Truppen und den Rebellen innerhalb Fatahs aus dem Libanon vertrieben worden und stattete umgehend dem ägyptischen Präsidenten – in der arabischen Welt wegen des Separatfriedens mit Israel isoliert – einen Besuch ab. Wenig später nahm Hussein die diplomatischen Beziehungen zu Ägypten wieder auf.

32) Le Monde, 9. 8. 90
33) Time, 20. 8. 90
34) Neue Zürcher Zeitung, 17. 8. 90, Le Monde, 17. 8. 90
35) Ursula Braun, Die kleinen arabischen Golfstaaten und der Ost-West-Konflikt, in: Fred Scholz (Hg.), Die Golfstaaten. Wirtschaftsmacht und Krisenherd, Braunschweig 1985, S. 86
36) Marianne Stern, ... und alle schweigen sie. Der vergessene Krieg am Golf, in: A. Malanowski, M. Stern (Hg.), Iran – Irak. Bis die Gottlosen vernichtet sind, Reinbek 1987
37) Siehe Helmut Mejcher, Der arabische Osten im 20. Jahrhundert 1914–1985, in: Ulrich Haarmann (Hg.), Geschichte der arabischen Welt, München 1987, S. 432–501
38) Sowohl Ibn Saud als auch Sherif Hussein hatten im Ersten Weltkrieg auf seiten der Briten gegen das Osmanische Reich gekämpft.
39) Auf der Jalta-Konferenz war die Palästina-Frage nicht, wie ursprünglich vorgesehen, diskutiert worden, denn die Sowjetunion sollte nicht unnötig an der Nahost-Politik beteiligt werden.
40) William B. Quandt, Saudi-Arabia in the 1980th. Foreign Policy, Security and Oil, Washington 1981, S. 47 ff. Helmut Mejcher, Palästina in der Nahostpolitik europäischer Mächte und der USA 1918–1948, in: H. Mejcher/ A. Schölch, Die Palästina-Frage 1918–1948, Paderborn 1981, S. 163 bis 216
41) Quandt, a. a. O., S. 51. Der Umfang der amerikanischen Hilfe an Israel betrug 2,2 Mrd. Dollar.
42) Braun, a. a. O., S. 87, Le monde diplomatique, Okt. 1981
43) The Middle East, Jan. 1982
44) Frankfurter Allgemeine Zeitung, 6. 9. 85
45) Hanns-Uve Schwendler, Kuwait, in: Steinbach/Robert, a. a. O., S. 223–234, ders., Kuwait, in: Nohlen/Nuscheler (Hg.), a. a. O., S. 338: Für einen Kompromiß zwischen dem Irak und Saudi-Arabien verlor Kuwait zwei Drittel seines Territoriums an Saudi-Arabien. Die neutralen Zonen zwischen Irak und Saudi-Arabien sowie Kuwait und Saudi-Arabien wurden ebenfalls festgelegt. Der Irak erkannte als Entschädigung für die Verluste die Nordgrenze Kuwaits an! Die neutrale Zone zwischen Kuwait und Saudi-Arabien wurde 1965 in einem Vertrag gleichmäßig aufgeteilt.
46) ebd.

Peter Lock

Waffen für den Irak

Krieg als Geschäft oder Die Doppelmoral der Politik

Seit einem Jahrzehnt führt der Irak Krieg mit Nachbarstaaten, noch länger, seit Jahrzehnten, führen seine Streitkräfte Krieg gegen Minderheiten im eigenen Land. Zu keinem Zeitpunkt mußten die Machthaber dieses militärisch dominierten Landes ernsthaft befürchten, von der internationalen Staatengemeinschaft geächtet und mit einem Embargo belegt zu werden. Direkt von den Fließbändern der Rüstungsindustrien von mehr als einem Dutzend Länder wurden dem Irak vielmehr eine breite Palette von Kriegsgerät kontinuierlich zugeliefert. Hegemoniale Interessen und die unmittelbaren wirtschaftlichen Vorteile von Waffengeschäften haben miteinander heftig konkurrierende Anbieter alle politischen Bedenken beiseite schieben lassen. Das «schwarze Gold» unter der Erde dieses Landes ermöglichte es dem Irak zudem, zum Teil großzügige Kredite bei den Lieferanten seines militärischen Arsenals zu erhalten.

Die nach innen und außen auf militärische Macht gestützten Ambitionen des mit Erdöl gesegneten Machthabers Saddam Hussein, eine hegemoniale Position in der arabischen Welt zu erreichen, sind der Welt spätestens seit dem israelischen Luftangriff vor knapp einem Jahrzehnt auf das irakische Atomforschungszentrum ins Bewußtsein gerückt worden. Der gezielte militärische Angriff Israels galt dem militärischen Potential der irakischen Atomforschung. Die Industrienationen äußerten damals keinen nennenswerten Protest gegen diesen bislang einzigartigen Akt gezielter militärischer Gewaltanwendung, um die Proliferation von Nuklearwaffen zu verlangsamen, wenn nicht zu verhindern.

Allem Anschein nach aber waren die achtziger Jahre für den Irak eine Periode, in der mit erhöhten Anstrengungen versucht wurde, die technisch-industriellen Voraussetzungen zu schaffen, um Trägersysteme für Massenvernichtungswaffen, chemische Kampfstoffe und nukleare Sprengköpfe, im Lande zu fertigen. Auf wesentliche

Schwierigkeiten, die hierzu notwendigen industriellen Anlagen, hochkomplexen Werkstoffe und High-Tech-Komponenten in den Industrienationen zu beschaffen, scheint der Irak ebensowenig gestoßen zu sein wie bei der Waffenbeschaffung während des acht Jahre dauernden Verschleißkrieges mit dem Iran. Man schätzt, daß in den achtziger Jahren ein Viertel aller Waffenimporte von Ländern der Dritten Welt auf diese beiden Kriegsparteien entfiel, davon wahrscheinlich der größere Teil auf den Irak.

Jetzt hat der Irak Kuwait annektiert, ohne daß es zu signifikanten Kampfhandlungen in diesem Zusammenhang gekommen wäre. Gleichwohl zeigte sich die internationale Staatengemeinschaft entschlossen, Widerstand zu leisten und mit allen ihr zu Gebot stehenden Mitteln diesen vergleichsweise gewaltfreien Beutefeldzug des Irak rückgängig zu machen. Am 17. Januar 1991 entfachte die alliierte Streitmacht unter Führung der Vereinigten Staaten einen Luftkrieg, bevor politisches Konfliktmanagement[1] Platz greifen konnte. Und viele Staaten erklären nunmehr ihre Bereitschaft, im Zweifelsfalle auf wirtschaftliche Vorteile aus den Geschäften mit dem Irak zu verzichten. Gleichwohl mißtraute vor allem die Allianz westlicher Industrienationen der Möglichkeit wirksamer gemeinsamer wirtschaftlicher Sanktionen der Staatenwelt und begründete so die außerordentliche Dimension der militärischen Reaktion, von der viele Beobachter meinen, daß sie kontraproduktiv sei und die Solidarisierung der in diesem Konflikt wichtigen arabischen Staaten und mehr noch deren jeweiliger Bevölkerung mit Saddam Hussein befördere.

Nahezu eine Million kriegserfahrene irakische Soldaten verfügen über modernes Rüstungsmaterial aus Ost und West. Auch ideologisch ist die Bevölkerung auf Krieg gestimmt – ein Krieg, der in weiten Teilen der arabischen Welt eher als antiimperialistischer Stellvertreterkrieg seitens des Irak, nicht aber als ein Feldzug zur Wahrung völkerrechtlicher Grundsätze durch eine Armada westlicher Industrienationen, einschließlich einiger arabischer «Vasallen», wahrgenommen wird.

Will man dieses waffenstarrende weltpolitische «Pulverfaß» entschärfen, so muß man versuchen, seine Entstehungsgeschichte zu beleuchten, um Fehlsteuerungen in der Vergangenheit zu diagnostizieren. Hieraus kann die Staatenwelt für ihr zukünftiges Verhalten entsprechende Lehren ziehen. Für eine nichtmilitärische Auflösung des gegenwärtigen Konfliktes lassen sich nunmehr keine Folgerungen mehr gewinnen; die Region ist, wie keine andere in der Dritten Welt, mit Kriegsgerät vollgestopft, dessen Einsatz auch jederzeit durch einen marginalen Akteur provoziert werden kann. Gleichzeitig aber sind die über den wichtigsten Erdölvorkommen der Welt errichteten Staaten höchst labile politische Gebilde. Es handelt sich um den kolonialen Nachlaß des Osmanischen Reiches, der in der Zwischenkriegsperiode von den Kolonialmächten Großbritannien und Frankreich stellvertretend für den Völkerbund in Nationalstaaten gegossen wurde. Das Schnittmuster dieser Staaten war an der Sicherung von Einfluß und Zugriff auf die bereits prospektierten Erdölvorkommen orientiert, entsprechend unberücksichtigt blieben ethnische oder religiöse Identitäten bei der territorialen Abgrenzung. Bis heute verfügen diese Staatengebilde über eine geringe demokratische Legitimation. Militarisierung und Korruption sind die wichtigsten Parameter ihrer «Stabilität». Dies gilt in besonderem Maße für den Irak, der aus den rückständigsten und ärmsten Teilen des osmanischen Nachlasses gebildet wurde und scharfe ethnische und religiöse Gegensätze beherbergt. Wie konnten die westlichen Industrienationen scheinbar überraschend in die fatale Lage geraten, auf die militärisch vollzogene Annexion von Kuwait möglicherweise mit kriegerischen Mitteln zu reagieren, zumal ein derartiger Waffengang nur Verlierer haben würde? Wie konnte das allgemein als quasitotalitär qualifizierte Regime im Irak in eine Position relativer militärischer Stärke kommen? Es gilt die Aufmerksamkeit auf den blinden, kurzfristigen Opportunismus staatlichen Handelns zu lenken, die eine weltweite Ächtung militärischer Konfliktlösung verhindert bzw. ein Eintreten hierfür unglaubwürdig macht.

Da man immer erst vor der eigenen Tür kehren soll, beginnen wir mit der Bundesrepublik. Der Bundesaußenminister hat sich wiederholt im Rahmen der Vereinten Nationen für ein Register des Waffentransfers ausgesprochen. Hinter diesem Vorschlag steht die plausible, aber nicht bewiesene Vermutung, daß ein solches Register dazu beiträgt, die Proliferation von Vernichtungspotentialen einzuschränken und so mittelbar die Wahrscheinlichkeit kriegerischer Konflikte zu mindern. Daß diesem Vorschlag vor allem aus der Dritten Welt einige Skepsis entgegengebracht wird, liegt nicht zuletzt daran, daß ein derartiges Register nur die Schwachen beleuchtet. Wer immer in der Lage ist, seine Waffen und seine militärische Ausrüstung im eigenen Lande zu fertigen, wird vom Scheinwerfer dieses Registers nicht erfaßt.

Besonders relevant wird diese Beobachtung aus deutscher Sicht, weil es gerade die industriellen Exportgüter der Bundesrepublik sind, die es einer Anzahl sich industrialisierender Länder erlauben würden, sich den Beobachtungen eines solchen Registers durch eigene Rüstungsfertigung zu entziehen. Die Exporte deutscher Anlagenbauer und Werkzeugmaschinenhersteller haben nach gegenwärtigem Stand der Kenntnisse in entscheidender Weise[2] dazu beigetragen, daß der Irak all jene rüstungsindustriellen Vorhaben – wie eine Munitionsfertigung in großem Maßstab – vorantreiben konnte, die ihn einerseits gegenüber Embargomaßnahmen unempfindlich machen und die andererseits so offenkundig strategisch auf Angriffskrieg ausgerichtet sind oder aber international geächtete Massenvernichtungswaffen betreffen, daß sie nicht einfach im Ausland bestellt werden können, wie z. B. chemische Kampfstoffe und weitreichende Raketen.

Wie ist es also möglich, daß der *Spiegel* mehrere Dutzend deutsche Unternehmen auflisten kann, die am Auf- und Ausbau der irakischen Kriegsmaschinerie auf unterschiedliche Weise, aber aktiv beteiligt sind? Wie erklärt sich, daß die Berichterstattung aus dem Krieg zwischen Irak und Iran immer wieder deutsches Militärgerät auf irakischer Seite zeigte?

Zunächst ist festzuhalten, daß die Bundesrepublik auch in anderem Zusammenhang eine ähnliche Rolle gespielt hat und deshalb in einer Resolution der Generalversammlung der Vereinten Nationen im vergangenen Jahr ausdrücklich genannt wurde, weil der dringende Verdacht besteht, daß die Bundesrepublik gegen das über Südafrika verhängte und völkerrechtlich bindende Waffenembargo verstoßen hat. Bemühungen eines Untersuchungsausschusses des Bundestages und zur Strafverfolgung der von den Vereinten Nationen gebrandmarkten Verstöße, wie das Verbringen von Plänen zum Bau von U-Booten nach Südafrika, sind im Sande verlaufen oder besser auf wirkungsvollen Widerstand der gegenwärtigen Bundesregierung und der beteiligten Unternehmen gestoßen. Kenner der rechtlichen Situation gehen auch im Falle des Irak davon aus, daß nur ganz wenige beteiligte Personen tatsächlich Strafverfolgung gewärtigen müssen. Die nach der Aufdeckung der skandalösen Lieferung einer Anlage zur Herstellung von Giftgas nach Libyen der besorgten amerikanischen Regierung eilig versprochene drastische Verschärfung der Exportkontrollen durch eine Änderung der entsprechenden Gesetze ist bis zum heutigen Tage im Gesetzgebungsverfahren verschleppt worden. Von einer umfassenden und einschneidenden Novellierung ist denn auch nicht mehr die Rede, die Exportlobby hat längst den verkündeten Vorsätzen der Regierung die Zähne gezogen.

Daher ist leider wahr: Nach den für die rechtliche Bewertung der nun beinahe täglich bekannt werdenden Fälle bundesdeutscher Zusammenarbeit mit der irakischen Militärdiktatur heranzuziehenden Gesetzen ist die Teilhabe an der rüstungsindustriellen Unterstützung der aggressiven arabischen Großmachtorientierung des Irak in vielen Fällen nicht zu verfolgen. Hier fallen unsere Rechtsordnung und in der Verfassung festgehaltene moralische Maßstäbe besonders weit auseinander.

Betrachten wir die gegenwärtige Rechtslage. Ausgangspunkt für die rechtliche Bewertung ist der Artikel 26 des Grundgesetzes. Er lautet:

Artikel 26 Grundgesetz: Verbot des Angriffskrieges

(1) Handlungen, die geeignet sind und in der Absicht vorgenommen werden, das friedliche Zusammenleben der Völker zu stören, insbesondere die Führung eines Angriffskrieges vorzubereiten, sind verfassungswidrig. Sie sind unter Strafe zu stellen.

(2) Zur Kriegführung bestimmte Waffen dürfen nur mit Genehmigung der Bundesregierung hergestellt, befördert und in Verkehr gebracht werden. Das Nähere regelt ein Bundesgesetz.

In Ausführung von Artikel 26 Grundgesetz stellt das Kriegswaffenkontrollgesetz das Herstellen, Befördern und Inverkehrbringen unter einen Genehmigungsvorbehalt. Darüber hinaus ist der Außenwirtschaftsverkehr mit Kriegswaffen, sonstigen Rüstungsgütern und Technologien, denen aufgrund der COCOM-Konsultationen eine strategische Bedeutung zugemessen wird, nach dem Außenwirtschaftsgesetz staatlicher Kontrolle unterworfen. Eine detaillierte Warenliste, die als Teil der Außenwirtschaftsverordnung der Ausführung des Außenwirtschaftsgesetzes dient, enthält zum einen eine umfangreiche Warenliste, die in Zusammenarbeit mit anderen westlichen Industrienationen im Rahmen der COCOM-Konsultationen erstellt und periodisch neuen Entwicklungen angepaßt wird, zum anderen besteht offensichtlich in jüngster Zeit die Absicht, auch Waren und Technologien unter Genehmigungsvorbehalt zu stellen, bei deren Export in bestimmten Fällen eine erhebliche Störung der auswärtigen Beziehungen nicht ausgeschlossen werden kann.[3]

Die bereits zitierten Artikel des Grundgesetzes explizieren das Verfassungsgebot bzw. den eindeutigen Handlungsspielraum der Regierung gegenüber anderen Rechtsgütern, wie z. B. der Freiheit des Wirtschaftsverkehrs.

Das Gesetz über die Kontrolle von Kriegswaffen – in Ausführung des Artikels 26 Abs. 2 Grundgesetz – stammt aus dem Jahre 1961; es ist in einem hier relevanten Punkt geändert worden (§ 4a, Auslandsgeschäfte), und 1989 gab es eine weitere Kabinettsvorlage mit einschlägigen und weitreichenden Änderungen, mit denen auf die Aktivitäten deutscher Unternehmen in Libyen und Irak reagiert werden sollte (Verbot der Auslandstätigkeit im Bereich von B- und C-Waffen und der Förderung solcher Handlungen, vgl. *Wehrdienst* 1163 vom 20. 2. 1989). Das Gesetz stellt, wie bereits erwähnt, die Herstellung, Überlassung, Beförderung von Kriegswaffen im In- und Ausland unter Genehmigungsvorbehalt, die in einer abschließenden Liste als Anlage zum Gesetz definiert sind. Die jeweils gesondert zu beantragenden Genehmigungen setzen grundsätzlich eine Angabe über den Endverbleib der Kriegswaffen voraus, im Falle von Auslandsgeschäften kann die Genehmigungsbehörde Angaben und Unterlagen über den voraussichtlichen Verwendungszweck, das voraussichtliche Bestimmungsland sowie den voraussichtlichen Endverbleib verlangen.

Der Genehmigungsvorbehalt von Geschäften, die Deutsche im Ausland tätigen (§ 4a des KWKG), schließt eine mögliche Lücke im Hinblick auf die Beteiligung Deutscher an der Versorgung von solchen Staaten mit Waffen und Kriegsgerät, die das friedliche Zusammenleben der Völker stören. Weiterhin verweist die erwähnte, noch nicht verabschiedete Kabinettsvorlage auf eine nicht geregelte Lücke in den bestehenden Gesetzen. Die Notwendigkeit, durch eine Gesetzesänderung deutschen Staatsbürgern unter Strafe zu verbieten, die Herstellung von biologischen und chemischen Waffen im Ausland zu betreiben bzw. «zu fördern», beleuchtet den Sachverhalt, daß keine gesetzliche Handhabe existiert, die Beteiligung deutscher Staatsbürger an der Versorgung des Irak mit Waffen und kriegsfähigem Gerät außerhalb der Bundesrepublik und vor allem im Irak selbst zu unterbinden. Tätigkeiten wie der Bau von Panzern, Munitions- oder Rohrwaffen, können deutschen Staatsbürgern, und daraus folgend deutschen Unternehmen, derzeit nicht untersagt werden.

Ungeachtet der verschiedenen nach dem KWKG notwendigen Genehmigungen für die Herstellung, Beförderung etc. von Kriegswaffen bedarf deren Export bzw. Transfer nach der Definition des KWKG einer weiteren Genehmigung nach dem Außenwirtschaftsgesetz (AWG). Das AWG, das den Außenwirtschaftsverkehr in seiner Gesamtheit regelt, geht vom Grundsatz der Freiheit des Außenwirtschaftsverkehrs aus:

AWG, § 1 Grundsatz

(1) Der Waren-, Dienstleistungs-, Kapital-, Zahlungs- und sonstige Wirtschaftsverkehr mit fremden Wirtschaftsgebieten sowie der Verkehr mit Auslandswerten und Gold zwischen Gebietsansässigen (Außenwirtschaftsverkehr) ist grundsätzlich frei. Er unterliegt den Einschränkungen, die dieses Gesetz enthält oder die durch Rechtsverordnung auf Grund dieses Gesetzes vorgeschrieben werden.

§ 2 Art und Ausmaß von Beschränkungen und Handlungspflichten

(1) Soweit in diesem Gesetz Beschränkungen zugelassen sind, kann durch Rechtsverordnung vorgeschrieben werden, daß Rechtsgeschäfte und Handlungen allgemein oder unter bestimmten Voraussetzungen
   1. einer Genehmigung bedürfen oder
   2. verboten sind.

(2) Beschränkungen sind nach Art und Umfang auf das Maß zu begrenzen, das notwendig ist, um den in der Ermächtigung angegebenen Zweck zu erreichen. Sie sind so zu gestalten, daß in die Freiheit der wirtschaftlichen Betätigung so wenig wie möglich eingegriffen wird. Beschränkungen dürfen abgeschlossene Verträge nur berühren, wenn der angestrebte Zweck erheblich gefährdet wird.

§ 3 Erteilung von Genehmigungen

(1) Bedürfen Rechtsgeschäfte oder Handlungen nach einer Vorschrift dieses Gesetzes oder einer zu diesem Gesetz erlassenen Rechtsverordnung einer Genehmigung, so ist die Genehmigung zu erteilen, wenn zu erwarten ist, daß die Vornahme des Rechtsgeschäfts oder der Handlung den Zweck, dem die Vorschrift dient, nicht oder nur unwesentlich gefährdet. In anderen Fällen kann die Genehmigung erteilt werden, wenn das volkswirtschaftliche Interesse an der Vornahme des Rechtsgeschäfts oder der Handlung die damit verbundene Beeinträchtigung des bezeichneten Zwecks überwiegt.

Dieser Gesetzestext macht deutlich, daß die Beweislast für die Versagung einer Genehmigung beim Staat liegt und daß der Staat über einen erheblichen Ermessensspielraum verfügt, da wirtschaftliche Interessen absoluten Vorrang haben.

Die Möglichkeiten, Waffenhandel zu kontrollieren und die Resolution 418 auszuführen, leiten sich aus § 7 AWG «Schutz der Sicherheit und der auswärtigen Interessen» ab.

§ 7 AWG im Wortlaut:

(1) Rechtsgeschäfte und Handlungen im Außenwirtschaftsverkehr können beschränkt werden, um
   1. die Sicherheit der Bundesrepublik Deutschland zu gewährleisten,
   2. eine Störung des friedlichen Zusammenlebens der Völker zu verhüten, oder
   3. zu verhüten, daß die auswärtigen Beziehungen der Bundesrepublik Deutschland erheblich gestört werden.

(2) Nach Absatz 1 können insbesondere beschränkt werden
   1. im Rahmen der auf die Durchführung einer gemeinsamen Ausfuhrkontrolle gerichteten internationalen Zusammenarbeit die Ausfuhr oder Durchfuhr von
      a) Waffen, Munition und Kriegsgerät
      b) Gegenständen, die bei der Entwicklung, Erzeugung oder dem Einsatz von Waffen, Munition und Kriegsgerät nützlich sind, oder
      c) Konstruktionszeichnungen und sonstige Fertigungsunterlagen für die in Buchstabe a und b bezeichneten Gegenstände;
   2. die Ausfuhr von Gegenständen, die zur Durchführung militärischer Aktionen bestimmt sind;
   3. die Einfuhr von Waffen, Munition und Kriegsgerät;
   4. Rechtsgeschäfte über gewerbliche Schutzrechte, Erfindungen, Herstellungsverfahren und Erfahrungen in bezug auf die in Nummer 1 bezeichneten Waren und sonstigen Gegenstände.

«Absatz 2 benennt konkrete Bereiche, in denen Ausfuhren bei Vorliegen der in Absatz 1 genannten Gründe beschränkt werden können. Wie das Wort ‹insbesondere› im Eingang der Vorschrift zeigt, enthält § 7 Abs. 2 AWG lediglich eine beispielhafte Aufzählung und ist keinesfalls abschließend. Vielmehr werden Objekte des Außenhandelsverkehrs herausgegriffen, die in besonderer Weise geeignet erscheinen, eine Gefahr für die äußere Sicherheit und die auswärtigen Beziehungen der Bundesrepublik Deutschland zu verursachen. Dabei stellt § 7 Abs. 2 AWG eine Verbindung her zu den internationalen Embargobestimmungen der sog. COCOM-Liste und bietet somit die innerstaatliche Rechtsgrundlage für die Durchführung der von der Bundesrepublik Deutschland in den genannten Vereinbarungen eingegangenen Verpflichtungen.»[4]

Eine Durchsicht der die Durchführung des AWG regelnden Außenwirtschaftsverordnung (AWVO) zeigt unzweideutig, daß es keine

Ausführungsbestimmungen für Ziffer 2 gibt. Vielmehr ist nach dem gegenwärtigen Stand gesetzlicher Regelungen lediglich eine genau bezeichnete Zahl an Gütern in der Ausfuhrliste AL (Anlage zur Außenwirtschaftsverordnung) Teil I A (Liste für Waffen, Munition und Rüstungsmaterial), B (Kernenergieliste), C (Liste für sonstige Waren und Technologien von strategischer Bedeutung), D (Liste für Chemieanlagen) einer Genehmigungspflicht für den Export unterworfen. Daher kann nach der derzeitigen Gesetzeslage nur der Export dieser Güter beschränkt oder verboten werden.

Eine Exportkontrolle gegenüber dem Irak kann deshalb bis zum heutigen Zeitpunkt im theoretisch weitestgehenden Fall nur im Umfang der jeweils gültigen Ausfuhrliste (Anlage AL zur Außenwirtschaftsverordnung) praktiziert worden sein. Tatsächlich haben die Bundesregierungen in ihrer Genehmigungspraxis die Ansicht vertreten, daß im wesentlichen nur der Export von Gütern zu versagen war, die in Abschnitt A aufgelistet sind. Bei Abschnitt B setzt die Genehmigung zum Export, nach Auslassungen der Regierung, den Nachweis einer unzweideutigen ausschließlich zivilen Verwendungsmöglichkeit voraus. Bei den Abschnitten C und D wird die Genehmigung zum Export in den Irak in der Regel erteilt. Die Prüfung bezüglich einer anzunehmenden militärischen Zweckbestimmung erfolgte früher routinemäßig auf der Ebene der zuständigen, dem Wirtschaftsministerium nachgeordneten Behörde, dem Bundesamt für Wirtschaft in Eschborn bei Frankfurt. Seit sich die internationalen Irritationen über mangelhafte Exportkontrollen in der Bundesrepublik häufen und die auswärtigen Beziehungen der Bundesrepublik Deutschland hierdurch gestört werden, werden Anträge auf Export sehr viel öfter zur Entscheidung beim Wirtschaftsministerium vorgelegt, das in Konsultationen mit dem Bundesaußenministerium, dem Verteidigungsministerium und dem Innenministerium endgültig zu entscheiden hat.

Genehmigungen haben für einen bestimmten Zeitraum Gültigkeit und können bei Bekanntwerden neuer Informationen gegebenenfalls widerrufen werden.[5] Der Antragsteller kann im Falle des Widerrufes zivilrechtlich Ansprüche geltend machen, es sei denn, er hat wissentlich mit falschen Angaben die Exportgenehmigung beantragt.

In der praktischen Handhabung des Genehmigungsvorbehalts für Waren des Teils I (A, B, C, D) der Ausfuhrliste sind die Länderlisten A/B (= Welt, ohne Länder der Liste C) und C (= Mitgliedstaaten des Warschauer Paktes, Mongolische Volksrepublik, Nordkorea, Kuba,

Vietnam und VR China) und die politischen Grundsätze der Bundesregierung von zentraler Bedeutung. Für die Länder der Liste A/B wird bei Anträgen auf Genehmigung von Export von «Kriegswaffen und sonstigen Rüstungsgütern» nach politischen Grundsätzen entschieden, die die sozialliberale Regierung am 28.4.1982 beschlossen hat. Dabei wird differenziert nach «Kriegswaffen», «sonstigen Rüstungsgütern» und «kriegswaffennahen sonstigen Rüstungsgütern». «Kriegswaffen» sind nach diesen Grundsätzen der Bundesregierung alle in der Kriegswaffenliste (Anlage zum KWKG) aufgeführten Waffen; unter «sonstigen Rüstungsgütern» sind die Waren des Abschnitts A in Teil I der Ausfuhrliste (Anlage zur AWVO) mit Ausnahme der Kriegswaffen zu verstehen, und von den «kriegswaffennahen sonstigen Rüstungsgütern» werden schließlich «Anlagen und Unterlagen zur Herstellung von Kriegswaffen erfaßt».[6] Gegenüber der früheren Bestimmung «Spannungsgebiet» heißt es in den Grundsätzen nunmehr, daß bestehende Spannungen durch Lieferungen nicht erhöht werden dürften und nicht in Länder geliefert werden dürfe, in denen die Gefahr bewaffneter Auseinandersetzungen bestünde.

Im Falle der Länderliste A/B werden somit die übrigen Positionen der Ausfuhrliste der AWVO bei Nachweis des Endverbleibs genehmigt. Gegenüber den Ländern der Länderliste C wird hingegen im Einzelfall geprüft, ob die militärische oder rüstungsindustrielle Verwendung des Exportes der zur Genehmigung vorgelegten Güter der Liste I (A, B, C, D) mit hinreichender Sicherheit ausgeschlossen werden kann. Gegebenenfalls erfolgen informelle Abstimmungen mit den anderen westlichen im COCOM vertretenen Industrienationen.

Schließlich ist noch darauf zu verweisen, daß eine Ware auch dann unter die Genehmigungspflicht fällt, wenn lediglich ein Bestandteil der betreffenden Ware in der Ausfuhrliste der AWVO Teil I erfaßt ist. Diese Bestimmung gilt allerdings nicht, wenn «deren Wert oder Menge im Verhältnis zur Hauptsache unbedeutend ist, es sei denn, daß durch diese Bestandteile besondere technische Kenntnisse vermittelt werden» (Roeser 1988, S. 111).

Wichtig im Hinblick auf einen tatsächlich vorhandenen, wahrscheinlich erheblichen Ermessensspielraum der Regierung im Rahmen der gegebenen gesetzlichen Regelungen ist der Tatbestand, daß die Unterscheidung zwischen eindeutig militärischer und ziviler Zweckbestimmung einer Ware in der Ausfuhrliste der AWVO Teil I A keineswegs abschließend geregelt ist. Roeser[7] hierzu: «Abschließend werden in einer langen Liste ‹Spezialmaschinen, Ausrüstungen und Werkzeuge, besonders konstruiert für die Prüfung, Herstellung, Erprobung und Überwachung der in Teil I, Abschnitt A, aufgeführten Waffen, Munition aller Art, Hilfseinrichtungen und Maschinen› beispielhaft (!) aufgezählt.»

Es ist nicht erkennbar, daß die Bundesregierung zu irgendeinem Zeitpunkt den Versuch unternommen hätte, diese «beispielhafte» Auflistung weiter zu konkretisieren. Diese wahrscheinlich vorsätzliche Unterlassung zugunsten der Exportförderung um beinahe jeden Preis hat die Bundesrepublik international auf die Anklagebank gebracht. Nach größerer Rüstungsautonomie strebende Diktaturen beziehen wichtige Technologien zur Verwirklichung ihres Zieles aus der Bundesrepublik. Die BRD ist nicht nur der Anlagenbauer Nr. 1 auf dem Weltmarkt, sondern verlangt keine Kontrollen im Export, solange auch eine zivile Verwendung nicht ausgeschlossen werden kann.

Im Gegensatz zu anderen Staaten kennt das deutsche Recht keine Unterscheidung der Empfängerinstitution und der tatsächlichen Verwendung der exportierten Güter. Daher konnte und kann der Daimler-Benz-Konzern Riesengeschäfte machen mit der Lieferung von Militärlastwagen in die ganze Welt, eben auch in den Irak und, von der UNO kräftig kritisiert, an das Apartheidregime in Südafrika. Die Kluft zwischen Rechtsordnung und Moral, zwischen deklarierter Friedensorientierung und praktizierter Außenpolitik ist in der Bundesrepublik geradezu unerträglich geworden.

Die Antwort eines Staatssekretärs (Drucksache 9/849, S. 15) auf eine Anfrage wegen der Lieferung von Militärlastwagen in großen Stückzahlen an Südafrika belegt den instrumentellen Charakter der Gesetze zugunsten des «Geschäftes»: Der Spitzenbeamte hielt fest, daß es sich bei den Fahrzeugen der Bundeswehrkategorie III – anders als bei Fahrzeugen der Kategorie I und II – nicht um militärische Sonderentwicklungen handelte. Zur Kategorie III von ungepanzerten Transportfahrzeugen bei der Bundeswehr gehören handelsübliche Fahrzeuge, die für den Einsatz bei der Truppe geringfügig abgeändert worden sind (z. B. durch Halterung/Verstaukästen für Kraftfahrzeug-Ausstattungssatz). Zivile Fahrzeuge würden dementsprechend nur von einer Ausfuhrgenehmigungspflicht erfaßt, wenn bei ihnen der Einbau von Waffen materiell-konstruktiv vorgesehen ist. Erst wenn dies der Fall wäre, seien diese Fahrzeuge als für «militärische Zwecke» besonders konstruiert zu betrachten. Solche technischen Veränderungen müßten allerdings wesentlich sein, wie z. B. konstruktive Verstärkungen für die Aufnahme und zum Abfeuern von Raketen und ähnliches. Der Einbau müßte also in einer bestimmten, fest verbundenen Art mit dem Fahrzeug zum Ausdruck kommen. Einfache Halterungen für Gewehre könnten demnach nicht als Vorrichtung zum «Einbau von Waffen» angesehen werden.

Diese Auslegung, im Parlament vorgetragen, war ein deutliches Signal in Richtung der deutschen Exportwirtschaft. Sie ist wohl auch so verstanden worden. Dies wird deutlich, wenn man die vielfältigen Exporte deutscher Unternehmen im Bereich militärisch relevanter Industrieausrüstungen und sonstigen Rüstungsmaterials betrachtet, und zwar in Ländern, die – wie der Irak – international im Verdacht stehen, sich friedensstörend zu betätigen oder den Erwerb von Nuklearwaffen anzustreben.

Großkunde Irak

Die restliche Staatenwelt ist auf andere, nicht weniger fatale Weise an der Unterstützung des Irak beteiligt. Um die einmalig breitgestreute Liste der Waffenlieferanten des Irak zu verstehen, muß man knapp in die Geschichte zurückgehen. Aus Dankbarkeit für seine militärische Unterstützung der Briten während des Ersten Weltkrieges wurde der gebietsfremde Haschemit Amir Faisal Ibn Husain in dem gerade abgesteckten neuen Staat 1921 als König von Irak durch Großbritannien eingesetzt. Das Militär wurde aus ehemaligen Offizieren des Osmanischen Reiches gebildet, die ausschließlich der sunnitischen Sekte des Islam angehörten, während die Bevölkerungsmehrheit im Irak schiitisch war. Die britische Kontrolle über das Territorium war bis dahin aber mit Hilfe von rekrutierten Kurden und Assyrern ausgeübt worden. In dem neuen Staat war die militärische Macht unter einem fremden König ausschließlich in Händen von arabischen Sunniten, die die Bevölkerungsminderheit darstellten. Diese über das Militär vermittelte Machtposition im Staate haben die sunnitischen Araber bis zum heutigen Tage gehalten und unter Saddam Hussein eher noch ausgebaut. Großbritannien blieb Schutzmacht und Vorbild für das Offizierskorps.

1936 kam es bereits zu einem ersten Militärputsch. Nationalistische, arabische, antiimperialistische Tendenzen markieren die folgenden Putsche. Während des Zweiten Weltkrieges besetzten britische Truppen nach vierwöchigen Auseinandersetzungen das Land, weil sich die Offiziersjunta geweigert hatte, das vertraglich vereinbarte Recht auf Durchmarsch durch den Irak zu gestatten.

Nach Kriegsende wird der monarchische Status quo ante wiederhergestellt. Die Monarchie ordnet sich in die westliche Politik der militärischen Eindämmung der Sowjetunion *(containment)* ein und wird 1955 Mitglied der antikommunistischen Allianz des Bagdadpaktes. Innenpolitisch kann sich die Monarchie nur durch extreme Repression und permanentes Kriegsrecht an der Macht halten. 1958 wird der König bei einem Militärputsch ermordet.

Das folgende Militärregime nutzt die weltpolitische Konkurrenz in dieser Region. Der Persische Golf war nach dem damaligen Stand der Trägertechnologien für die nukleare Abschreckung seitens der USA wegen der geringen Entfernung zum sowjetischen Territorium von geostrategischer Bedeutung. Die Sowjetunion wird zum wichtigsten Rüstungslieferanten. Intern wird ein extrem nationalistischer, sich zu allen Nachbarn abgrenzender, fast schon xenophobischer Kurs gefahren. Man reklamiert erstmals Ansprüche auf den damaligen britischen Marinestützpunkt, der im Jahre 1961 als Kuwait in die Eigenstaatlichkeit entlassen wird. Wachsende Erdöleinkünfte führen nicht zu einer breiten Industrialisierung, das Staatsgeschehen konzentriert sich auf militärische Machtkämpfe und ideologische Auseinandersetzungen um die Führung des panarabischen Kampfes gegen Israel.

Die Öleinkünfte erlaubten es den jeweiligen militärischen Machthabern, aufzurüsten und einen erbarmungslosen internen Krieg gegen die Kurden im Norden des Landes zu führen. Da der Iran die Kurden mit Waffen unterstützte, sah sich der Irak 1975 gezwungen, durch die förmliche Anerkennung der iranischen Position zum gemeinsamen Grenzverlauf die Nichteinmischung des Iran in den Krieg mit den Kurden zu erkaufen.

Diesen Vertrag hat Saddam Hussein bekanntlich bei der ersten sich bietenden Gelegenheit gekündigt und in einer Situation vermeintlich entscheidender Schwäche des Irans eine kriegerische «Lösung» des Grenzstreites gesucht. Acht Jahre Krieg mit einer Million Opfer war das Ergebnis.

Ein weiteres Ergebnis waren auch die vollen Auftragsbücher bei

Rüstungsunternehmen in insgesamt über zwanzig Ländern, die zum erheblichen Teil an beide Kriegsparteien geliefert haben. Zumindest der Irak genoß dabei lange Zeit viel Kredit und öffentliches Wohlwollen in seinem Kampf gegen den erklärten Bösewicht des internationalen Systems. Einzig die USA haben, zumindest auf direktem Wege, keine Waffen an den Irak geliefert. Gleichwohl kam Saddam Hussein in den Genuß großer Lieferungen dringend benötigter landwirtschaftlicher Produkte aus den USA.

Das Stockholmer Friedensforschungsinstitut SIPRI schätzt, daß der Irak im Verlauf der achtziger Jahre für 80 Mrd. US-Dollar Waffen eingekauft hat. Dieser Betrag übersteigt die Aufwendungen der Bundesrepublik für den gleichen Zweck im gleichen Zeitraum. An diesem Geschäft waren nach Ermittlungen der amerikanischen Spezialistin für Waffentransfers, Stephanie Newman, allein im Zeitraum von 1980 bis 1983 die folgenden 29 Staaten beteiligt[8]: Ägypten, Äthiopien, Belgien, Brasilien, Bundesrepublik Deutschland, China, ČSSR, DDR, Frankreich, Großbritannien, Italien, Jordanien, Jugoslawien, Kuwait (!), Marokko, Nordkorea, Österreich, Pakistan, Philippinen, Polen, Portugal, Saudi-Arabien, Schweiz, Sowjetunion, Spanien, Sudan, Südkorea, Ungarn, USA, Vereinigte Arabische Emirate.

Dieser Waffenhandel war für einige der sozialistischen Regimes Osteuropas eine wichtige Außenhandelstätigkeit. Nach einer neuen amerikanischen Quelle waren die Sowjetunion von 1982–1989 mit 48 Prozent und andere osteuropäische Staaten mit 13 Prozent an diesem 80-Mrd.-US-Dollar-Kuchen beteiligt. Wichtig für den Irak waren auch die für die Rüstungsindustrie gegen Devisen entsandten Fachkräfte aus Polen und wohl auch anderen osteuropäischen Ländern. Der politische Wandel in Osteuropa beginnt erst langsam Licht auf diese Verflechtungen mit dem Irak zu werfen. Gemessen an der strukturellen Exportschwäche und dem Devisenhunger der Warschauer Vertragsstaaten waren diese Rüstungsgeschäfte erheblich.

Die folgenden Tabellen sollen helfen, die Dimension der opportunistischen Kooperation der Staatenwelt mit dieser Militärdiktatur zu ermessen. Sie entstammen einer Studie des wissenschaftlichen Dienstes des amerikanischen Kongresses. Die Daten sollten daher, wie alle Angaben zu Rüstung und Militär, als grobe Schätzwerte betrachtet werden. Hinzu kommt, daß wahrscheinlich eine relative Überbewertung der sowjetischen Lieferungen zur «Dienstvorschrift» dieser Einrichtung gehört.[9]

Waffenlieferungen in die Dritte Welt 1982–1989
Die wichtigsten Herkunftsländer
(Handelsvolumen in Millionen Dollar)

	1982–1985 Umfang Rangfolge	1986–1989 Umfang Rangfolge	1982–1989 Umfang Rangfolge	Differenz zwischen 1982–85 und 1986–89
UdSSR	61380 (1)	71580 (1)	132940 (1)	– 18,59%
USA	28424 (2)	21510 (2)	49934 (2)	24,32%
Frankreich	16530 (3)	9930 (3)	26460 (3)	– 39,93%
Großbritannien	5120 (5)	9090 (4)	14210 (4)	77,54%
China	5520 (4)	7570 (5)	13090 (5)	37,14%
Italien	4810 (6)	1340 (9)	6150 (6)	– 72,14%
Bundesrepublik	4520 (7)	1040 (10)	5560 (7)	– 76,99%
Tschechoslowakei	2430 (9)	1880 (6)	4310 (8)	– 22,63%
Spanien	2460 (8)	940 (11)	3400 (9)	– 61,79%
Nordkorea	1780 (10)	1520 (7)	3300 (10)	– 14,61%
Brasilien	1740 (11)	1380 (8)	3120 (11)	– 20,69%

Quelle: U.S. Government

Die Entwicklungsrichtung ist eindeutig. Im Nahen und Nahen Osten entsorgt die Rüstungsindustrie fast aller Länder ihre Überkapazitäten. Aber selbst in dieser konfliktreichen Region läßt die Nachfrage nach, sie läßt sogar sehr viel stärker nach, würde man die jüngsten Zahlen zum Vergleich heranziehen. Gleichwohl versuchen Frankreich und Großbritannien mit größten Anstrengungen, die strukturellen Probleme ihrer weit überdimensionierten Rüstungsindustrien durch Exportkampagnen um jeden Preis, etwa durch die Gewährung langfristiger Kredite, aufzufangen. Häufig werden Geschäftsabschlüsse verkündet, die später von Käuferseite wieder annulliert[10] werden, auch im Nahen Osten. 90 Prozent der Waffenexporte gehen in diese Region. Da kann man fast sagen, daß sich die Abhängigkeit umgekehrt hat.

In Frankreich bricht die bisherige Doktrin vorrangig nationaler Beschaffung zusammen, da die Aufträge aus der Region zurückgehen. Was die bürgerliche Regierung in Frankreich im Jahre 1977 begonnen hatte, den Aufbau besonderer Beziehungen zum Ölstaat Irak, die dem Irak auch Zugang zu nuklearem Knowhow verschaffte, hat sich

Waffenlieferungsabkommen mit Regionen der Dritten Welt 1982–1989 (Umfang in Millionen US-Dollar)

	Ostasien/Pazifik		Nahost/Südasien		Lateinamerika		Afrika (ohne Nordafrika)	
	1982–85	1986–89	1982–85	1986–89	1982–85	1986–89	1982–85	1986–89
Westliche Welt								
USA	5851	5937	22,358	18138	1401	1488	455	372
Frankreich	240	80	14820	6030	670	1170	620	420
Großbritannien	320	1300	10380	7730	130	200	610	300
Bundesrepublik	270	1430	1050	960	480	210	350	30
Italien	130	50	3240	410	240	290	630	250
Andere	1330	600	11030	8520	1590	1180	1170	1420
Westliche Welt gesamt	7941	9397	62878	41788	4511	4538	3835	2792
Westeuropa*	960	2860	29490	15130	1520	1870	2210	1000
Sozialistische Staaten								
UdSSR	7880	10440	44650	34260	6440	8740	6400	9840
China	290	810	3680	8640	0	0	190	430
Andere	270	230	7890	9290	1660	1260	730	900
Sozialistische Staaten gesamt	8440	11480	56220	52190	8100	9000	7320	11170
Alle Abkommen gesamt	16381	20877	119098	93978	12611	13538	11155	13962

* gemeint hier nur: Frankreich, Großbritannien, Bundesrepublik, Italien

Quelle: U.S. Government

Waffenlieferungen in den Irak 1982–1989
(Umfang in Millionen US-Dollar)

	Irak 1982–1985	Irak 1986–1989	Irak 1982–1989
UdSSR	11370	10700	22070
China	3110	1050	4160
Übrige sozialistische Staaten	3110	3020	6130
Sozialistische Staaten gesamt	17590	14770	32360
Westeuropa	6740	1300	8040
USA	0	0	0
Übrige westliche Welt	3370	1960	5330
Westliche Welt gesamt	10110	3260	13370
Gesamt	27700	18030	45730

Quelle: U.S. Government

zur Schlinge um den Hals der französischen Außenwirtschaft entwikkelt. Niemand verrät, mit wieviel Milliarden der Irak in Frankreich verschuldet ist. Aber die Summe muß enorm sein. Als Frankreich in der letzten Kriegsphase des Irak mit dem Iran mit Lieferungen zögerte, genügte die Drohung, die Schuldentilgung zu stoppen, um solche Bedenken rasch zu überwinden. Andererseits ist die französische Rüstungsindustrie von diesen Aufträgen abhängig. So hat Frankreich modernste Bomber vom Typ *Elandard* an den Irak während des Krieges ausgeliehen, bis die bestellten Flugzeuge *Mirage F-1* vom Band liefen, um diesen wichtigen Kunden bei Laune zu halten.

Italien war ebenfalls groß in das Geschäft eingestiegen, hat sich aber an ein Embargo gegenüber kriegführenden Staaten gehalten und große Aufträge des Irak bei den italienischen Marinewerften nicht ausgeliefert.

Auch die brasilianische Rüstungsindustrie taucht mit einem Milliardenumsatz als Lieferant auf. Vor allem Panzerfahrzeuge und Raketen sind in großen Stückzahlen an den Irak geliefert worden. Mit der Beendigung der iranisch-irakischen Kampfhandlungen wurde eine Reihe von Aufträgen offensichtlich storniert. Ergebnis: Die wichtigsten brasilianischen Rüstungsfirmen, mit Ausnahme des auch im zivilen Flugzeugbau engagierten Embraer-Konzernes, haben ihre Zahlungsunfähigkeit erklärt.

Polen und die DDR, wahrscheinlich auch die ČSFR müssen nun wesentliche Teile ihrer Rüstungsfertigung stillegen, da sie aus politischen Gründen aus dem Waffengeschäft mit dem Irak aussteigen wollen.

Daß China und Nordkorea die aus der Sowjetunion erworbenen rüstungstechnologischen Kenntnisse inzwischen umfänglich weiterentwickelt haben und sie dazu nutzten, als skrupelloser Anbieter in allen Regionen aufzutauchen, sollte die Proliferationspolitik der Staatenwelt in Zukunft beeinflussen.

Als Schlußfolgerung bleibt zu ziehen, die Einhegung des Krieges in der Region bedarf einer konsequenten Politik der praktischen Ächtung von Krieg als Mittel politischer Interessendurchsetzung. Zu einer konsequenten Politik gehört, auch auf wirtschaftliche Vorteile zu verzichten und aktiv einen breiten Demokratisierungsprozeß einzufordern. Und zwar in der gesamten Region. Dies ist langfristig der einzige Weg, auch unter dem Gesichtspunkt globaler ökologischer Sicherheit und dauerhafter Entwicklung, zu einer politischen Ordnung zu kommen, die das Risiko einer direkten Gefährdung des weltwirtschaftlichen Systems durch Kriege kalkulierbar mindert. Waffen schaffen nun einmal nur die Illusion von Sicherheit; Sicherheit ist ein politisches Problem.

Anmerkungen

1) Daß sich das erklärte gemeinsame politische Ziel der Industrienationen, die Annexion Kuwaits rückgängig zu machen, mit militärischer Gewalt erreichen läßt, ist sehr zweifelhaft. Sowohl politische als auch militärische Faktoren sprechen dagegen. In der arabischen Welt war die politische Legitimation des Status quo ante viel zu gering, als daß er einfach wiederhergestellt werden könnte, Modernisierung und Demokratisierung der politischen Systeme können auch in dieser Region nicht unbegrenzt vertagt werden. Ideologische Konditionierung und militärisches Potential des Irak machen eine lange kriegerische Verwicklung wahrscheinlich, die die wirtschaftlichen Ziele der westlichen Intervention zunichte machen würden.
2) Zwar hat das Volumen des direkten bundesdeutschen Exportes in den Irak im Verlaufe des Golfkrieges deutlich abgenommen, aber im Bereich

Maschinen und Fahrzeuge (SITC 7) hat der Maschinenanteil zugenommen.

3) Die einundsechzigste Verordnung zur Änderung der Ausfuhrliste – Anlage AL zur Außenwirtschaftsordnung, verkündet am 21. 1. 1989 – war noch im wesentlichen eine Übernahme von COCOM-Festlegungen, während die Ankündigungen des Bundesministers für Wirtschaft am 10. 1. 1989 für die Bundesregierung als Reaktion auf die Informationen über die wahrscheinliche Lieferung von Technologien an Libyen zur Herstellung von chemischen Kampfstoffen in Kürze weitergehende nationale Listen erwarten ließen. Tatsächlich jedoch ist es bislang zu minimalen Änderungen der Liste gekommen, während, wie oben ausgeführt, einschneidende Änderungen im parlamentarischen Verfahren blockiert sind.

4) Siehe: Thomas Roeser, Völkerrechtliche Aspekte des internationalen Handels mit konventionellen Waffen, Berlin 1988, S. 106f.

5) Ein solcher Fall ist 1989 öffentlich bekanntgeworden. Die Bundesregierung hat die der Firma MBB erteilte Genehmigung zum Export mehrerer «Multi-sensor platforms» nach Auslieferung der ersten Einheit auf Intervention u. a. der World Campaign Against Military and Nuclear Collaboration with South Africa wieder zurückgezogen.

6) Roeser, a. a. O., S. 112.

7) a. a. O., S. 118.

8) Stefanie G. Newman, Military Assistance in Recent Wars, The Washington Papers, New York (Praeger) 1986, S. 41f.

9) Richard F. Grimmet, Trends in Conventional Arms Transfers to the Third World by Major Supplier 1982–1989, Congressional Research Service, June 19, 1990.

10) Dies betrifft vor allem britische Tornado-Verkäufe in Milliardenhöhe, an denen die deutsche Industrie mittelbar beteiligt ist.

Andreas Rieck

Die Utopie der arabischen Einheit

Die koloniale Vergangenheit als Ursache der aktuellen Konflikte?

Iraks formelle Annexion des Scheichtums Kuwait am 8. August 1990, nur eine Woche nach der Invasion, die kurz darauf als «unwiderruflich» bekräftigt wurde, hat in der arabischen Öffentlichkeit weniger Proteste ausgelöst als in der übrigen Welt. Die irakische Version, wonach damit nur eine vom «Imperialismus» künstlich geschaffene Teilung beseitigt worden sei, hat im Gegenteil bei vielen Arabern durchaus Verständnis gefunden, mochten sie auch die Methoden Saddam Husseins ablehnen. In Jordanien und bei den Palästinensern in den von Israel besetzten Gebieten gab es schon am ersten Tag nach der Invasion spontane Solidaritätsbekundungen für den neuen «Held der Araber». Selbst in Staaten wie Ägypten und Syrien, deren Regierungen klar gegen den irakischen Gewaltstreich Position bezogen haben, war die Stimmung der Bevölkerung schon bald nach dem Einmarsch keinesfalls geschlossen auf seiten der Kuwaiter.

Der militärische Großaufmarsch der USA samt Blockade der irakischen Lebensadern zur Außenwelt hat in der arabischen Welt für weitere Aufregung gesorgt. Unabhängig davon, daß es nun auch zu einer militärischen Konfrontation gekommen ist, erweckt das amerikanische Engagement den Verdacht, daß es den USA und ihren Verbündeten weniger um die Wahrung ideeller Prinzipien geht, etwa um die Verteidigung der Souveränität eines kleines Staates, als vielmehr um die Wiederherstellung eines Zustandes, der den Interessen des Westens und *Israels* seit Jahrzehnten dienlich gewesen ist: Die arabische Welt soll in viele Einzelstaaten aufgeteilt bleiben, deren natürliche Rivalität jede effektive gemeinsame Strategie verhindert. Keinesfalls darf ein arabischer Staat allein über so große Machtmittel verfügen, wie sie dem Irak zugefallen wären, wenn er z. B. auch noch die Erdölquellen Saudi-Arabiens besetzt hätte. Ein solcher Staat würde nicht nur zu einer tödlichen Bedrohung für Israel, er könnte auch dem Westen einen weit höheren Ölpreis diktieren, als diesem lieb ist.

Man sollte sich keine Illusionen machen: Wären die USA und die übrige Welt passiv geblieben und hätten sie die Regelung der Kuwait-Krise allein den arabischen Staaten überlassen, dann wäre eine weitere Expansion des Irak wahrscheinlicher gewesen als eine Wiederherstellung des Status quo. Saudi-Arabien und die kleineren Erdölscheichtümer am Golf (Katar, Bahrain, die Vereinigten Arabischen Emirate und Oman) wären aus eigener Kraft nicht in der Lage, sich gegen etwaige weitere Vorstöße des Irak militärisch zu behaupten, und kein anderer arabischer Staat hätte ihnen effektive Hilfe leisten können oder wollen. Auch wenn man Saddam Hussein nicht zu unterstellen braucht, daß er schon für 1990 so weitreichende Pläne hatte – eine bloße Konsolidierung seiner Position in Kuwait ohne internationale Sanktionen hätte den Irak früher oder später so mächtig werden lassen, daß seine weitere Expansion nahegelegen hätte. Mit der *panarabischen Ideologie* würden sich dafür auch Rechtfertigungen konstruieren lassen, die wenigstens von den Arabern toleriert werden könnten – z. B. das bereits nach der Annexion von Kuwait vorgetragene Argument, der Ölreichtum der Golfstaaten müsse allen Arabern zugute kommen.

Bedeutet dies nun, daß die gegenwärtigen arabischen Staaten künstliche Gebilde sind, die einem freien Spiel der Kräfte nicht standhalten würden? Sind die Grenzen im Nahen Osten nur von den «imperialistischen Mächten» gezogen worden, um diese Region samt ihrem Ölreichtum unter Kontrolle zu halten? Hätten die Araber, die Anfang 1990 in 19 souveräne Staaten (ohne Palästina) aufgeteilt waren, ohne die auswärtige Machtpolitik in der Region schon längst in einem vereinigten arabischen Großreich leben können?

Der Mythos vom arabischen Großreich

Die Tatsache, daß die Grenzen der heutigen arabischen Staaten im wesentlichen durch die Politik der europäischen Kolonialmächte im 19. und 20. Jahrhundert geschaffen wurden, ist unbestreitbar. Dagegen wird von den Arabern selbst oft vergessen oder unterschlagen, daß die Aufteilung der arabischen Welt in einzelne Staaten und Reiche, die sich gegenseitig bekämpft, durch Eroberungszüge vereinigt oder auch wieder zersplittert haben, schon sehr viel älter ist, und daß auch das Zeitalter der Fremdherrschaft bereits lange vor dem europäischen Imperialismus begann.

Der Eintritt der Araber in die Weltgeschichte erfolgte mit dem Wirken des Propheten *Muhammad* in Mekka und Medina im Westen der arabischen Halbinsel zwischen 610 und 632 n. Chr. Die von Muhammad gepredigte neue Religion des *Islam* verband jüdische und christliche Glaubenslehren mit Elementen der «heidnischen» Traditionen und fand nach anfänglichen Widerständen eine so starke Resonanz, das Muhammad selbst während seiner letzten Lebensjahre zum mächtigen Staatsmann und Heerführer aufstieg. Der Islam mobilisierte die Energien der kriegerischen Wüstennomaden für Eroberungszüge, die arabische Heere nach dem Tod des Propheten in wenigen Jahrzehnten bis nach Zentralasien und auf die Iberische Halbinsel führten. In ganz Nordafrika vom Niltal bis zum Atlantik, in Mesopotamien (Irak) und Syrien vermischte sich die unterworfene Bevölkerung langsam mit den Eroberern von der arabischen Halbinsel und nahm größtenteils den islamischen Glauben an. Der Islam und die arabische Sprache blieben die wichtigsten Bindeglieder zwischen den ethnisch sehr verschiedenenartigen Volksgruppen von Marokko bis zum Persischen Golf, die heute allesamt als Araber bezeichnet werden, während die «reinrassigsten» Araber immer noch auf der arabischen Halbinsel zu finden sind.

Der Prozeß der Arabisierung und Islamisierung dieses riesigen Gebietes zog sich über Jahrhunderte hin, blieb aber unvollendet. Die arabischen Muslime waren in erster Linie an Unterwerfung und Tributzahlung interessiert, tolerierten aber die Ausübung der christlichen und jüdischen Religion, so daß sich mehr oder weniger starke religiöse Minderheiten erhielten. Ebenso bereitwillig übernahmen die Araber Kultureinflüsse der eroberten Völker. Im islamischen Weltreich der arabischen Omaijaden- und Abbasiden-Dynastien, das außer den später arabisierten Ländern auch Persien (Iran) und Teile von Anatolien, Zentralasien und Vorderindien umfaßte, entstand zwischen dem 7. und 10. Jahrhundert eine Hochkultur, die der damaligen christlich-europäischen weit überlegen war.

Die politische Einheit des islamischen Kalifenreiches zerfiel allerdings schon ab 755 n. Chr., als nach dem Sturz der in Damaskus residierenden Omaijaden durch die Abbasiden (die die Hauptstadt nach Bagdad verlegten) ein Abkömmling der Omaijaden-Dynastie ein eigenes Reich in Spanien begründete. Allein die Größe des abbasidischen Kalifats führte im 9. Jahrhundert zwangsläufig zu einer fortschreitenden Verselbständigung seiner einzelnen Provinzen. Während der Kalif nominell noch bis 1258 n. Chr. die religiöse und politische Oberhoheit über alle Muslime innehatte, ging die wirkliche Macht auf zahlreiche lokale Dynastien über.

Seit dem 9. Jahrhundert begannen auch nichtarabische Völker, die im Zuge der arabischen Eroberungen den Islam angenommen hatten, die Herrschaft über Teile der arabisierten Länder zu gewinnen. So beherrschten die türkischstämmigen Seldschuken im 10. und 11. Jahrhundert neben dem Iran auch das Gebiet der heuten Staaten Irak und Syrien. Machtkämpfe zwischen arabischen Lokaldynastien und die Invasionen der europäischen Kreuzfahrer (12. und 13. Jh.) und der Mongolen (13. Jh.) schwächten besonders den arabischen Osten weiter, bis dann im 16. Jahrhundert die türkischen *Osmanen* fast alle arabisch bevölkerten Gebiete Vorderasiens und Nordafrikas (außer Marokko) eroberten.

Das *Osmanische Reich* war ein Vielvölkerstaat, der zwar von einer türkischen Dynastie geführt wurde, aber eher islamisch-kosmopolitisch als türkisch geprägt war. Für die große Mehrheit der arabischen Bevölkerung machte es kaum einen Unterschied, ob sie von Türken oder Arabern regiert wurde, zumal die Osmanen ihre Gouverneure und Verwaltungsbeamten meist aus der lokalen Elite rekrutierten. Wenn einzelne Vasallen immer wieder versuchten, sich eine größere Autonomie vom osmanischen Sultan zu erkämpfen, so waren dies noch keine Manifestationen eines frühen «arabischen Nationalismus», sondern von persönlichem Machtehrgeiz motivierte Unternehmungen.

Der europäische Zugriff

In der osmanischen Ära begannen auch die europäischen Großmächte, in den arabischen Provinzen des Osmanischen Reiches und anderen arabischen Gebieten Fuß zu fassen. So errichteten die *Portugiesen* schon im frühen 16. Jahrhundert Stützpunkte am Persischen Golf und rund um die arabische Halbinsel. Ihnen folgten seit dem späten 18. Jahrhundert die *Briten*, die dort bis Ende des 19. Jahrhunderts einen Ring von Kolonien und Protektoraten errichten konnten: Aden (das spätere Südjemen), Maskat und Oman, die «Piratenküste» bzw. «Trucial-Oman» (die heutigen Vereinigten Arabischen Emirate und Katar). Bahrain und Kuwait (das im frühen 19. Jahrhundert nicht etwa von einem unabhängigen arabischen Irak «abgetrennt» wurde, sondern von der seit 1535 *osmanischen Provinz* Irak, und 1899 formal zum britischen Protektorat wurde).

Auch Nordafrika war frühzeitig europäischem Zugriff ausgesetzt: Die *Franzosen* unter Napoleon besetzten 1798–1802 Ägypten (wo erst nach einer britischen Gegenintervention die osmanische Herrschaft nominell wiederhergestellt wurde), drangen 1830 in Algerien ein und begannen, das Land mit Siedlern zu kolonisieren (der fruchtbare Norden Algeriens wurde bis 1962 als Teil des franz. «Mutterlandes» beansprucht); später errichteten sie schrittweise eine Kolonialherrschaft über Tunesien (offiziell Kolonie ab 1881); auch Mauretanien wurde Teil des riesigen Kolonialgebiets «Französisch-Westafrika».

Spanien besetzte 1884 eine Küstenregion in der Westsahara und 1912 Teile Marokkos, das in ein spanisches und ein französisches Protektorat und eine internationale Zone (Tanger) aufgeteilt wurde. Die osmanische Provinz Libyen wurde 1911 von *Italien* erobert.

Im Zentrum der europäischen Großmachtinteressen stand seit Beginn des 19. Jahrhunderts Ägypten, das ab 1805 von der Dynastie (albanischer Herkunft) *Muhammad Alis* regiert wurde und formal noch bis 1914 dem Osmanischen Reich unterstand. Bei dem Wettkampf um Einfluß in dem volkreichsten und damals auch wirtschaftlich wichtigsten arabischen Land, das seit dem Bau des *Suez-Kanals* (1869) besondere strategische Bedeutung erlangt hatte, setzte sich *Großbritannien* gegen Frankreich durch. 1878 besetzten die Briten Ägypten, erklärten es aber erst zu Beginn des Ersten Weltkrieges zum Protektorat (bis 1922). Zusammen mit ihrem ägyptischen Vasallenregiment eroberten die Briten 1899 den Sudan (der schon 1821–1885 unter osmanisch-ägyptischer Herrschaft gestanden hatte) und errichteten dort ein anglo-ägyptisches Kondominium (bis 1955), das de facto eine britische Kolonialherrschaft war.

Gegen Ende des 19. Jahrhunderts waren fast alle Länder mit arabischer Bevölkerung unter europäischer oder osmanischer Herrschaft. Der direkte Zugriff der Osmanen erstreckte sich noch auf

Libyen (bis 1911), das Gebiet des «fruchtbaren Halbmonds» – d. h. Mesopotamien (Irak), Syrien und Palästina – und den Westteil der arabischen Halbinsel (*Hijaz*, mit den heiligen Städten Mekka und Medina) bis hinunter zum Jemen. Im Inneren der arabischen Halbinsel begannen ab 1902 die Eroberungszüge von *Abd al-Aziz Ibn Saud*, der den Kern des ersten annähernd unabhängigen arabischen Staates im 20. Jahrhundert schuf, das bis 1934 zur heutigen Größe expandierte Königreich Saudi-Arabien.

Das Osmanische Reich war damals schon so schwach, daß es nur von den europäischen Großmächten zusammengehalten wurde, die sich nicht über seine Aufteilung einigen konnten. Sie schufen sich aber auch politische und wirtschaftliche Einflußzonen in seinen verbliebenen arabischen Provinzen. Die Briten engagierten sich besonders im Irak (in Konkurrenz zu den Deutschen, die als Verbündete der Osmanen mit dem Bau der *Bagdad-Bahn* ihren Einfluß bis zum Persischen Golf ausdehnen wollten), die Franzosen in der Levante. Nach einem Bürgerkrieg im Libanon, mit Massakern an Christen dort und in Damaskus 1860, intervenierte Frankreich als deren Schutzmacht und diktierte zusammen mit anderen europäischen Mächten den Osmanen die Schaffung einer autonomen Provinz im Libanongebirge. Sie wurde zwischen 1861 und 1914 eine Art Vorposten europäischer – besonders französischer – Kultur im Nahen Osten.

Erst gegen Ende des 19. Jahrhunderts begann sich auch in den arabischen Ländern ein neues arabisches Nationalbewußtsein zu entwikkeln, das sich gegen die europäische oder türkische Fremdherrschaft richtete. Vorreiter dieser Emanzipationsbewegung waren die nationalgesinnten Offiziere und die Bourgeoisie Ägyptens (Urabi-Aufstand 1882) sowie Intellektuelle aus Syrien und dem Libanon, darunter viele Christen, während die Muslime noch eher dazu neigten, sich mit der islamischen Herrschaft der Osmanen zu identifizieren. Erst die Revolution der *Jungtürken* (1908), die eine gewaltsame Türkifizierungspolitik in den verbliebenen arabischen Gebieten des Osmanischen Reiches vorantreiben wollten, brachte eine Wende in der Haltung der arabischen Bevölkerung.

Als das Osmanische Reich 1914 auf seiten der Mittelmächte in den Weltkrieg eintrat und alle Muslime zum *Jihad* gegen Großbritannien und Frankreich aufrief, konnte es die Araber nicht mehr für seine Sache gewinnen und mußte seine arabischen Provinzen mit eiserner Faust niederhalten. Zu einem bewaffneten arabischen Aufstand kam es aber erst 1917 im *Hijaz*, und auch dort mußten die Briten nachhelfen: Sie versprachen dem Scherifen *Hussein Ibn Ali*, einem Nachfahren des Propheten und angesehenen Notabeln in Mekka, die Gründung eines unabhängigen arabischen Reiches unter seiner Führung in den befreiten arabischen Provinzen – ohne allerdings dessen Grenzen näher zu definieren. Gleichzeitig trafen Briten und Franzosen 1916 aber auch das berühmt-berüchtigte *Sykes-Picot-Geheimabkommen* über die geplante Aufteilung dieser Gebiete in «Interessensphären», und im November 1917 erklärte die britische Regierung öffentlich ihre Unterstützung für eine «jüdische Heimstätte» in Palästina (*Balfour-Deklaration*), das erklärte Ziel der seit 1897 organisierten zionistischen Bewegung.

Die Erblast der Europäer

Die Niederlage des Osmanischen Reiches 1918 brachte den Arabern zunächst nicht die erhoffte Freiheit, sondern vollendete ihre politische Unterordnung unter europäische Mächte. Britische Truppen besetzten den Irak, Palästina und das Gebiet des heutigen Jordanien, französische das Gebiet der heutigen Staaten Syrien und Libanon. Dem «arabischen Königreich», das *Faisal Ibn al-Hussein*, ein Sohn des Scherifen von Mekka, 1919 in Damaskus proklamiert hatte, bereiteten die Franzosen 1920 ein gewaltsames Ende. Die Briten machten den aus Damaskus vertriebenen *Faisal* dann 1921 zum König von Irak, wo sie 1920 einen Aufstand niedergeschlagen und ihre Mandatsherrschaft (vom Völkerbund abgesegnet) errichtet hatten. Sein jüngerer Bruder *Abdallah Ibn al-Hussein* (der Großvater des heutigen jordanischen Königs) wurde im selben Jahr mit der Königswürde im britischen Mandat Transjordanien abgefunden. Lediglich dem Jemen und dem *Hijaz* ließ man 1918 die Unabhängigkeit. Die Briten zogen aber inzwischen den Beduinenfürsten *Ibn Saud* ihrem alten Verbündeten, dem Scherifen Hussein, vor und ließen es zu, daß Ibn Saud 1925 den Hijaz (und 1934 Teile des Jemen) eroberte und seinem Reich einverleibte.

Während der britischen und französischen Mandatszeit, die im Irak (nominell) bis 1932 andauerte, in Syrien und im Libanon bis 1943, in

Transjordanien bis 1946 und in Palästina bis 1948, wurden die Grundlagen für zwei der schwersten bis heute andauernden Konflikte im Nahen Osten gelegt, den Libanon- und den Palästina-Konflikt. (Außerdem entschieden die Franzosen mit der Abtretung des mehrheitlich arabisch bevölkerten Verwaltungsbezirks von Alexandrette (Iskenderun) an die Türkei 1939 einen Grenzkonflikt gegen die Interessen Syriens.)

Die Franzosen erweiterten 1920 die 1861 geschaffene autonome Provinz im Libanongebirge auf die Grenzen des heutigen Staates. Damit entstand ein nach den Wünschen der stark frankophilen christlichen Volksgruppen maßgeschneiderter Staat, in dem deren politische Vormacht durch ein konfessionelles Proporzsystem im Parlament und allen öffentlichen Ämtern langfristig gesichert werden sollte. Die Muslime im Libanon und Syrien waren gegen diese Grenzziehung. Syrien erkannte den Libanon nach der Unabhängigkeit beider Staaten niemals offiziell an. Die libanesischen Muslime fanden sich zwar im *Nationalpakt* von 1943 mit dem Fortbestand des Libanon und seines politischen Systems ab, ihre Unzufriedenheit über christliche Privilegien wuchs aber im gleichen Maße wie ihr Anteil an der Bevölkerung – verglichen mit den Christen (von 45 Prozent 1932 auf geschätzte 55–60 Prozent 1975). Schon 1958 kam es zu einem mehrmonatigen muslimischen Aufstand gegen den christlichen Staatspräsidenten *Chamoun* (und einer Intervention der USA), 1975 verbündeten sich muslimische und linke Parteien mit der inzwischen im Libanon zum Machtfaktor gewordenen PLO, um die bestehende Ordnung umzustürzen. In dem immer noch andauernden Bürgerkrieg hat 1976 Syrien eingegriffen, das seitdem versucht, mit einer schleichenden Annexionspolitik die Grenzziehung der Franzosen rückgängig zu machen.

Die schwerste Erblast der Mandatszeit und überhaupt der ganzen Ära europäischer Herrschaft im Nahen Osten ist zweifellos das Palästinaproblem. Die jüdisch-zionistische Einwanderung nach Palästina – aus zionistischer Sicht eine bloße «Rückkehr» des seit den ersten Jahrhunderten n. Chr. zerstreuten jüdischen Volkes in sein «von Gott verheißenes Heimatland» – hatte zwar schon Ende des 19. Jahrhunderts eingesetzt, als Palästina noch zum Osmanischen Reich gehörte, doch war die Zahl der Juden in Palästina zwischen 1882 und 1914 nur von 24000 auf 85000 angewachsen. Erst die Besetzung Palästinas durch die Briten 1919 und das folgende Mandat ermöglichten eine jüdische Masseneinwanderung, vor allem aus Osteuropa. Arabische Proteste fanden kein Gehör, und auch Aufstände der arabischen Bevölkerung (1929 und 1936–39) konnten die Entwicklung nicht aufhalten. Die Briten änderten zwar beim Ausbruch des Zweiten Weltkrieges ihre Politik und begrenzten die Zahl der jüdischen Einwanderer; nach 1945 und dem Bekanntwerden des vollen Ausmaßes des deutschen Massenmordes an Juden mußten sie die Restriktionen jedoch wieder lockern. Bis zum Ende des Mandats im Mai 1948 lebten schon 650000 Juden in Palästina.

Die Briten hatten schon seit den späten dreißiger Jahren vergeblich nach Lösungswegen für das von ihnen selbst mitgeschaffene arabisch-jüdische Problem in Palästina gesucht und übergaben es 1947 schließlich an die Vereinten Nationen. Diese beschlossen im November 1947 – gegen die Stimmen der arabischen und sonstigen islamischen Mitgliederstaaten – die Aufteilung Palästinas in einen jüdischen und einen arabischen Staat. Die palästinensischen Araber (seinerzeit etwa 1,3 Millionen) lehnten den Teilungsplan ab, der ihnen nur 40 Prozent der Landesfläche zugedacht hatte, und wurden darin von den arabischen Nachbarstaaten bestärkt. Als nach dem Abzug der Briten die Juden ihren Staat *Israel* ausriefen, war die militärische Intervention von fünf arabischen Staaten schon angelaufen. Aus dem ersten Krieg gegen seine Nachbarn und die arabischen Palästinenser ging Israel jedoch siegreich hervor. Bis Ende 1949 weiteten die Juden ihr Staatsgebiet auf 80 Prozent der Fläche Palästinas aus, vertrieben 600000–700000 Araber und erhöhten die eigene Bevölkerungszahl durch eine neue Einwanderungswelle – u. a. aus verschiedenen arabischen Ländern – auf über eine Million. In der Folgezeit entwickelte sich Israel zu einer hochgerüsteten Militärmacht, die 1967 den Nachbarstaaten eine neue Niederlage beibringen und ganz Palästina, die syrischen Golan-Höhen und die Sinai-Halbinsel besetzen konnte. (Letztere wurde 1982 an Ägypten zurückgegeben.)

Die Araber lasten bis heute die Existenz des «Fremdkörpers» Israel inmitten ihrer Länder dem westlichen «Imperialismus» an, was im großen und ganzen den Tatsachen entspricht: Ohne das britische Mandat hätte der Staat Israel niemals entstehen, und ohne die massive Militär- und Finanzhilfe westlicher Staaten, besonders der USA, hätte er sich nicht auf Dauer in einer feindlichen Umwelt behaupten können. Eine andere Frage ist allerdings, ob der Judenstaat auch zu jenem «Fremdkörper» geworden wäre, wenn die Araber sich nicht während jeder entscheidenden Phase des Konflikts auf einen trotzigen «Alles-oder-nichts»-Standpunkt gestellt hätten. Erst seit Mitte der siebziger Jahre zeichnet sich hier auch bei den Palästinensern, den Hauptbetroffenen, ein Gesinnungswandel in Richtung auf Kompromißbereitschaft mit dem Judenstaat ab. Die arabischen Nachbarn müssen sich jedenfalls darauf einstellen, daß jeder Versuch, den Staat Israel mit Waffengewalt von der Landkarte zu streichen, in den USA, aber auch in Westeuropa immer noch alarmierte Solidarität mit Israel auslösen wird. Wahrscheinlich waren die Drohungen Saddam Husseins im April 1990, im Falle eines Angriffs halb Israel mit chemischen Waffen zu «verbrennen», ausschlaggebend für die heftige Reaktion der USA nach dem irakischen Einmarsch in Kuwait.

Was die übrigen von den europäischen Kolonialmächten gezogenen «künstlichen Grenzen» betrifft, so sind die meisten von ihnen allerdings weniger umstritten, als man angesichts der Kuwait-Krise vielleicht vermuten könnte. Kuwait war tatsächlich ein besonderer Fall von altem irakischen Anschlußdenken, das sich nicht von ungefähr auch schon 1961, unmittelbar nach dem Ende des britischen Protektorats, zu Wort gemeldet hatte. Durch seinen schmalen Zugang zum Meer – bis zum Ausbau der Häfen *al-Fao* und *Umm Qasr* war das nur der *Schatt al-Arab* (Zusammenfluß von Euphrat und Tigris), der gleichzeitig die Grenze zum Iran bildet – fühlt sich der Irak seit jeher eingeengt, und das Argument, daß Kuwait vor dem britischen Protektorat ein Teil der (damals osmanischen) Provinz Basra war, ist plausibel. Die Vorgeschichte und Ausführung der jetzigen Invasion verleihen ihr dennoch eher den Charakter eines Raubüberfalls als den einer auch nur halbwegs akzeptablen «Wiedervereinigung».

Bei dem irakischen Anspruch auf Kuwait handelt es sich deutlich weniger um eine Manifestation des panarabischen Gedankens, als um einen typischen Fall von regionalem Nationalismus. Natürlich ging es Saddam Hussein nicht darum, den Erdölreichtum Kuwaits «für alle Araber» verfügbar zu machen. Er soll vielmehr die durch seinen acht Jahre langen Krieg gegen den Iran ruinierte Wirtschaft des *Irak* sanieren. Wenn trotzdem z. B. viele Jordanier und Palästinenser Saddam Hussein nach seinem Gewaltakt zugejubelt haben, dann in der – wahrscheinlich irrigen – Hoffnung, ein mächtiger Irak würde erstens dafür sorgen, daß die Erdölmilliarden der Golfstaaten auch ihnen zugute kommen, und er könne zweitens erreichen, Israel zur Herausgabe von palästinensischem Territorium zu veranlassen (oder es gar zu vernichten). Sie übersehen dabei, daß die Golfstaaten schon seit langer Zeit ihren Reichtum durch zahllose Hilfsprogramme und die Millionen von gutbezahlten Arbeitsplätzen für Gastarbeiter mit der arabischen Welt «teilen», während dieser Reichtum durch einen übermächtigen, totalitären Irak wahrscheinlich sehr viel ungehemmter «zweckentfremdet» werden dürfte – vor allem für noch größere Rüstungsanstrengungen, die eher in eine allgemeine Katastrophe denn in ein Nachgeben Israels eingemündet wären, da der Judenstaat u. a. über Atomwaffen verfügt und diese auch einsetzen würde, wenn er sich von einem «neuen Holocaust» bedroht fühlte.

Es ist verständlich, daß der in Saudi-Arabien und den anderen Ölstaaten konzentrierte Reichtum Neid und Begehrlichkeit bei der ärmeren Bevölkerung in vielen arabischen Ländern weckt, und daß diese sich von einer «Beseitigung der künstlichen Grenzen» große Vorteile versprechen. Ebenso verständlich ist es, daß die Staatsbürger der Golfstaaten, wie z. B. die Kuwaitis, ihre Scheichtümer ganz und gar nicht als «künstliche Gebilde» empfinden und alles tun, um ihre «historisch gewachsene Identität» herauszustellen. Sie bleiben potentiell gefährdet, auch wenn der Irak mit seiner Annexion Kuwaits letztlich nicht durchkommen sollte. Andererseits wird das Schockerlebnis der Invasion Kuwaits auch eine nicht zu unterschätzende Wirkung auf die anderen privilegierten Staaten der arabischen Halbinsel haben. Sie werden in Zukunft noch mehr für ihre eigene Verteidigungsfähigkeit tun und wohl auch bemüht sein, durch Finanzhilfe an ärmere arabische Staaten Sympathien zurückzugewinnen.

Auch in der übrigen arabischen Welt gibt es eine Reihe von Grenzkonflikten, ohne daß die betroffenen Staaten deshalb daran denken, ihre jeweiligen Nachbarn einzuverleiben und alle «künstlichen Grenzen» abzuschaffen. Ausnahmen sind z. B. die Haltung Syriens zum Libanon und diejenige Marokkos zur ehemaligen «Spanischen Westsahara», die es 1976 besetzt und annektiert hat (wobei es fraglich ist, ob man der fast menschenleeren Westsahara den Charakter eines «Staates» zugestehen sollte). Im übrigen haben die meisten arabischen Staaten tatsächlich eine sehr alte «historische Identität», mögen auch ihre heutigen Grenzen von europäischen Mächten gezogen sein.

Wo Grenzen tatsächlich «künstlich» sind, sollte ihre Beseitigung auch auf friedlichem Wege möglich sein, wie die – von der Weltöffentlichkeit kaum bemerkt – die nach jahrzehntelangen vergeblichen

Initiativen im Mai 1990 vollzogene Vereinigung von Nord- und Südjemen bewiesen hat. Gewaltsame Eroberungszüge wie der des Irak in Kuwait scheinen wirklich nicht mehr «in unsere Zeit zu passen», wie George Bush nach der Invasion erklärt hat. Sie dürften durch die natürlichen Abwehrreaktionen der potentiell gefährdeten Staaten eher Rückschläge für das große Ziel der «arabischen Einheit» bringen, als diese voranzutreiben.

Sefik Alp Bahadir

Saddam Hussein und der «Club der Reichen»

Wirtschaftliche Hintergründe des irakischen Überfalls auf Kuwait

«Der Eindringling von Kuwait muß so behandelt werden», schrieb das renommierte Londoner Wirtschaftsmagazin *The Economist* am 4. August, «wie die Aggressoren und Diktatoren der 30er Jahre hätten behandelt werden sollen.» Denn, Saddam Hussein sei «ein altmodischer Diktator mit altmodischen Instinkten ... der, falls er nicht gestoppt wird, so lange seinen Aggressions- und Eroberungsinstinkten folgen wird wie er kann»[1]. Dieser vom Großteil der westlichen Medien vertretene Aufruf zu Maßnahmen gegen Saddam Hussein scheint nachhaltig Gehör zu finden. Doch wie immer die Krise nach dem Embargo-Beschluß des UN-Sicherheitsrats und der Blockade Iraks durch die US-Marine ausgeht: Es wäre eine Illusion zu glauben, die sich seit langem zuspitzende irakisch-kuwaitische Krise könne mit einem etwaigen Sturz Husseins beendet werden. Der irakische Einmarsch in Kuwait ist nur ein erneuter Ausbruch der vielfältigen bilateralen und regionalen Konflikte, die auch dann den Frieden im Nahen Osten gefährden werden, wenn das politische Leben Husseins die aktuelle Krise nicht überdauern sollte. Die wirtschaftlichen Hintergründe dieser Konflikte bilden den Gegenstand des folgenden Beitrags. Im Mittelpunkt des Interesses steht dabei der innerarabische «Nord-Süd-Konflikt», die Konflikte Iraks mit Mitgliedstaaten des Golf-Kooperationsrats und insbesondere mit Kuwait.

Der innerarabische «Nord-Süd-Konflikt»

«Die gegenwärtige Krise in den internationalen Beziehungen und der Weltwirtschaft birgt große Gefahren; und es scheint, als würden diese Gefahren immer ernster. Wir meinen, daß die Kluft, die reiche und arme Länder trennt – eine so breite Kluft, daß die Völker an ihren äußersten Rändern in verschiedenen Welten zu leben scheinen –, als ein entscheidendes Element in dieser Krise bisher nicht ausreichend erkannt worden ist.»[2] Ersetzt man «internationale Beziehungen» und «Weltwirtschaft» durch «innerarabische Beziehungen» bzw. «arabische Volkswirtschaften», dann hätten diese ersten beiden Sätze im Bericht der Nord-Süd-Kommission aus dem Jahre 1979 die Einleitung zur Analyse eines der vielen innerarabischen Konflikte bilden können. Denn in keinem anderen Teil der Welt ist der Unterschied zwischen «arm» und «reich» so groß wie innerhalb der «arabischen Nation». Zu den Staaten, die sich als ein Teil dieser Nation definieren, gehören die Vereinigten Arabischen Emirate (VAE) und Kuwait, die im Jahre 1982 mit jeweils 23800 und 19900 Dollar die höchsten Pro-Kopf-Einkommen der Welt erzielten und noch 1987 den vierten bzw. neunten Platz der Weltbank-Rangliste einnahmen. Zu diesen Staaten gehört aber auch der Sudan, der mit einem Pro-Kopf-Einkommen von 330 Dollar (1987) zu den ärmsten Ländern der Welt zählt.[3]

Dabei ist es gerade das Konzept der «arabischen Nation», das erklärt, weshalb das innerarabische Wohlstandsgefälle weitaus mehr zwischenstaatliches Konfliktpotential in sich birgt als das globale Wohlstandsgefälle zwischen Industrie- und Entwicklungsländern. Dieses Konzept bildet einen festen Bestandteil nicht nur der Charta der Arabischen Liga, sondern auch der Verfassungen der meisten arabischen Staaten. Es bedeutet zunächst Selbstverpflichtung für die einzelnen Regierungen zur Solidarität und zur Wahrung gemeinsamer Interessen, was sie auch immer jeweils darunter verstehen mögen. Vor allem bietet es aber eine politisch-moralische Legitimität zu vielfältigen zwischenstaatlichen Forderungen, die sich bis zur Mißachtung gegenseitiger Souveränität steigern können.

Der politisch-moralischen Verpflichtung der «arabischen Nation» können sich arabische Regierungen vor allem dann nicht unbeschadet entziehen, wenn es sich dabei um die Verpflichtung im Hinblick auf Palästina handelt. Für die bevölkerungsarmen und erdölreichen Scheichtümer und Emirate der arabischen Halbinsel bedeutete diese Verpflichtung in der Vergangenheit oft, daß sie sich mit fast unbegrenzten finanziellen Forderungen seitens der «Frontstaaten» des arabisch-israelischen Konflikts, darunter des Irak, auseinandersetzen mußten. Zumal ihr Reichtum hauptsächlich auf Staatsrente aus Erdölreserven beruht und nicht mit der Arbeitsleistung ihrer Staatsbürger erwirtschaftet wurde, sind sie diesen Forderungen, aber auch dem Entwicklungshilfebegehren anderer «Bruderländer», moralisch weitaus stärker ausgesetzt als die Staaten des reichen Nordens im globalen Nord-Süd-Konflikt. Die Zurückweisung der jüngsten irakischen Finanzforderungen seitens der kuwaitischen Regierung muß vor diesem Hintergrund bewertet werden, wenn man verstehen will, warum die Sympathien der Araber überwiegend auf der Seite des Aggressors und nicht des Opfers liegen.

Der exklusive «Club der Reichen»

Als die Staatschefs von Saudi-Arabien, Kuwait, Katar, Bahrain, Oman und den VAE am 25. Mai 1981 in Abu Dhabi zusammenkamen und die «Charta des Kooperationsrats der Arabischen Golfstaaten»[4] unterzeichneten, geschah dies sicherlich als eine Reaktion auf die «Islamische Revolution» im Iran und den Ausbruch des irakisch-iranischen Krieges im Jahre 1980. Mit dem Hinweis auf diese Ereignisse heißt es in einem Bericht der «Kuwait News Agency» (KUNA): «Infolge dieser Entwicklungen wurde es für die arabischen Golfstaaten notwendig, sich zusammenzuschließen, um ihre Sicherheit zu gewährleisten. Sie haben erkannt, daß es sinnlos wäre zu versuchen, ihre Territorien und Wasserstraßen jeweils einzeln zu verteidigen. Planung und Koordination mit den Bruderländern war notwendig, um sich erfolgreich schützen zu können.»[5] Auf diesem Gründungstreffen des Golf-Kooperationsrats haben die Staatschefs jedoch nicht nur die Zusammenarbeit auf dem Gebiet der Sicherheitspolitik, sondern die Schaffung einer nicht näher definierten Einheit zwischen diesen sechs Staaten vereinbart. Im Artikel 4 des Gründungsdokuments wurde das Hauptziel der neugeschaffenen Organisation als die «Erzielung der Einheit zwischen Mitgliedstaaten durch Koordination, Integration und Bindungen auf allen Gebieten» vereinbart.

Das Ziel der Einheit ist zwar ein üblicher Passus von Präambeln zahlreicher Vereinbarungen und Verträge zwischen arabischen Staaten. Die Standard-Formel der Einheit ist jedoch stets die Einheit der «arabischen Nation» bzw. aller arabischen Staaten. Demgegenüber ist die Einheitsformel des Golf-Kooperationsrats eine exklusive und bezieht sich ausschließlich auf die Gründerstaaten. In der Gründungscharta der Organisation findet sich weder eine Erklärung bzw. Rechtfertigung für die Zusammensetzung der Mitgliedstaaten noch eine Beitrittsklausel für andere «Bruderländer». Dort heißt es lediglich: «Der Kooperationsrat setzt sich aus den sechs Staaten zusammen, die am Außenministertreffen in Riad am 4. Februar 1981 teilgenommen haben.» Die Exklusivität der Mitgliedschaft wird jedoch bereits in einer Dokumentation des Informationsministeriums von Katar anläßlich des vierten Treffens des «Obersten Rats» der Organisation vom November 1983 in Doha deutlich unterstrichen: «Die Mitgliedschaft im Golf-Kooperationsrat ist ausschließlich auf die sechs Mitgliedsländer begrenzt, da zwischen diesen besondere charakteristische Bindungen bestehen: Die Bürger dieser Länder haben ähnliche Regierungssysteme, ein gemeinsames Erbe, gemeinsame Hoffnungen und Erwartungen. Ihre Gemeinsamkeit besteht auch in ähnlichen politischen, wirtschaftlichen und sozialen Verhältnissen.»[6]

Die Exklusivität der Mitgliedschaft im «Club der Reichen» wurde von den arabischen Nachbarländern erst in ihrer vollen Tragweite erkannt, als die Staatschefs der Mitgliedstaaten auf ihrem zweiten Treffen am 10. November 1981 in Riad ein Dokument unterzeichneten, mit dem sie die Ziele der Organisation auf wirtschaftlichem Gebiet konkretisierten. In dem 28 Artikel umfassenden Rahmenabkommen wurde nicht nur die Errichtung eines gemeinsamen Marktes mit einheitlichen Zöllen gegenüber Drittländern sowie die Koordinierung von Entwicklungsplänen und Industriepolitiken vereinbart, sondern vor allem auch «eine gemeinsame Erdölpolitik gegenüber Drittländern und innerhalb von spezialisierten internationalen Agenturen»[7] (wie z. B. OPEC).

In den Status eines Drittlandes versetzt worden zu sein, ist für den Nordjemen, den wirtschaftlichen «Hinterhof» Saudi-Arabiens, ebenso eine herbe Enttäuschung gewesen wie für den «Frontstaat» Jordanien. Für den im Krieg befindlichen Irak war dieser Status jedoch geradezu eine Provokation, denn Saddam Hussein führte seinen Krieg gegen den Iran hauptsächlich mit Geldern dieses «Clubs» und durchaus im Interesse seiner Mitglieder, die ein Übergreifen der «Islamischen Revolution» auf die arabische Halbinsel als eine existentielle Bedrohung empfanden. Überdies ist der Irak bis dahin an der wirtschaftlichen Zusammenarbeit zwischen den erdölexportierenden arabischen Golfstaaten so eng beteiligt gewesen wie kein anderer

Staat. Der Status eines Drittlandes rüttelte an den Grundpfeilern der Entwicklungspolitik des Landes.

Die intensive und systematische Wirtschaftskooperation zwischen den erdölexportierenden arabischen Golfstaaten beginnt in der Tat nicht mit der Gründung des Golf-Kooperationsrates, sondern geht auf die Jahre nach der ersten Erdölpreis-Explosion 1973/1974 zurück. Es waren vor allem die Engpässe in der Infrastruktur der Region, die im Zuge der Verwendung schnell anwachsender Erdöleinnahmen auftraten und deren Beseitigung ein Mindestmaß an regionaler Kooperation unvermeidlich werden ließ. Das galt sowohl für die verbesserte Nutzung vorhandener Infrastrukturkapazitäten auf der arabischen Halbinsel, als auch für die Planung und Durchführung von umfangreichen Kapazitätserweiterungen. Es waren aber auch die mit der boomartigen industriellen Investitionstätigkeit in der Region verbundenen Probleme, die den Anstoß zu zahlreichen zwischenstaatlichen Kooperationsvereinbarungen gaben. Neben Saudi-Arabien, Kuwait, Katar, Bahrain, Oman und den VAE war der Irak einer der sieben Staaten, die – in jeweils verschiedener Zusammensetzung – eine Reihe von Kooperationsabkommen und -protokollen unterzeichnet haben. Zu den zahlreichen regionalen Wirtschaftsagenturen und Gemeinschaftsunternehmen, die in dieser Periode unter Beteiligung des Irak entstanden sind, zählt beispielsweise die «Gulf Ports Union», aber auch die noch heute wohl wichtigste zwischenstaatliche Wirtschaftsinstitution der Region, nämlich die «Gulf Organization for Industrial Consulting» in Katar.

Es liegt bis heute noch von keiner Seite ein konkreter Hinweis darauf vor, daß die wirtschaftliche Zusammenarbeit der arabischen Golfstaaten vor der Gründung des Kooperationsrates aufgrund irakischer Beteiligung beeinträchtigt gewesen wäre. Deshalb müssen die Gründe für den Ausschluß Iraks woanders gesucht werden. Der Oman und die VAE hatten zwar Vorbehalte gegen die Mitgliedschaft Iraks, weil sie die Provokation Irans befürchteten, diese betrafen jedoch nur den Zeitpunkt eines Beitritts. Die Vorbehalte Saudi-Arabiens und Kuwaits waren dagegen endgültiger Natur. Saudi-Arabien, dem Mitglied mit dem größten Wirtschaftspotential, ging es vor allem um die Führungsrolle in der neuen Organisation. Für Kuwait war diese Wirtschafts- und Verteidigungsgemeinschaft dagegen eine willkommene potentielle Stütze gegen den Irak angesichts der zwischen diesen beiden Ländern bestehenden historisch-latenten Konflikte.

Insofern reagierte die irakische Führung auf den Ausschluß aus der regionalen Zusammenarbeit zunächst mit großer Enttäuschung.[8] Später wurde die Gründung des Golf-Kooperationsrats zwar positiv kommentiert, jedoch wurde stets zugleich zum Ausdruck gebracht, daß der Irak zum gegebenen Zeitpunkt die Einladung zum Beitritt erwarte. Die folgenden Äußerungen des damaligen irakischen Botschafters in den USA aus dem Jahre 1985 geben diese Haltung besonders deutlich wieder: «Irak unterstützt weiterhin den Golf-Kooperationsrat als ein Konzept der regionalen Zusammenarbeit für Stabilität und Sicherheit. Ob der Golf-Kooperationsrat die endgültige Lösung für die Stabilität der Region sein wird, ist eine offene Frage für künftige Diskussionen und Überlegungen, er wird aber allen künftigen Bemühungen als ein Modell dienen.»[9]

Der gegebene Zeitpunkt war gekommen, als Präsident Saddam Hussein aus dem Golfkrieg als ein arabischer Staatschef hervorging, der in einer militärischen Konfrontation zumindest bestanden hatte, der kaum ein anderer Führer in der heutigen arabischen Welt gewachsen wäre. Aufgrund dieses Prestiges, der potentiellen Wirtschaftskraft Iraks und der wahrscheinlich stärksten arabischen Militärmacht, über die er verfügte, fühlte er sich stark genug, die Bedingungen der regionalen Zusammenarbeit auf der arabischen Halbinsel neu zu definieren. Die Korrektur dieser Bedingungen zugunsten Iraks war für Saddam Hussein nach dem Waffenstillstand mit dem Iran um so dringender, als der Wiederaufbau der vom Krieg zerstörten Wirtschaft des hochverschuldeten Landes aus eigener Kraft eine unlösbare Aufgabe zu sein schien.

Doch als im Golfkrieg die Waffen endlich zum Schweigen kamen, war auch der lang anhaltende Wirtschaftsboom auf der arabischen Halbinsel zum Stillstand gekommen. Der Preis des Erdöls hatte inzwischen seinen Tiefpunkt seit 1973 erreicht, und der «Club der Reichen» hatte nicht mehr mit Kapitalüberschüssen, sondern mit Haushaltsdefiziten zu kämpfen. Wirtschaftlich gesehen war es der schlechteste Zeitpunkt, um den kapitalhungrigen Irak zur begehrten Mitgliedschaft im «Club» einzuladen. Zudem hatte der Krieg zu keiner wesentlichen Änderung des sicherheitspolitischen Kräfteverhältnisses am Golf geführt. Die alte Furcht vor der irakischen Dominanz bestand also weiter – insbesondere für die angrenzenden Staaten Saudi-Arabien und Kuwait. Die Ablehnung des «Clubs», Irak zur Mitgliedschaft einzuladen, war nur der erste Zug im Poker darüber, welchen Beitrag die «Club-Mitglieder» zum Wiederaufbau Iraks zu leisten hätten, nachdem sie zuvor dessen Krieg gegen den Iran finanziert hatten.

Der zweite Zug in diesem Poker ist der nasseristisch-spontane Akt Saddam Husseins gewesen, mit dem er am 15. Februar 1989, nur sechs Monate nach dem Waffenstillstand, dem Golf-Kooperationsrat einen «Arabischen Kooperationsrat» entgegensetzte. Der eigentliche Zweck dieser eiligst in Bagdad verkündeten neuen Wirtschaftsgemeinschaft ergibt sich nicht nur aus der Geographie seiner vier Mitglieder (Irak, Jordanien, Ägypten und Nordjemen), die die Staaten des Golf-Kooperationsrats sozusagen «umrahmen», sondern vor allem aus ihrer bisher einzigen Aktivität – dem Besuch des ägyptischen Präsidenten Mubarak in den VAE, um dort die Möglichkeiten der Kooperation zwischen den beiden regionalen Wirtschaftszusammenschlüssen zu sondieren, und zwar bereits eine Woche nach der Gründung des «Arabischen Kooperationsrates», am 21. Februar 1989. Dabei ist die Auswahl der VAE als Ansprechpartner kein Zufall gewesen, zumal die Haltung der führenden «Club-Mitglieder», Saudi-Arabien und Kuwait, von vornherein bekannt war. Auch die VAE konnten dem Vermittler Mubarak nicht helfen: Diese erneute Ablehnung des «Clubs» war der dritte Zug im Poker mit Irak. Beim nächsten Zug wurde bereits die Ölwaffe ins Spiel gebracht.

Das Erdöl als Druckmittel und der Zerfall des Kartells

Erdölförderländer können ihr Produkt als Druckmittel nicht nur gegen die Verbraucherstaaten einsetzen, sondern auch gegen andere Erdölförderländer. Im ersten Fall produzieren sie zuwenig davon, im zweiten Fall zuviel. In jedem Fall sollten sie aber die Gegenmaßnahmen der Betroffenen einkalkulieren.

In der 30jährigen Geschichte des OPEC-Kartells wurde das Erdöl nur einmal, im Winter 1973/74 als eine politische Waffe gegen bestimmte Verbraucherländer eingesetzt. Am 17. Juli 1990 wurde seit Bestehen der OPEC erstmalig der Vorwurf erhoben, daß einige Mitgliedstaaten das Erdöl als politische Waffe gegen einen anderen Mitgliedstaat einsetzen. In einer öffentlichen Rede anläßlich des 22. Jahrestages der Machtübernahme der Baath-Partei beschuldigte Saddam Hussein «einige arabische Golfstaaten», daß sie zuviel Öl produzierten, um die irakische Wirtschaft zu ruinieren: «Sie handeln für Amerika, um arabische Interessen und Sicherheitsbelange zu unterminieren ... Die Irakis werden die Maxime nicht vergessen, daß es schlimmer ist, einem die Lebensgrundlagen abzuschneiden als seinen Hals ... Gott der Allmächtige sei Zeuge, daß wir sie gewarnt haben!»[10]

In seiner Rede hat Saddam Hussein zwar kein Land beim Namen genannt, es war jedoch allseits bekannt, welche er meinte. Das hatte der stellvertretende Ministerpräsident Iraks, Saadoun Hammadi, bereits Ende Juli in einer Pressekonferenz verkündet. Dort waren Kuwait und die VAE erstmals öffentlich beschuldigt worden, wegen ihrer Überschreitung der vereinbarten Förderquoten die Verantwortung für die Schwäche des Erdölpreises und dessen negative Auswirkungen auf irakische Erdölerlöse zu tragen.[11]

Die Geschichte des OPEC-Kartells ist eine Geschichte von Konflikten über Preis und Menge. Das Problem der «Überproduktion» hat hier stets eine zentrale Rolle gespielt. Warum dieses Problem sich aber gerade im aktuellen Fall bis zur Invasion eines OPEC-Landes durch ein anderes zugespitzt hat, ist eine Frage, die nur beantwortet werden kann, wenn vorher geklärt wird, warum das oder ähnliches in der Vergangenheit nie geschah bzw. nicht geschehen konnte.

Die OPEC-Staaten hatten 1970 einen Anteil von 60 Prozent an der Welt-Rohölförderung ohne die der kommunistischen Staaten. Im selben Jahr hatten sie die volle Souveränität über die Bestimmung ihrer Fördermengen erhalten. Damit waren sie in der Lage, den Rohölpreis auf den internationalen Märkten zu bestimmen. Die Politik der OPEC bestand darin, jeweils einen Mindestpreis für Rohölexporte zu vereinbaren und es dem Markt zu überlassen, welche Mengen zu diesem Preis nachgefragt werden. Als Mindestpreis galt der Exportpreis der saudischen Sorte «Arabian Light» am Exporthafen Ras Tannura. Alle anderen OPEC-Staaten waren praktisch frei, die Exportpreise für ihre Sorten entsprechend der jeweiligen Qualität und dem Frachtkostenunterschied selbst zu bestimmen. Diese sogenannten offiziellen Verkaufspreise galten als Basis für den Abschluß von längerfristigen Lieferverträgen.

Die wichtigsten Käufer des OPEC-Rohöls waren internationale

Erdölgesellschaften, die durch den Abschluß von längerfristigen Lieferverträgen den Rohölbedarf für ihre Raffinerien deckten. Die aus den Lieferverträgen resultierenden Überschüsse und Defizite an Rohöl wurden dann unter den internationalen Rohölgesellschaften auf dem Spot-Markt gehandelt. Während die offiziellen Verkaufspreise der OPEC-Staaten durch Inflexibilität gekennzeichnet waren, brachten die Spot-Preise den kurzfristigen Knappheitsgrad des Rohöls auf dem Weltmarkt zum Ausdruck.

Die Mindestpreispolitik der OPEC setzte nun die besondere Bereitschaft Saudi-Arabiens voraus, seine Fördermenge zu reduzieren, falls zu dem jeweiligen Mindestpreis keine genügende Nachfrage nach Rohöl bestand. Der Mindestpreis war nämlich der Exportpreis der wichtigsten saudischen Rohölsorte «Arabian Light», während die anderen OPEC-Staaten in der Lage waren, die Preisdifferenz ihrer Sorten gegenüber diesem Mindestpreis praktisch frei zu bestimmen und somit bei fehlender Nachfrage durch Preiskonzessionen ihren Rohölabsatz sicherzustellen.

Die Gleichstellung des OPEC-Mindestpreises mit dem saudischen Exportpreis war die eine Grundlage der Marktführerschaft Saudi-Arabiens auf dem internationalen Erdölmarkt der 70er Jahre. Die anderen Stützen der saudischen Marktführerschaft waren vor allem die Höhe seiner Förderkapazität, die im Jahre 1980 mit 12,5 Millionen Faß pro Tag fast ein Drittel der gesamten OPEC-Kapazität ausmachte [12], und seine Kooperation mit den vier größten US-amerikanischen Erdölgesellschaften. Folglich war Saudi-Arabien prädestiniert, die Rolle des sogenannten «Swing Producers» zu übernehmen, das heißt, bei Schwankungen der Nachfrage nach OPEC-Rohöl mit entsprechenden Variationen seiner Fördermenge den OPEC-Mindestpreis aufrechtzuerhalten.

Diese Rolle hätte der Iran als der OPEC-Staat mit der zweitgrößten Förderkapazität deshalb nicht übernehmen können, weil dieses bevölkerungsreiche Land in den 70er Jahren ambitiöse Entwicklungsprogramme mit Erdöleinnahmen finanzierte und daher keine Reduzierung seiner Fördermengen hinnehmen konnte. Dasselbe galt für die anderen OPEC-Mitglieder wie Irak, Venezuela, Nigeria, Indonesien und Algerien, die ohnehin über relativ kleine Förderkapazitäten verfügten.

Was die Kooperation Saudi-Arabiens mit den vier größten US-amerikanischen Erdölgesellschaften anbetraf, so handelte es sich hier um Mobil Oil, Chevron, Exxon und Texaco, deren gemeinsames Tochterunternehmen, Arabian American Oil Company (ARAMCO) das gesamte Erdölgeschäft in Saudi-Arabien betrieb. Die meisten anderen OPEC-Staaten befanden sich in den 60er Jahren in einem ständigen Konflikt um Fördermenge und Exportpreis mit den in ihren Territorien operierenden Tochterunternehmen internationaler Erdölgesellschaften. Diese Konflikte endeten in Algerien und im Irak bekanntlich mit Nationalisierungsprogrammen. Eines der entscheidenden OPEC-Programme für die 70er Jahre bestand darin, diese Tochtergesellschaften durch den Kauf von Anteilen stufenweise zu übernehmen. Saudi-Arabien stand dagegen niemals in einem bedeutenden Konflikt mit der ARAMCO. Es hat vielmehr von den Konflikten anderer OPEC-Staaten in dreifacher Weise profitiert. Erstens haben die ARAMCO-Gesellschaften die Förderkapazitäten in diesem politisch gemäßigten Land überdurchschnittlich ausgebaut. Zweitens hat Saudi-Arabien aufgrund des entsprechenden OPEC-Beschlusses die ARAMCO stufenweise aufgekauft, jedoch zu einem Preis, der zu keinem Konflikt mit den Muttergesellschaften geführt hat. Und drittens hat Saudi-Arabien damit sichergestellt, daß die großen ARAMCO-Gesellschaften weiterhin die Hauptabnehmer des saudischen Rohöls geblieben sind.

Saudi-Arabiens Interesse an der Marktführerschaft der 70er Jahre bestand im Erlös höchstmöglicher Erdöleinnahmen, und zwar durch die bestmögliche Auslastung eigener Förderkapazitäten und durch die Erzielung des bestmöglichen Preises. Zu diesem Zweck wurde folgende Marktstrategie angewandt: In Phasen steigender Rohölnachfrage hat Saudi-Arabien, im Gegensatz zu den meisten anderen OPEC-Staaten, so lange eine gemäßigte Preispolitik betrieben, bis seine Förderkapazitäten voll ausgelastet waren. Damit hat es zugleich das Wohlwollen der ARAMCO-Partnergesellschaften, die von dieser Preispolitik primär profitierten, und den Ruf eines gemäßigten OPEC-Staates bei den westlichen Regierungen erworben. In Phasen der vollen Auslastung eigener Förderkapazitäten hat Saudi-Arabien durch kurzfristige Reduzierung seiner Fördermenge oder manchmal auch durch bloße Ankündigung solcher Absichten einen Schock am Spot-Markt mit dem entsprechenden Anstieg des Spot-Preises verursacht. Dem folgten die vermeintlich preistreibenden OPEC-Staaten mit der Erhöhung ihrer offiziellen Verkaufspreise. Unter dem Druck der anderen OPEC-Staaten hatte dann auch Saudi-Arabien sozusagen keine andere Wahl, als den OPEC-Mindestpreis, nämlich den Preis für die eigene Förderung, zu erhöhen.

Die erste «lehrbuchmäßige» Anwendung dieser Strategie geht auf die Jahre 1970–1972 zurück. In diesen Jahren des konjunkturellen Aufschwungs in westlichen Verbraucherländern und entsprechend hohem Anstieg der Welt-Rohölnachfrage war ein beachtlicher Anstieg der saudischen Rohölförderung – parallel zum Anstieg der OPEC- und der Welt-Förderung – zu verzeichnen. Dies geschah jedoch bei weitgehender Stabilität des saudischen, sprich des OPEC-Mindestpreises. Tatsächlich haben jedoch in diesen Jahren die meisten OPEC-Staaten auf verschiedenen Ministertreffen auf die Erhöhung des OPEC-Mindestpreises gedrängt und vielfach ihre eigenen offiziellen Verkaufspreise erhöht. Saudi-Arabien hat jedoch verschiedentlich damit gedroht, daß es seine Förderkapazitäten «verdoppeln» würde, falls die Mehrheit der OPEC-Staaten gegen es stimmen und den Mindestpreis anheben sollte. Solche Pläne sind mitunter in Presseorganen aufgetaucht, wurden jedoch nicht realisiert. Saudi-Arabien konnte jedoch aufgrund seiner Niedrigpreise eigene Fördermengen stark erhöhen.

In einer zweiten Phase, nämlich in den Jahren 1973 und 1974, beobachten wir die umgekehrte Anwendung derselben Strategie. Der sehr starke Anstieg des OPEC-Mindestpreises im Jahre 1973 wird in der Regel als eine Folge des OPEC-Embargos bezeichnet. Tatsächlich war es eine Folge der Preisstrategie des Marktführers Saudi-Arabien. Aus den Anhörungen des ARAMCO-Präsidenten Frank Jungers vor dem US-Senatsausschuß ergibt sich, daß er bereits am 3. Mai 1973 vom saudischen König Faisal gewarnt wurde, daß der ägyptische Ministerpräsident Sadat eine militärische Operation gegen Israel plane.[13] In den Monaten Mai bis September war dann die saudische Erdölförderung im Durchschnitt 18 Prozent höher als im ersten Quartal 1973. Im September 1973 wurde dann bekanntlich das OPEC-Embargo gestartet, um bereits im Dezember 1973 wieder aufgehoben zu werden.

An diesem Boykott waren lediglich die arabischen OPEC-Mitglieder beteiligt, und Saudi-Arabien hat dabei mit 2,3 Millionen Faß die größte Mengenreduzierung vorgenommen. Somit hatte der Marktführer mehr als die Hälfte der OPEC-Gesamtreduktion von 4,2 Millionen Faß pro Tag auf sich genommen, nachdem er zuvor seine Förderung bis zur Kapazitätsgrenze ausgebaut hatte. Die Folge dieses

Embargos war denn auch keineswegs ein tatsächlicher Engpaß am internationalen Rohölmarkt, sondern ein Schock am Spot-Markt, wo die Preise in die Höhe schossen, denen dann die offiziellen Verkaufspreise der sogenannten OPEC-Preistreiber und schließlich der Mindestpreis des «gemäßigten» Marktführers folgten.

Ein ähnliches Marktverhalten Saudi-Arabiens können wir beim sogenannten zweiten Erdölpreisschock im Jahre 1979 feststellen. Der Sturz von Schah Resa Pahlawi und der vorübergehende Ausfall der iranischen Förderung hat die OPEC-Rohölförderung keineswegs vermindert. Im Gegenteil, sowohl die saudische, als auch die OPEC- und Welt-Förderung ist 1979 gegenüber 1978 gestiegen. Saudi-Arabien und andere OPEC-Staaten haben zwar den Ausfall der iranischen Rohölförderung mehr als kompensiert, doch haben die Saudis, nachdem sie inzwischen ihre Förderung bis zur Kapazitätsgrenze erhöht hatten, im Laufe des Jahres 1979 wiederholt angekündigt, daß sie ihre Fördermenge reduzieren würden. Die Folge war dieselbe Kettenreaktion des Spot-Marktes: preistreibende OPEC-Mitglieder, denen sich zum Schluß der vermeintlich gemäßigte Marktführer anschloß.

Diese Marktführungsstrategie Saudi-Arabiens war offensichtlich auf einen internationalen Rohölmarkt mit steigender oder zumindest gleichbleibender Nachfrage zugeschnitten, wo der Marktführer den Mindestpreis nach oben treiben konnte, aber nicht nach unten zu verteidigen brauchte. Die Marktführerschaft Saudi-Arabiens mußte zu Ende gehen, als die Weltnachfrage nach Rohöl von 1980 bis 1983 kontinuierlich abnahm und die Stützung des Ölpreises die Finanzkraft des Marktführers überforderte.

Die Rohölnachfrage ist von 52,1 Millionen Faß pro Tag im Jahresdurchschnitt 1979 auf 45,2 im Jahre 1983 zurückgegangen, um dann im Jahre 1985 wieder leicht anzusteigen. Zu diesem Nachfragerückgang um etwa 6 Millionen Faß pro Tag kam eine erhöhte Förderung von etwa 6 Millionen Faß von Nicht-OPEC-Staaten, eine beachtliche Steigerung der Exporte kommunistischer Staaten sowie der Abbau von Lagerbeständen in den meisten Verbraucherstaaten hinzu. Demgegenüber ist die Rohölförderung der OPEC-Staaten im selben Zeitraum um etwa 13 Millionen Faß pro Tag zurückgegangen. Etwas mehr als die Hälfte dieses Rückgangs ging auf Kosten der saudischen Förderung, und der Rest fiel infolge des Golfkrieges aus bzw. ging auf Kosten anderer OPEC-Staaten.

In gewissem Sinne ist der Marktführer Saudi-Arabien das Opfer seiner eigenen Preispolitik geworden: Die im Jahre 1980 erreichte Höhe des OPEC-Mindestpreises hat sowohl die Rohölförderung in der Nordsee als auch die Energiesparmaßnahmen und Erdölsubstitution in den Verbraucherländern angeregt. Als die saudische Produktion im August 1985 nur noch 2 Millionen Faß am Tag betrug und damit das niedrigste Niveau seit zwanzig Jahren erreichte, hat die saudische «Supreme Petroleum Council» unter der Leitung von König Fahd beschlossen, die saudische Verteidigung des OPEC-Mindestpreises aufzugeben und nunmehr einen angemessenen Marktanteil für saudisches Rohöl anzustreben. Die Formel hierzu, die mit den ARAMCO-Gesellschaften ausgearbeitet und im September 1985 vom Erdölminister Ahmed Zaki Yamani angekündigt wurde, bestand im Angebot des Königreichs, mit seinen Kunden sogenannte Netback-Verträge abzuschließen.

Danach konnten Käufer des saudischen Rohöls nunmehr längerfristige Lieferverträge mit diesem OPEC-Staat ohne einen fest vereinbarten Lieferpreis abschließen. Der Preis wurde erst später bestimmt, und zwar nach dem gewichteten Durchschnitt der Preise entsprechender Raffinerieerzeugnisse, die 40 bis 50 Tage nach der Lieferung am Markt herrschten. Von diesem Durchschnittspreis wurden dann die Fracht- und Raffineriekosten abgezogen, um den Lieferpreis des saudischen Rohöls festzulegen. Faktisch bedeuteten Netback-Preise für den Käufer, daß seine Gewinnspanne im voraus bestimmt wurde, wobei das Risiko von Preisschwankungen am Rohölmarkt sowie am Markt für Raffinerieerzeugnisse von Saudi-Arabien getragen wurde. Der erste Netback-Vertrag wurde im Oktober 1985 abgeschlossen, und Saudi-Arabien konnte seine Rohölförderung von 2 Millionen Faß am Tag im August 1985 bereits im Januar 1986 auf 4,5 Millionen erhöhen.

Das Jahr 1986 markiert den wichtigsten Wendepunkt in der OPEC-Geschichte der vergangenen zwanzig Jahre, weil sie seither eine Organisation ohne die Marktposition bzw. Macht eines Kartells bildet, deren Anteil an der Welt-Rohölproduktion seit diesem Wendejahr nur noch etwa ein Drittel beträgt. Ihre zumeist mit Zahlungsbilanz- und Haushaltsdefiziten kämpfenden Mitglieder waren zu diesem Zeitpunkt weder allein noch gemeinsam in der Lage, die Funktion des «Swing Producers» für den Weltmarkt zu übernehmen und durch das Herunterfahren der eigenen Fördermenge einen gewünschten Ölpreis zu erzielen. Die Hoffnung der Mitglieder auf bessere Zeiten mit steigendem Weltenergiebedarf und zunehmender Knappheit des Erdölangebots aus Quellen außerhalb der OPEC war deshalb sicherlich auch der wesentliche Grund dafür, daß die Organisation überhaupt noch weiterexistierte.

Die Entscheidung Saudi-Arabiens, den OPEC-Preis nicht mehr zu verteidigen, schien zunächst in der Tat zur Auflösung der Organisation zu führen. Das war aber nur temporär. Als die OPEC-Erdölminister Ende April 1986 zu ihrer regulären Halbjahres-Konferenz zusammentrafen, war der Preis der saudischen Erdölsorte «Arabian Light» bereits auf 12 Dollar gefallen, während er noch Ende 1985 27 Dollar betragen hatte. Die Erdölminister konnten keine anderen Beschlüsse fassen als den, den Mitgliedsländern freizustellen, Preis und Fördermenge ihrer Produkte selbst zu bestimmen. Im weiteren Verlauf des Jahres fiel der Erdölpreis am Spot-Markt bis auf 6 Dollar pro Faß, woraufhin die OPEC-Erdölminister auf ihrem Treffen im Dezember desselben Jahres einen erneuten Versuch unternahmen, den Erdölpreis zu stützen. Diesmal kam zwar ein Preis- und Quotenbeschluß zustande und er schien vorerst keinen prinzipiellen Unterschied zu früheren OPEC-Beschlüssen aufzuweisen: so wurde ein Preis von 18 Dollar für das Faß vereinbart, den zuvor der saudische König Fahd favorisiert hatte. Zur Durchsetzung dieses Preises wurde weiterhin beschlossen, die OPEC-Fördermenge auf durchschnittlich 15,8 Millionen Faß am Tag im ersten Halbjahr 1987 zu beschränken und diese Gesamtmenge unter den einzelnen Mitgliedern aufzuteilen. Die OPEC-Konferenz vom Dezember 1986 markiert jedoch in gewissem Sinne den Beginn eines neuartigen Konfliktmusters zwischen den Mitgliedstaaten, dessen Konfliktpotential sich bis zum irakischen Einmarsch in Kuwait steigerte.

Konflikte zwischen Mitgliedstaaten über Preis und Fördermenge hat es auf OPEC-Konferenzen schon immer gegeben, und stets gab es Verhandlungsparteien, die die gefaßten Beschlüsse zumindest kritisierten, wenn nicht gar ignorierten. Wer sich nicht an die gefaßten Beschlüsse hielt, schädigte aber immer nur den Marktführer Saudi-Arabien, weil die Verteidigung des damit gefährdeten Erdölpreises letztlich in dessen Verantwortung lag. Insoweit waren die Konfliktparteien im Ernstfall stets Saudi-Arabien auf der einen Seite und der Rest der Mitglieder auf der anderen. Daß das Königreich bzw. dessen Erdölminister Yamani mit diesem Konfliktmuster über zwanzig Jahre lang durchaus zum eigenen Vorteil zurechtgekommen ist, wurde bereits dargestellt. Das neue Konfliktmuster zwischen den OPEC-Mitgliedern ergibt sich deshalb gerade daraus, daß das Mißachten der gefaßten Beschlüsse durch ein Mitglied nunmehr alle anderen Mitglieder schädigt, wobei es der Organisation an einem effektiven Mechanismus fehlt, ein solches Verhalten einzelner Mitglieder zu unterbinden bzw. sie für die verursachten Schäden zu belangen. Daraus ergibt sich zugleich ein starker Anreiz für die Mitgliedstaaten, die gefaßten Beschlüsse zu ignorieren und von der Disziplin anderer Mitglieder zu profitieren.

Deshalb nimmt es auch nicht wunder, daß die halbjährlich stattfindenden OPEC-Konferenzen seit Dezember 1986 eine Serie von Mißerfolgen gewesen und die jeweils vereinbarten OPEC-Gesamtquoten regelmäßig überschritten worden sind. Die deutlichste und zugleich kürzeste Zwischenbilanz dieses Mißerfolgs sind die jährlichen durchschnittlichen OPEC-Fördermengen seit 1987: Sie stiegen von 19,1 Mio. Faß pro Tag in diesem ersten Jahr der neuen OPEC-Phase auf 21,1 Mio. Faß im folgenden und erreichten mit 23,2 Mio. Faß im Jahre 1989 ihren höchsten Stand seit 1981. Dementsprechend betrug der Spot-Preis des «Arabian Light» im Jahre 1987 durchschnittlich 16,82 Dollar, fiel im folgenden Jahr auf 13,22 und stieg 1989 auf 15,69, während der offizielle OPEC-Preis in diesen drei Jahren unverändert bei 18 Dollar geblieben ist.

Fragt man nun danach, in welchem Maße die einzelnen OPEC-Mitglieder an den Produktionserhöhungen der Jahre 1987 bis 1989 beteiligt waren, ergibt sich ein bemerkenswertes Bild. Läßt man Iran und Irak wegen ihrer kriegsbedingten Produktionsausfälle in den Jahren 1987 und 1988 außer Betracht, dann hatten – unter den restlichen elf OPEC-Staaten – von 1987 bis 1989 Saudi-Arabien (mit 900000 Faß am Tag), Kuwait (525000) und VAE (375000) die höchsten Produktionserweiterungen zu verzeichnen. Nach Schätzungen der International Energy Agency in Paris überschritt die OPEC-Produktion (23,6 Mio. Faß täglich) noch im Durchschnitt der Monate April bis Juni 1990 die im Dezember 1989 vereinbarte Gesamtquote (22 Mio.) um 1,6 Mio. Faß täglich. Während jedoch die Überproduktion Saudi-Arabiens nunmehr nur noch 0,02 Mio. Faß betrug, ging der Großteil des Überschusses (1,3 Mio. Faß) auf Kuwait und die VAE zurück.

Vor diesem Hintergrund ist es dann auch zu verstehen, daß das Ergebnis der am 27. Juli 1990, d. h. fünf Tage vor dem irakischen Einmarsch in Kuwait zu Ende gegangenen OPEC-Konferenz, die ganz im

Zeichen der Vorwürfe und Drohungen Saddam Husseins gegen Kuwait und die VAE stand, nicht nur von den meisten Teilnehmern, sondern auch in der Fachpresse als der größte Erfolg der Organisation seit mehreren Jahren, als ein «Wendepunkt für die OPEC» gefeiert wurde.[14] Ein Erdölminister sprach sogar von der OPEC als einem «Kanonenboot», für dessen Führung die irakische Gewalt notwendig und akzeptabel sei.[15] Betrachtete man nur die konkreten Beschlüsse der Konferenz, so wäre diese Begeisterung kaum nachvollziehbar. Vereinbart worden ist eine – seit Dezember 1986 erstmalige – Anhebung des offiziellen OPEC-Preises von 18 auf 21 Dollar, während der Marktpreis des Erdöls noch um Juni bei etwa 14 Dollar lag. Der neue Preis war übrigens nur ein Kompromiß zwischen dem Irak, der 25 Dollar forderte und dabei insbesondere vom Iran und Saudi-Arabien unterstützt wurde, und Kuwait sowie den VAE, die jede Preisanhebung ablehnten. Hinsichtlich der Förderquoten ist jedoch ein Ergebnis erzielt worden, das an sich eher fallende als steigende Marktpreise erwarten läßt. Es wurde lediglich die Förderquote der VAE geändert, während die Förderquoten aller anderen Mitgliedstaaten auf der bereits im Dezember 1989 vereinbarten Höhe belassen wurden. Die Quote der VAE wurde aber nicht gesenkt, sondern angehoben: Auch dieser Beschluß war nämlich ein Kompromiß, denn die Anhebung der Quote um 0,5 Mio. Faß bedeutete für die VAE faktisch die Reduktion ihrer Überproduktion um die Hälfte. Die eigentliche Freude der Erdölminister galt nicht den Beschlüssen der Konferenz, sondern der Glaubwürdigkeit, die die OPEC-Beschlüsse zum erstenmal seit 1986 wieder gewonnen hatten. Das hatten sie Saddam Hussein zuzuschreiben, wenn sie auch nicht mit seinen Methoden zufrieden gewesen waren. In gewissem Sinne hatte der Irak die Führungsrolle in der Organisation übernommen, die seit 1986 vakant war. Während Saudi-Arabien früher die Glaubwürdigkeit der OPEC-Beschlüsse mit seinen großen Förderkapazitäten bzw. seiner Finanzkraft sicherte, hatte der Irak denselben Effekt mit militärischen Drohungen erreicht.

Sein Erfolg ist aber nur ein halber gewesen, und zwar nicht nur wegen des Kompromißcharakters der erzielten Konferenzergebnisse. Vielmehr haben Kuwait und die VAE während und nach der Konferenz wiederholt zum Ausdruck gebracht, daß sie ihre Förderquoten, die sie als ungerecht bezeichneten, nur so lange einhalten würden, bis sich der neue offizielle OPEC-Preis am Markt durchgesetzt und die ihnen gerechterweise zustehende Mehrproduktion erlaubt haben würde. Überdies verlangte Kuwait die alsbaldige Neuverteilung der Förderquoten unter den OPEC-Mitgliedern, und zwar mit stärkerer Berücksichtigung der jeweiligen Erdölreserven und Förderkapazitäten. Dies würde darauf hinauslaufen, daß die jeweils 3140 Mio. Faß betragenden Quoten Iraks und Irans, die nur von Saudi-Arabien übertroffen wurden, zugunsten anderer arabischer Golfstaaten, insbesondere Kuwaits und der VAE reduziert werden müßten.

Während den jüngsten Ambitionen Iraks innerhalb der OPEC eine gewisse ökonomische Logik nicht abgesprochen werden kann, ist es schwierig, in den genannten Forderungen Kuwaits – und der VAE – eine solche zu erkennen. Die Höhe ihrer Erdöleinnahmen ist zwar die Hauptquelle der Prosperität für die meisten OPEC-Staaten, für den Irak jedoch als ein hochverschuldetes, vom Krieg zerstörtes Land ist sie von existentieller Bedeutung. Sein vitales Interesse an der Funktionsfähigkeit der OPEC als eines Kartells, das seinen Namen verdient, bietet durchaus eine Erklärung für sein Engagement zur Wiederherstellung der Preis- und Mengendisziplin innerhalb der Organisation, wenn auch keine Rechtfertigung für die Mittel, die dabei vor der Konferenz angewandt worden sind. Im Falle Kuwaits und der VAE, den beiden OPEC-Mitgliedern mit dem höchsten Pro-Kopf-Einkommen, den größten Finanzreserven und – im Gegensatz zu allen anderen OPEC-Mitgliedsländern – mit ständigen Zahlungsbilanzüberschüssen, ist es schwer, die an die Organisation gestellten Ansprüche ökonomisch nachzuvollziehen. Das gilt insbesondere für Kuwait, da dessen Staatseinnahmen aus den Erträgen von Finanzanlagen, die im Ausland angelegt wurden, schon seit mehreren Jahren die Erdöleinnahmen übersteigen. Vor diesem Hintergrund muß insbesondere die Forderung Kuwaits nach einer Revision der OPEC-Quotenregelung zu eigenen Gunsten – und zum Nachteil Iraks – als der Ausdruck der Absicht des Landes interpretiert werden, irakischen Forderungen und Drohungen «die Stirn zu bieten».

Es ist nicht die Absicht dieses Artikels, die Frage zu klären, ob die Drohungen Saddam Husseins anfänglich ernst gemeint waren oder zunächst nur ein Bluff im alten Pokerspiel mit dem «Club der Reichen». Aus den inzwischen bekanntgewordenen Protokollen der kuwaitischen Kabinettssitzung am 18. Juli 1990[16] ergibt sich, daß sich über diese Frage selbst die kuwaitische Regierung uneinig war. Offensichtlich aber sah sich Saddam Hussein schließlich gezwungen, seine Karten aufzudecken, um sein Gesicht nicht zu verlieren.

Anmerkungen

1) The Economist, 4. August 1990, S. 3 und 11.
2) Das Überleben sichern. Gemeinsame Interessen der Industrie- und Entwicklungsländer, Bericht der Nord-Süd-Kommission, mit einer Einleitung des Vorsitzenden Willy Brandt (Köln: Kiepenheuer & Witsch, 1980), S. 41.
3) Weltentwicklungsbericht der Weltbank 1984 und 1989, jeweils Tabelle 1.
4) Fundstelle: Kooperation, Zeitschrift zur Analyse und Förderung der Beziehungen zwischen der Europäischen Gemeinschaft (EG) und dem Golfkooperationsrat (GCC), Nr. 3/87, S. 47–52.
5) Kuwait News Agency (KUNA), Special Dossier on the Occasion of the Fifth Gulf Cooperation Council Summit Conference in Kuwait, November 1984. Compiled by the Information and Research Department (Kuwait: KUNA, 1984), S. 21.
6) Gulf Co-operation. The Path to Progress, Prosperity & Unity. Issued by the Ministry of Information, State of Qatar, on the Occasion of the Fourth Session of the Supreme Council of the Co-operation Council of the Arab States of the Gulf in Doha, the State of Qatar, November 1983, S. 9.
7) Art. 11 des «The Gulf Cooperation Council Unified Economic Agreement». Abg. in: The Arab Economist, March 1983, S. 36f.
8) Für eine detailliertere Darstellung siehe: F. W. Axelgard, A New Iraq? The Gulf War and Implications for U.S. Policy (New York u. a.: Praeger; Washington, D.C.: Center for Strategic and International Studies, 1988), bes. S. 73.
9) Hamdoon, Nizar, «Iraq-U.S. Relations», American-Arab Affairs 14 (Fall 1985), S. 96.
10) Zitiert nach Financial Times v. 18. Juli 1990, S. 4.
11) MEED. Middle East Business Weekly v. 3. August 1990, S. 5.
12) Die folgenden Preis- und Mengenangaben sind entnommen: International Energy Agency, Monthly Oil Market Review; Oil & Gas Journal, jeweils die letzte Nummer eines jeden Jahres («Oil & Gas at a glance»); Oil & Energy Trends; Petroleum Economist und MEED.
13) John M. Blair, The Control of Oil (New York: Pantheon, 1976), S. 268.
14) Financial Times v. 30. Juli 1990, S. 3.
15) MEED v. 10. August 1990, S. 4.
16) Financial Times v. 19. August 1990, S. 3.

Andreas Rieck

Der ideologische Faktor

Panarabismus, Nationalismus, arabischer Sozialismus, islamischer Fundamentalismus

Als Saddam Hussein fast genau zehn Jahre vor seinem Raubüberfall auf Kuwait schon einmal die irakische Armee zu einem Angriffskrieg – damals gegen den Iran – schickte, waren die Vorwände kaum weniger fadenscheinig als heute: Natürlich war der Casus belli nicht der läppische Streit um den Grenzfluß *Schatt al-Arab*, den Saddam im September 1980, entgegen einem 1975 geschlossenen Abkommen, wieder einmal in voller Breite für den Irak beanspruchte.* Auch das Kriegsziel, die iranische Erdölprovinz Khuzistan mit ihrer zu über 50 Prozent arabischen Bevölkerung zu «befreien», war nicht das Hauptmotiv, so verlockend es dem irakischen Diktator damals auch erschienen sein mag. Ausschlaggebend für den Ausbruch des Golfkriegs 1980 war vielmehr die Angst des irakischen Regimes vor dem ideologischen Einfluß der 1979 siegreichen *islamischen Revolution* im Iran auf die diskriminierte schiitische Bevölkerung im eigenen Land. Der Angriff gegen den Iran sollte präventiv den von Teheran propagierten «Export» der islamischen Revolution verhindern.

Auch 1980 haben die USA und alle westlichen Staaten gegen die irakische Aggression protestiert, aber keinerlei Sanktionen ergriffen. Im Gegenteil, da der Angriff bald ins Stocken geriet, machte man sich die irakische Sichtweise mehr und mehr zu eigen: Der Irak wurde, trotz aller Vorbehalte gegen sein repressives Regime, als notwendiger Schutzwall gegen die Ausbreitung des *islamischen Fundamentalismus* angesehen, der alle prowestlichen Staaten auf der arabischen Halbinsel und darüber hinaus «bedrohte». So erhielt der Irak, außer von der Sowjetunion und China, von vielen westlichen Staaten, besonders von Frankreich, immer mehr hochentwickelte Rüstungsgüter geliefert, um militärisch die Oberhand gegen den dreimal so großen und volkreichen Iran zu behalten. Die iranischen Mullahs und auch der

* Am 15. August 1990 hat der Irak diesen Anspruch – endgültig? – aufgegeben.

1981 von ihnen gestürzte Präsident Banisadr behaupten daher bis heute, der Irak sei 1980 zu seinem Angriff von den USA angestiftet worden, um ihr System der «islamischen Republik» schon im Ansatz zu Fall zu bringen.

Iran hatte zwar schon 1979 begonnen, fundamentalistische Oppositionsgruppen im Irak und auf der arabischen Halbinsel zu unterstützen, war aber – nach der Zerschlagung des alten Staatsapparates in heftige interne Auseinandersetzungen um die neue Ordnung verstrickt – noch weit davon entfernt, seine Nachbarn militärisch bedrohen zu können. Die Eindämmungsstrategie des Irak, des Westens und der Monarchien und Scheichtümer am Golf, die den Irak zehn Jahre lang massiv finanziell unterstützten, galt vielmehr in erster Linie der *ideologischen Herausforderung* durch Chomeinis Modell der «islamischen Revolution».

Ursachen der politischen Instabilität

Warum herrscht im Nahen Osten diese große Angst vor Ideologien und ihrer «destabilisierenden» Wirkung? Seit 1979 war der *islamische Fundamentalismus* das Schreckgespenst Nummer eins, heute, nach dem Gewaltstreich Iraks, könnte ein militanter *panarabischer Nationalismus* sich zu einer noch größeren «Bedrohung» für viele Staaten der Region entwickeln, auch falls Saddam Hussein mit seiner Annexion Kuwaits scheitern sollte. Bereits in den 50er und 60er Jahren war es vor allem der panarabische Nationalismus, zusammen mit dem Schlagwort des *arabischen Sozialismus*, in dessen Namen reihenweise prowestliche «gemäßigte» Regierungen gestürzt und dann durch «radikale» ersetzt wurden.

Natürlich waren und sind es weniger *Staaten*, die «bedroht», «destabilisiert» oder «verloren» werden, sondern deren *politische Systeme*, womit dann allerdings auch die jeweilige außenpolitische Orientierung auf dem Spiel steht. Die Instabilität der Nahostregion erklärt sich nämlich weniger durch die sogenannten «künstlichen Grenzen», sondern vor allem durch ein Grundübel fast aller arabischen und islamischen Staaten: die mangelhafte demokratische Legitimation der jeweiligen Regimes.

Dieses Problem ist seit den 50er Jahren – d. h. seitdem sich die arabischen Staaten nach und nach von westlicher kolonialer Herrschaft oder halbkolonialer Hegemonie freigekämpft haben – bis heute kaum einer Lösung nähergekommen. Demokratische Öffnungen gab es nur in wenigen Ländern (Ägypten, Tunesien, Jordanien, Algerien), und auch diese sind noch lange nicht an unserem westeuropäischen Standard zu messen und im Falle der drei letztgenannten erst sehr spät (1988 und 1989) erfolgt. In einigen Staaten gab es nach der Unabhängigkeit bzw. zwischen den langen Phasen der Militärdiktatur oder Einparteienherrschaft nur kurzlebige Demokratieversuche (mit freien Wahlen in Syrien, Sudan und Mauretanien). Der einzig wirklich liberale, dabei aber nicht demokratisch strukturierte arabische Staat, der Libanon, scheiterte am Antagonismus christlicher und muslimischer Volksgruppen und steht seit fünfzehn Jahren in einem zermürbenden Bürgerkrieg. Die heute noch dominierenden Systeme in der arabischen Welt sind entweder anachronistische *Monarchien und Scheichtümer* (mit oder ohne gewählten Volksvertretungen mit begrenztem Einfluß) wie Marokko, Jordanien, Saudi-Arabien, Kuwait (bis Juli 1990), Katar, Bahrain, die Vereinigten Arabischen Emirate und Oman, oder *Einparteienherrschaften* und *Militärdiktaturen* wie im Irak, Syrien, Mauretanien, Libyen, dem Sudan und den 1990 vereinigten Nord- und Südjemen. Tunesien, Algerien und selbst Ägypten befinden sich auch 1990 erst in einem Übergangsstadium zwischen der Einparteienherrschaft und einer pluralistischen Staatsordnung.

In den wichtigen nichtarabischen Staaten der Region sieht es nicht besser aus: In der *Türkei* herrscht zwar seit 1950 nominell eine Mehrparteien-Demokratie, unterbrochen nur von kurzen Phasen der Militärherrschaft (1960/61 und 1980–83), doch dominierte hier de facto meistens entweder eine Partei mit Hilfe unausgewogener Wahlgesetze, oder ein innenpolitisches Chaos nahm bedrohliche Formen an. Auch das derzeitige politische System läßt an Liberalität, Toleranz gegenüber Minderheiten und an Repräsentativität noch viel zu wünschen übrig. Im *Iran* wurde ein jahrzehntealtes autokratisches System nach dem Sturz des Schahs in kurzer Zeit durch eine noch totalitärere islamische Theokratie ersetzt. In *Israel* schließlich herrscht zwar Demokratie für die vier Millionen jüdischen Staatsbürger, die arabischen Palästinenser (zusammen mit den Flüchtlingen bzw. Vertriebenen heute über fünf Millionen) haben aber keine effektive freigewählte

Repräsentation. Auch die von Guerilla-Gruppen dominierte PLO füllt diese Lücke nur teilweise aus.

Ein noch größeres Problem als der Mangel an politischer Freiheit und Mitbestimmung sind die schreienden sozialen Gegensätze in den meisten nahöstlichen Staaten. Die materiell unterprivilegierten Klassen – in vielen arabischen Ländern lebt über die Hälfte der Bevölkerung in Armut – bilden die größte potentielle Gefahr für alle politischen Systeme der Region, auch für die relativ liberalen. Selbst in den reichen Erdölstaaten mit ihrer großzügigen staatlichen Fürsorge gibt es reichlich sozialen Sprengstoff durch die übergroße Zahl der rechtlosen Gastarbeiter, oft mehr als die Hälfte der Bevölkerung, die den Einheimischen irgendwann einmal ihre Vorrechte streitig machen könnten. Hinzu kommen in einigen arabischen Staaten schließlich noch ethnische und konfessionelle Konflikte (z. B. Araber gegen Kurden, Berber oder Schwarzafrikaner, Muslime gegen Christen, Sunniten gegen Schiiten).

Außenpolitische Feindbilder

Ein gewisses Ventil zur Ablenkung von der Fülle innenpolitischer Probleme bietet sich in den arabischen Staaten durch die äußeren Feindbilder, die zwar propagandistisch oft enorm aufgebauscht werden, die aber nicht auf bloßer Einbildung beruhen: Allen voran der Staat *Israel* bzw. der Zionismus, der nicht nur von den betroffenen Palästinensern und in den Nachbarstaaten Ägypten, Jordanien, Syrien und Libanon, sondern auch in entfernteren arabischen Staaten seit Jahrzehnten als konkrete Bedrohung erlebt und seit Chomeinis Revolution im Iran als die große Gefahr für die arabische bzw. islamische Welt dargestellt wird. Selbst in Ägypten, das 1979 einen Friedensvertrag mit Israel geschlossen hat, haben radikale Gruppen, für die Israel der Erzfeind ist und bleibt, in den letzten Jahren ständig an Einfluß gewonnen.

Das zweite große Feindbild ist der sogenannte *Imperialismus*, d. h. die USA und die ehemaligen europäischen Kolonialmächte (England, Frankreich und Italien), deren bis heute fortbestehenden Einfluß in der Region die akute Krise am Golf wieder einmal drastisch bewußt gemacht hat. Auch nach dem Ende der Ära der Mandate, Protektorate und ungleichen Erdölkonzessionen hat sich die Hegemonie der westlichen Großmächte in der arabischen Welt in anderer Form fortgesetzt: mit Militärbasen in arabischen Ländern – von denen bis Mitte 1990 allerdings nur Ägypten und Bahrain übriggeblieben waren –, durch starke Flottenpräsenz im Mittelmeer und rund um den Persischen Golf auch in Friedenszeiten, durch Israel, den NATO-Staat Türkei und bis 1978 den Iran als westliche «strategische Vorposten» sowie nicht zuletzt durch die Unterstützung der verbliebenen prowestlichen arabischen Regimes (Marokko, Tunesien, seit 1978 Ägypten, Jordanien, Saudi-Arabien und die Golf-Scheichtümer). Auch unter der Bevölkerung dieser Länder, die fälschlich dauerhaft als «prowestliche Staaten» eingestuft werden (wie früher der Iran), gibt es starke Vorbehalte gegen den «imperialistischen Westen» und besonders gegen die USA, die mit ihrer jährlich milliardenschweren Militär- und Wirtschaftshilfe an Israel zu Recht als Hauptschutzmacht des als «Fremdkörper» empfundenen Judenstaates identifiziert werden. Um so schwerer tun sich seit langem – nicht erst seit der akuten Krise – z. B. die Monarchen von Jordanien und Saudi-Arabien, eine entschiedene antiisraelische Haltung zur Schau zu stellen.

Als drittes Feindbild boten sich in vielen arabischen Ländern die jeweiligen Nachbarstaaten an. Im Falle der Konflikte zwischen Irak und Iran oder zwischen Syrien und der Türkei lieferten historisch gewachsene ethnische Gegensätze und Grenzstreitigkeiten hinreichend Konfliktstoff. Sehr oft haben aber auch die arabischen «Bruderstaaten» in den letzten Jahrzehnten heftige Propaganda-Kampagnen gegeneinander geführt, die gelegentlich zu begrenzten militärischen Zusammenstößen eskaliert sind (z. B. Ägypten gegen Libyen, Syrien und früher Saudi-Arabien, Syrien gegen den Irak und Jordanien, Algerien gegen Marokko usw.). Auch wenn solche Auseinandersetzungen in erster Linie von den jeweiligen Regimes forciert wurden, fanden sie durch das Phänomen des Lokalpatriotismus in den einzelnen arabischen Ländern auch immer eine gewisse Resonanz beim Volk.

Eine andere politische Kultur

Die genannten Tatsachen erklären, warum politische Auseinandersetzungen in der arabischen Welt noch heute mit einer Schärfe und Leidenschaft – oft genug gewaltsam – geführt werden, wie in Mitteleuropa zuletzt in den 30er Jahren. In unseren eigenen politisch und wirtschaftlich weitgehend saturierten Gesellschaften, wo sich die nahezu auswechselbaren etablierten Parteien meistens bloße Schaukämpfe für ein passives Wählervolk liefern, mag das Pathos oder der «Fanatismus» nahöstlicher Politiker befremdlich wirken. Ob früher Nasser, Arafat, Gaddafi und Chomeini oder heute «der Irre» Saddam Hussein (so die BILD-Zeitung in ihrer täglichen Berichterstattung über die Golfkrise) – die militante Rhetorik der bekanntesten politischen Führer aus dem Nahen Osten erregt bei uns im allgemeinen nur achselzuckendes Unverständnis, Spott oder auch starken Widerwillen.

Bei der Bevölkerung der arabischen Staaten – und nicht nur bei den sogenannten «Massen», wie das Volk dort auch von seinen eigenen Führern gerne tituliert wird – findet politisches Pathos jedoch nach wie vor großen Anklang, haben Ideologien einen hohen Stellenwert. Gerade weil eine wirklich freie politische Auseinandersetzung in den letzten Jahrzehnten in keinem einzigen arabischen Staat möglich war, bedient man sich um so enthusiastischer ideologischer Parolen. Dabei muß ein und dieselbe Ideologie oft für völlig gegensätzliche Zwecke herhalten: entweder zur Selbstlegitimierung und Herrschaftssicherung eines Regimes, oder als «revolutionäre» Ideologie zum Sturz eines politischen Systems bzw. einer bestimmten Machtelite, der man «Verrat» vorwirft.

Panarabismus versus regionalen Nationalismus

Die stärkste Anziehungskraft hatte in der ganzen arabischen Welt von den 50er bis zum Ende der 70er Jahre zweifellos die Idee der «arabischen Einheit». Gerade wegen der schier unüberwindlichen Hindernisse, die sich ihr in der Praxis entgegengestellt haben, ist und bleibt sie der utopische Traum einer Mehrheit der heute über 200 Millionen Araber von Mauretanien bis zum Irak und den Randstaaten der arabischen Halbinsel. Mit «arabischer Einheit» verbinden sie die Vorstellung, den politischen und kulturellen Rang zurückzugewinnen, den die arabischen Großreiche in den ersten Jahrhunderten der Expansion des Islams im Vergleich zu Europa und der damals bekannten Welt besaßen.

Dieses goldene Zeitalter der arabischen Geschichte wird in allen arabischen Ländern im Schulunterricht, in den Medien, in der Literatur und in der mündlichen Überlieferung islamischer Glaubenslehren und Legenden ausführlich dargestellt und stark idealisiert, so daß die Vorstellung davon Allgemeingut selbst noch bei den analphabetischen Bevölkerungsgruppen ist. Ein solch intensives Bewußtsein der eigenen historischen Identität bzw. das *Leben mit und in der Vergangenheit* hat in unseren modernen westlichen Gesellschaften keine Parallele und wirkt auf uns oft rückwärtsgewandt, zumal wir in unserem spärlichen Geschichtsunterricht nur wenig über die arabische und islamische Geschichte erfahren. Die Ideologie des zeitgenössischen Panarabismus ist indessen keinesfalls rückwärtsgewandt, sondern strebt eine arabische Großmachtrolle mit den Mitteln der heutigen Technologie und Wissenschaft an.

Ein panarabischer Nationalismus hat sich erst relativ spät entwikkelt, da die meisten Länder mit arabischer Bevölkerung viele Jahrhunderte unter fremder (zuletzt unter osmanischer oder europäischer) Herrschaft gestanden haben. Noch 1945 gab es erst sechs unabhängige arabische Staaten (Ägypten, Irak, Jemen, Libanon, Saudi-Arabien, Syrien), die zusammen mit dem damals noch britischen Mandatsgebiet (bis 1946) Transjordanien die *Arabische Liga* gründeten, den bis heute wichtigsten Rahmen für arabische politische und wirtschaftliche Kooperation. Selbst zu diesem Zeitpunkt standen noch französische Truppen in Syrien und im Libanon und britische in Ägypten und im Irak. In Saudi-Arabien hatten die USA mit der ARAMCO-Erdölgesellschaft Fuß gefaßt, und nur der unbedeutende Randstaat (Nord-)Jemen war wirklich unabhängig. Die übrigen arabischen Staaten und heutigen Mitglieder der Liga erreichten ihre Unabhängigkeit erst 1951 (Libyen), 1956 (Marokko, Tunesien und der Sudan), 1960 (Mauretanien), 1961 (Kuwait), 1962 (Algerien), 1967 (Südjemen), 1970 (Oman) und 1971 (Bahrain, Katar, Vereinigte Arabische Emirate).

Die panarabische Ideologie war daher von Anfang an mit der Idee der Befreiung der arabischen Welt von fremder Vorherrschaft verknüpft. «Befreiung» als Voraussetzung für die arabische Einheit vom Atlantik bis zum Golf propagierte schon 1947 der Syrer *Michel Aflaq*, der Gründer und Vordenker der *Baath-(«Wiedererweckungs»-)Partei*, der bis heute wichtigsten panarabischen Partei, die in mehreren Staaten aktiv wurde und 1963 in Syrien und 1968 im Irak, jeweils mit Hilfe des Militärs, die alleinige Macht eroberte. Noch vor dem Aufstieg der Baath-Partei machte sich in den 50er Jahren der ägyptische Staatschef *Nasser* (der 1952 mit den «Freien Offizieren» die von Großbritannien abhängige Monarchie gestürzt hatte) zum Vorkämpfer der arabischen Einheit. Seine Verstaatlichung des Suezkanals 1956, auf die Briten, Franzosen und Israelis mit einer militärischen Intervention reagierten (und dann später doch einlenken mußten), begeisterte alle Araber. Zwei Jahre später war sein Prestige über die Grenzen Ägyptens hinaus so gewachsen, daß die damaligen Parlamentsabgeordneten Syriens Nasser zur Übernahme der Regierungsgewalt auch in ihrem Land drängten. Die Vereinigung Ägyptens mit Syrien scheiterte allerdings schon 1961 und blieb bis zum Zusammenschluß von Nord- und Südjemen im Mai 1990 der einzige Versuch einer Verwirklichung des panarabischen Gedankens.* Selbst die Nachbarn Syrien und Irak haben in den 22 Jahren, in denen die Baath-Partei in beiden Staaten herrscht, meist in bitterer Rivalität gegeneinander gearbeitet, anstatt konkrete Schritte zur «Beseitigung der künstlichen Grenzen» zu unternehmen.

So populär die panarabische Idee bei der Bevölkerung fast aller arabischen Staaten ist – ausgenommen vielleicht inzwischen bei den Bürgern der schwerreichen Ölstaaten am Golf –, so wenig ernsthaft haben die politischen Führer dieser Staaten sie bisher verfolgt. Panarabische Rhetorik war immer in erster Linie ein Mittel der Selbstdarstellung und Selbstlegitimierung arabischer Regimes, eine wohlfeile Methode, um die Massen zu begeistern, ohne daß Taten folgen mußten. Selbst ein Politiker vom Format Nassers verband mit seinen panarabischen Visionen zunächst einmal die Vorstellung einer Führungsrolle seines eigenen Landes (Ägypten) und seiner eigenen Person.

* Die zahllosen «Vereinigungen» Libyens mit anderen arabischen Staaten seit der Machtübernahme des exzentrischen Oberst Gaddafi 1969 waren allesamt propagandistische Seifenblasen.

Eifersüchtige Rivalität um die angestrebte Führungsrolle in der arabischen Welt kennzeichnete auch die Politik der baathistischen Führer Syriens (seit 1970 Hafis el-Assad) und Iraks und der jeweiligen Könige von Saudi-Arabien, das mit seiner Finanzmacht und mit seiner Kontrolle über die heiligen Stätten des Islams, Mekka und Medina, seit den 60er Jahren mit Ägypten, Syrien und dem Irak um diese Rolle konkurrierte. Einen besonderen Rang in der arabischen Welt beanspruchten ferner die Algerier, die von allen Arabern den verlustreichsten Kampf um ihre Unabhängigkeit geführt haben, die Palästinenser, die sich gleichzeitig als Opferlamm und kämpfende Avantgarde aller Araber ansehen, und der Libyer Gaddafi, der die geringe Bedeutung seines bevölkerungsarmen Wüstenstaates seit zwanzig Jahren mit Ölgeldern und hektischem außenpolitischem Aktivismus zu kompensieren versucht.

Unbestreitbar hat jeder arabische Staat längst seine eigene besondere Identität samt dazugehörigem spezifischem Nationalismus gewonnen, selbst ein so «künstliches Gebilde» wie das 1921 von den Briten geschaffene (Trans-)Jordanien.* Bei den meisten arabischen Staaten ist diese gesonderte Identität durchaus historisch gewachsen, besonders in Marokko, Ägypten, Syrien, dem Libanon, Irak, Saudi-Arabien, dem Jemen und Oman. Es ist den dort herrschenden Eliten also nicht zu verdenken, wenn sie sich zwar ideell der arabischen Einheit verpflichtet fühlen, gleichzeitig ihre eigenen Länder aber nicht einfach «auflösen» wollen.

Das Paradebeispiel für die widersprüchliche Verquickung von panarabischem und regionalem Nationalismus liefert das Palästina-Problem: «Palästina» als politische Entität verdankt seine Entstehung fast ganz und gar dem britischen Mandat (1922–1948) und der jüdisch-zionistischen Einwanderungsbewegung (seit Ende des 19. Jahrhunderts). Das «palästinensische Volk» hat erst in seinem – erfolglosen – Widerstand gegen Briten und Zionisten seine Identität gefunden, während es gleichzeitig die panarabische Solidarität einforderte. Der erste konzertierte Versuch der arabischen Staaten, Palästina zu «retten», d.h. der arabisch-israelische Krieg 1948/49, endete mit

* Ein besonders markantes Beispiel für «Lokalpatriotismus» liefert die 1976 von Marokko besetzte ehemalige spanische Kolonie «Westsahara», wo die Polisario-Befreiungsfront mit Unterstützung Algeriens bis heute Widerstand gegen die Annexion leistet.

einer Katastrophe für die Palästinenser (Flucht oder Vertreibung von 600000–700000 Personen), während Ägypten und Jordanien Teile Palästinas annektieren konnten. In der Folgezeit äußerte sich die «arabische Solidarität» derart, daß die Flüchtlinge politisch unmündig gehalten und nicht in die arabischen Gesellschaften integriert wurden, u. a. um ihren Anspruch auf Rückkehr in die Heimat zu bekräftigen. Erst nach dem zweiten verlorenen Krieg gegen Israel und dem Verlust Gesamt-Palästinas (1967) gestanden die arabischen Staaten den Palästinensern eine eigene politische Vertretung samt militärischem Arm, die PLO, zu, benutzten diese aber auch als Schachfigur im innerarabischen Machtkampf, was u. a. zu Bürgerkriegen in Jordanien (1970/71) und im Libanon (ab 1975) führte.

Als die PLO unter dem Eindruck des Volksaufstandes (Intifada) in den 1967 besetzten Gebieten erstmals einen «unabhängigen Staat Palästina» proklamierte (November 1988), versagte nur *Syrien* als einziger arabischer Staat diesem symbolischen Schritt seine Anerkennung, weil er angeblich «panarabische Prinzipien» verletze. Tatsächlich geht es dem syrischen Regime aber schon seit Jahrzehnten nicht mehr, wie in der Baath-Ideologie proklamiert, um die arabische Einheit «vom Atlantik bis zum Golf», sondern um ein Großsyrien, das auch den Libanon, Jordanien und Palästina umfassen soll. Die Besatzungspolitik Syriens im Libanon seit 1976 und seine bis 1965 zurückreichenden fortgesetzten Versuche, die palästinensischen Guerillaverbände zu dominieren und zu manipulieren, sprechen eine deutliche Sprache.

Wenn trotzdem die Palästinenser im August 1990 mit dem irakischen Diktator Saddam Hussein wieder einmal einem arabischen Politiker zujubeln, für den ihr Problem gewiß keine Priorität hat, so ist das symptomatisch für die Träume und Illusionen des Panarabismus. Es waren immer die Unterprivilegierten, die sich von der utopischen arabischen Einheit die Erlösung versprachen, während die politischen Machthaber solche Emotionen stets für ihre Zwecke auszunutzen verstanden. Auch wenn man den arabischen Führern ein gewisses Maß an panarabischem Idealismus nicht in jedem Fall absprechen sollte, ging doch ihre Bereitschaft, für gemeinsame arabische Ziele Opfer zu bringen, meistens nicht sehr weit. Schon gar nicht sollte man den «panarabischen» Charakter von Saddam Husseins Raubzug in Kuwait überschätzen, auch die Palästinenser nicht. Sie sollten eher befürchten, daß er, falls er sich wirklich mit einem Giftgasangriff auf Israel als «arabischer Held» unsterblich machen will, dafür auch Tausende von toten Palästinensern in Kauf nehmen würde.

Die «arabische Einheit» ist in den 45 Jahren seit der Gründung der Arabischen Liga erst einen Schritt weitergekommen, nämlich 1990 im Jemen. Doch selbst diese Vereinigung sollte man eher unter dem Gesichtspunkt des regionalen Nationalismus betrachten. Gemessen an den konkreten Ergebnissen waren z. B. die vier Jahrzehnte langen Bemühungen um eine Integration der westeuropäischen Staaten viel erfolgreicher als die der Arabischen Liga, obwohl alle Araber die gleiche (Hoch-)Sprache sprechen und obwohl ihr historisches Erbe sehr viel mehr Gemeinsamkeiten aufweist als das der europäischen Völker.

Der «arabische Sozialismus»

In den 50er und 60er Jahren wurden in einer Reihe arabischer Staaten Monarchien und bürgerlich-parlamentarische Systeme durch Militärs gestürzt (Syrien 1949 und 1963, Ägypten 1952, Irak 1958, Sudan 1958 und 1969, Jemen 1962, Libyen 1969). In anderen Ländern mündeten antikoloniale Befreiungsbewegungen nach der Unabhängigkeit direkt in die Herrschaft einer Einheitspartei ein (Tunesien 1956, Mauretanien 1960, Algerien 1962, Südjemen 1967). In beiden Fällen waren die neuen Regimes bemüht, ihr Machtmonopol jeweils als «gesellschaftliche Notwendigkeit» darzustellen.

Die großen sozialen und Entwicklungsprobleme in ihren Ländern, wie auch die außenpolitische Hinwendung zur Sowjetunion und anderen «sozialistischen» Staaten als den natürlichen Verbündeten gegen den westlichen «Imperialismus», legte es für die meisten der genannten Regimes nahe, sich an sozialistischen Gesellschaftsmodellen zu orientieren oder sich wenigstens sozialistischer Slogans zu bedienen. Für alle autoritären Systeme, die ihre Legitimität aus einer vielbeschworenen Unterstützung durch die «Massen» des arbeitenden Volkes herzuleiten versuchten, war eine sozialreformerische Phraseologie geradezu unumgänglich. Dennoch schreckten wenigstens in den 50er Jahren die neuen arabischen Machteliten vor dem Gebrauch des

Wortes Sozialismus noch zurück, weil es bei großen Teilen der islamisch-religiös geprägten Bevölkerung die Assoziation «Sozialismus = Marxismus = Atheismus» zu wecken drohte.

Als rhetorische Lösung wurde schließlich der Begriff «arabischer Sozialismus» geprägt und seit den 60er Jahren von Nasser und seinen politischen Bewunderern in anderen arabischen Staaten (Irak, Algerien, Sudan, Libyen) übernommen. Der ideologische Gehalt des «arabischen Sozialismus» bestand eigentlich nur darin, daß seine «Originalität» betont wurde: Er sei «spezifisch den Verhältnissen in der arabischen Gesellschaft angepaßt» und keinesfalls eine bloße Nachahmung fremder Modelle. Außerdem sollte der «arabische Sozialismus» nicht im Gegensatz zur Religion stehen. Man bemühte sich im Gegenteil, ihn mit einer Fülle von Zitaten aus dem Koran und dem *Hadith* (d. h. den überlieferten Aussprüchen des Propheten Muhammad) islamisch zu legitimieren, wenn man nicht noch weiter ging und mit gewagten Interpretationen versuchte, den Sozialismus schlechthin als ureigenste Errungenschaft des Islams darzustellen.

Die konkrete Anwendung des «arabischen Sozialismus» ging im allgemeinen nicht über halbherzige Landreformen, die Verstaatlichung wichtiger Wirtschaftszweige und die Subventionierung von Grundnahrungsmitteln – letztere wird heute von fast allen arabischen Staaten praktiziert – hinaus. Eine grundlegende Änderung der sozialen Strukturen wurde nicht erreicht. Zwar verloren die alten bürgerlichen Eliten an politischem Einfluß und büßten einen Großteil ihres Vermögens ein, die Umverteilung kam aber meistens nur den neuen Machteliten (Militärs, Parteifunktionären), nicht den «Massen» zugute. In Ägypten, das in den 60er Jahren als Vorreiter des «arabischen Sozialismus» galt, wurde seit den 70er Jahren unter Sadat ein entgegengesetzter wirtschaftspolitischer Kurs eingeschlagen. Im «revolutionären» Algerien erstarrte die seit 1962 alleinregierende «Nationale Befreiungs-Front» in einem dem Ostblock ähnlichen Staatsbürokratismus. Kaum besser sieht die Bilanz der «sozialistischen» Regimes in Syrien und im Irak aus, die auch noch durch exorbitante Militärausgaben ihre Volkswirtschaften ruinierten.

Als einziges arabisches Regime hat das vom Südjemen ab 1968 den *Marxismus* zur Staatsdoktrin erhoben und sich viele Jahre lang eng an die Sowjetunion angelehnt. Die sowjetische Perestroika hat jedoch auch in diesem Staat eine Liberalisierung des Gesellschaftssystems – das ohnehin nie wirklich kommunistisch war – begünstigt, so daß die

Kluft zum Regime Nordjemens (das sich auch als «revolutionär» bezeichnete) inzwischen überbrückt werden konnte.

In Libyen hat der Staatschef Gaddafi den «arabischen Sozialismus» seit 1973 um eine eigene Variante bereichert: er proklamierte eine «Volksrevolution» und die Schaffung von «Volkskomitees» bis hin zu einem «allgemeinen Volkskongreß». Gaddafis basisdemokratische Experimente, die er in seinen «grünen Büchern» als Lösung aller Weltprobleme anpries, haben zwar egalisierend auf die libysche Gesellschaft gewirkt, beruhten aber vor allem auf einem Überschuß staatlicher Finanzmittel und wären auf die meisten arabischen Staaten nicht übertragbar. Außerdem hat sich in Libyen, hinter der Fassade der «Volksherrschaft», der Personenkult um Gaddafi und die Intoleranz gegenüber der Opposition noch gesteigert.

Der «arabische Sozialismus» als Ideologie hat schon seit den 70er Jahren fast alle Attraktivität verloren und wird heute auch in Syrien, dem Irak und Algerien kaum noch in der offiziellen Regierungspropaganda erwähnt. Die sozialreformerischen Parolen, die von den «arabischen Sozialisten» nicht eingelöst werden konnten, werden statt dessen heute vor allem von islamischen Fundamentalisten für sich vereinnahmt.

Der islamische Fundamentalismus

Ungeachtet der wenig erfolgreichen Bilanz der schiitischen Fundamentalisten im Iran, wo sie seit der Revolution von 1978/79 eine politisch-soziale Ordnung nach ihren Vorstellungen aufbauen konnten, scheint der islamische Fundamentalismus in der arabischen Welt – wie auch in der Türkei und zahlreichen anderen Staaten mit muslimischer Bevölkerung – weiterhin auf dem Vormarsch zu sein. So erzielten Fundamentalisten zuletzt spektakuläre Ergebnisse bei den ersten Parlamentswahlen seit 1962 in Jordanien (1989) und den Kommunalwahlen in Algerien (Juni 1990); sie gewannen starken Einfluß im besetzten Palästina (besonders im Gazastreifen), im Libanon, in Ägypten, im Sudan und in Tunesien. Die Regimes von Irak und Syrien sahen sich schon 1980 und 1982 genötigt, mit äußerster Brutalität gegen fundamentalistische Oppositionsgruppen vorzugehen.

Die zunehmende Hinwendung zur islamischen Religion – nicht immer verbunden mit politischem Aktivismus – scheint ein längerfristiger Trend in der islamischen Welt zu sein. Dieses auch mit dem Schlagwort *Re-Islamisierung* beschriebene Phänomen machte sich seit den frühen 70er Jahren bemerkbar, als die Ölpreisexplosion und ein größeres wirtschaftliches und politisches Gewicht der islamischen Länder auch das allgemeine Selbstbewußtsein ihrer Völker steigerte. Nachdem der westliche Kolonialismus in Afrika und Asien endgültig überwunden schien, verschwanden auch die Unterlegenheitskomplexe und Zweifel am Wert der eigenen Kultur, die im Zeitalter der absoluten europäischen Hegemonie in der islamischen Welt verbreitet gewesen waren. Die «Rückbesinnung auf die eigene Identität» entsprach zugleich dem neuen Zeitgeist bei den meisten muslimischen Intellektuellen.

Gleichzeitig trieben die verschärften sozialen Probleme, verbunden mit einer Art Kulturschock, große Teile der Unterschicht in den islamischen Ländern dazu, Zuflucht in ihrer Religion zu suchen. Während sich die großstädtischen Metropolen überall rasant entwikkelten und die privilegierten Klassen den Lebensstil der westlichen Konsumgesellschaften zur Schau stellten, blieb die Mehrheit der Bevölkerung von den Segnungen der westlichen Zivilisation ausgeschlossen. Fast in jedem islamischen Land zwingt die Bevölkerungsexplosion und die Vernachlässigung der ländlichen Gebiete zur massenweisen Landflucht, und die von den Dörfern direkt in die Slumviertel der Großstädte verpflanzten Menschen empfinden besonders starke Ressentiments gegenüber dem «unislamisch-dekadenten» verhalten der städtischen Oberschicht.

Die Anziehungskraft der fundamentalistisch-islamischen Ideologie beruht einerseits auf ihrer den Menschen von jung auf vertrauten religiösen Terminologie und andererseits auf der Radikalität der Lösungen, die sie verspricht. Sie fordert zum einen die strenge Verbindlichkeit der «islamischen Moral» für alle Teile der Gesellschaft. Dies würde jenen sozialen Gruppen, die durch Tradition und wirtschaftliche Not in jeder Hinsicht eingeengt sind, keine besonderen Opfer abverlangen, sondern allenfalls Genugtuung bieten. Zum zweiten verspricht sie den Armen und «Entrechteten», daß eine «islamische Ordnung» auch eine besonders vollkommene «islamische Gerechtigkeit» schaffen werde. Drittens schließlich, und das ist vielleicht der wichtigste Aspekt, ist der islamische Fundamentalismus äußerst kämpferisch: Mit seiner Verherrlichung von Opfermut und Märtyrertum, verbunden mit dem religiösen Versprechen des garantierten Sieges für die Gläubigen, knüpft er direkt an die Tradition des *Jihad*, des «heiligen Kampfes, an, die seit den Eroberungszügen des Propheten Muhammad bis zur Expansion des Osmanischen Reiches immer ein Erfolgsgeheimnis der islamischen Religion gewesen ist.

Im Iran, wo islamische Fundamentalisten seit elf Jahren die politische Macht ausüben, hat sich gezeigt, daß der zweite Aspekt der fundamentalistischen Heilslehre, die «islamische Gerechtigkeit», am schwersten in die Praxis umzusetzen ist. Dagegen konnte die Befolgung der «islamischen Moral» wenigstens in der Öffentlichkeit erzwungen werden. Auch die Opferbereitschaft der vorwiegend aus der Unterschicht rekrutierten gläubigen Kämpfer gegen innere und äußere Feinde des neuen Regimes übertraf alle Erwartungen. Dies mag zum Teil mit dem besonders ausgeprägten Märtyrerkult der schiitischen Variante des Islams zusammenhängen, dürfte aber auch im sunnitischen Milieu – die arabischen Muslime sind zu 90 Prozent Sunniten – gelten, falls dort Fundamentalisten die politische Macht in einem Staat erobern sollten.

Im Iran hat die traditionell starke Position einer vom Staat unabhängigen schiitischen Geistlichkeit den Sieg des Fundamentalismus begünstigt. Dabei standen durchaus nicht immer Geistliche an der Spitze fundamentalistischer Agitation. Die erste moderne fundamentalistische Bewegung, die ägyptische *Muslimbruderschaft*, wurde in den 30er Jahren von einem Lehrer (*Hasan al-Banna*) organisiert, und Lehrer oder andere Vertreter des gebildeten Kleinbürgertums sind oft die aktivsten Verfechter eines politisierten Islams.

Die größten Feindbilder des heutigen islamischen Fundamentalismus sind die gleichen wie die des Panarabismus, nämlich der Zionismus und der «Imperialismus». Abgelehnt werden aber auch der arabische und jeder andere Nationalismus als «unislamisch», weil die Muslime im Idealfall eine einzige Gemeinschaft (*Umma*) bilden sollen. So kam es auch in den von der arabisch-nationalistischen Baath-Partei regierten Staaten Syrien und Irak zu den bisher schwersten Konflikten zwischen Fundamentalisten und der Staatsmacht.

Eine Ironie der Geschichte ist, daß der vom Iran inspirierte Fundamentalismus heute vielleicht am meisten das saudiarabische Regime gefährdet, das einst selbst aus einer fundamentalistischen Bewegung hervorging und sich seit Jahrzehnten als «Hüter der heiligen Stätten» in der Rolle eines «islamischen Vatikans» zu etablieren versucht. Auch die sunnitische Bewegung der *Wahhabiten*, die schon im 18. Jahrhundert auf der arabischen Halbinsel entstand, war ein Versuch, die «reine Lehre» des Islams gegen die «Verfälschungen» und «Abirrungen» der damaligen Zeit durchzusetzen. Der Gründer dieser Bewegung verbündete sich hierzu mit einem Vorfahren der heutigen Saudi-Dynastie. Noch in den 20er und 30er Jahren dieses Jahrhunderts wurde sie von einem asketischen Beduinenfürsten (*Ibn Saud*) verkörpert, der mit der rigorosen wahhabitischen Lehre «Glaubenskämpfer» zur Eroberung seines Wüstenreiches mobilisierte.

Heute nun wird der Saudi-Clan wie eine parasitäre Clique dargestellt, die den gewaltigen Erdölreichtum des Landes usurpiert hat, hinter der Fassade islamischer Sittenstrenge der Dekadenz verfallen ist und ausgerechnet die Amerikaner zur Sicherung ihrer Herrschaft um Hilfe bitten muß. Schon lange vor der akuten Golfkrise haben die iranischen Mullahs in diesem Sinne gegen die Saudi-Dynastie polemisiert und wiederholt versucht, iranische Mekka-Pilger für politische Agitation einzuspannen. 1987 kam es dabei sogar zu einem Massaker an Iranern durch saudische Ordnungskräfte.

Beispiele für die militante Schlagkraft der gegenwärtigen fundamentalistischen Organisationen geben außer den iranischen *«Revolutionswächtern»* (der bewaffnete Arm des Regimes) und *«Basijis»* (eine Art «Volkssturm» aus jugendlichen und älteren Kriegsfreiwilligen) die libanesische *Hizbullah* («Gottespartei»), die palästinensische *Hamas*-(«Eifer»-)Organisation, die afghanische *Hezb-e Islami* oder auch die Gruppe *Takfir wa-Hijra* (sinngemäß etwa: «Auszug aus der sündigen Gesellschaft»), die 1981 den ägyptischen Präsidenten Sadat wegen seines Friedensschlusses mit Israel ermordete. Mit spektakulären Anschlägen forderten auch die syrischen *Muslimbrüder*, die irakische *Da'wa*-(«Aufruf»-)Partei und der *Islamische Jihad* in Kuwait das jeweils bekämpfte Regime heraus. Unter dem (Tarn?-)Namen «Islamischer Jihad» wurden ferner die folgenschweren Selbstmordanschläge von 1983 gegen Amerikaner und Franzosen im Libanon verübt und westliche Staatsbürger als Geiseln entführt.

An Mut und Kampfbereitschaft gegen ihre Feinde fehlte es den Fundamentalisten nie; man könnte fast sagen, daß sie ohne ihre verteufelten Feindbilder als politische Kraft gar nicht existenzfähig wären. Die iranischen Mullahs haben den vom Irak «aufgezwungenen Krieg», der ihrem Volk riesige Opfer aufgebürdet hat, offen als «Geschenk Gottes» bezeichnet, das gerade rechtzeitig die Lücke füllte, als ihre Kampagne gegen den «großen Satan» Amerika an Anziehungskraft verloren hatte. Nach dem durch die wirtschaftliche Ausblutung Irans erzwungenen Waffenstillstand von 1988 suchte und fand Chomeini bald ein neues Feindbild in der angeblichen «weltweiten Verschwörung gegen den Islam» durch das Buch von *Salman Rushdie*.

Die Programme der Fundamentalisten zur Reform der politischen und gesellschaftlichen Ordnung sind überwiegend autoritär und rückwärtsgewandt. Sie wollen den Koran, den *Hadith* des Propheten Muhammad und das daraus zwischen dem 7. und 9. Jahrhundert n. Chr. abgeleitete islamische religiöse Rechtssystem (die *Shari'a*) wieder zur Richtschnur der Gesetzgebung und sogar der Wirtschaftsordnung machen, nachdem die Shari'a in der islamischen Welt schon seit einigen Jahrhunderten durch modernere Gesetzeswerke – meist unter europäischem Einfluß – in den Hintergrund gedrängt worden war. Anachronismen wie die Strafen des Steinigens und Handabhackens, die Verschleierung und Unterdrückung der Frauen, das koranische Zinsverbot oder die Behandlung von Nichtmuslimen als *Dhimmis* (d. h. «schutzbefohlenen» Bürgern mit eingeschränkten Rechten) erscheinen den Fundamentalisten nach wie vor zeitgemäß und wurden im Iran wieder eingeführt.

Dennoch sollte man nicht alle Fundamentalisten pauschal als reaktionär abtun, da viele von ihnen auch versuchen, modernere sozialreformerische Konzepte aus dem Islam abzuleiten (wie schon früher die «arabischen Sozialisten»). Auch innerhalb des Geistlichen-Regimes im Iran wurde stets eine intensive Debatte um den richtigen «islamischen» Weg geführt, und seit dem Tod Chomeinis scheinen dort die Pragmatiker die Oberhand gewonnen zu haben.

Die Schattenseiten des iranischen Experiments haben in der arabischen Welt die Anziehungskraft des Fundamentalismus offenbar nicht beeinträchtigen können. Innerhalb der Unterschicht in vielen arabischen Ländern, die wenig zu verlieren hat, finden die scharfen Angriffe gegen «korrupte», «verräterische» oder «vom Westen abhängige» Regimes nach wie vor große Resonanz. Auch von der gegenwärtigen Krise werden die Fundamentalisten aller Wahrscheinlichkeit nach profitieren: Falls Saddam Hussein sie übersteht, ohne sein Gesicht zu verlieren, wäre das ein großer Sieg gegen den «imperialistischen Westen». Falls er durch die amerikanische Intervention zu Fall gebracht wird, so würde das die antiwestlichen Emotionen in der arabischen Welt nur weiter verstärken.

Eckehart Ehrenberg

Pulverfaß Nahost

Der hochgerüstete Irak und sein militärisches Umfeld

In keiner Region der Dritten Welt gibt es so viele Soldaten, ist im letzten Jahrzehnt soviel Rüstungsmaterial aufgetürmt – und eingesetzt – und soviel Geld für das Militär ausgegeben worden wie im Nahen und Mittleren Osten. Libyen, Ägypten, Israel, Syrien, Irak, Iran und Saudi-Arabien sind – in wechselnder Reihenfolge – immer an der Spitze der nahöstlichen Rüstungskarawane marschiert. Aber auch die kleinen, aber reichen Staaten am Golf haben – mit zweifelhaftem Nutzen – hohe Summen für das Militär aufgewendet: Kuwait, Bahrain, Katar, die Vereinigten Arabischen Emirate (VAE) und Oman. Lang ist auch die Liste der Krisen und Kriege. Hier nur eine Auswahl:

1948–49	1. israelisch-arabischer Krieg
1956	Suez-Krieg
1958	Landung von US-Marines in Libanon
seit 1961	Irakisch-kurdischer Bürgerkrieg (Giftgaseinsatz 1988)
1962–70	Jemen-Krieg (Giftgaseinsatz)
1968–1988	Tschad-Krieg
1967	2. israelisch-arabischer (Sechs-Tage-)Krieg
1969–1970	Ägyptisch-israelischer «Abnutzungskrieg»
1973	3. irsaelisch-arabischer (Yom-Kippur-)Krieg
ab 1975	Libanesischer Bürgerkrieg
1979	Iranischer Revolutionskrieg
1980–88	Irakisch-iranischer (Golf-)Krieg (Giftgaseinsatz 1988)

Im Jahr 1988 – als der achtjährige Golfkrieg endete – war Saudi-Arabien ausweislich seines Militärbudgets mit 13,6 Mrd. US-Dollar in der Region der größte Militärfinanzier, dich gefolgt vom Irak mit

12,9 Mrd. US-Dollar. 1989, nach dem Krieg, sind die Zahlen nicht kleiner geworden. Die Gesamtaufwendungen für das Militär dürften – wie in allen Ländern – noch erheblich über den Haushaltszahlen liegen. Mit rund einer Million aktiver Soldaten und einberufenen Reservisten hält bei den Truppenstärken Irak mit großem Abstand die Spitze.

Unter den Ländern mit großen Militärapparaten sind nur Ägypten und Iran auch bevölkerungsreiche Länder (ca. 55 Mio. Einwohner und damit etwa so groß wie Frankreich). Irak ist bei ca. 18 Mio. Einwohnern mit der DDR vergleichbar, Israel und Libyen bei ca. 4,5 Mio. Einwohnern mit Dänemark oder Norwegen (ca. 5,1 bzw. 4,2 Mio. Einwohner). Dänemarks Militärhaushalt umfaßte 1988 2 Mrd. US-Dollar, Israels aber 5,7 Mrd. US-Dollar. Umgekehrt standen die Bruttoinlandprodukte (BIP) der beiden Länder zueinander: Dänemarks BIP betrug ca. 108 Mrd. US-Dollar, Israels aber nur ca. 41 Mrd. US-Dollar. Dänemark wandte also 1,9 % seines BIP für seinen Militärhaushalt auf, Israel dagegen 14 %. Saudi-Arabien ist trotz seiner hohen Öleinnahmen noch stärker strapaziert: 18,5 %. Im Falle des Irak betrug das BIP 45 Mrd. US-Dollar und die Belastung sogar 29 % (zum Vergleich: Bundesrepublik 2,4 %, DDR 8,0 %).

Die Länder des Nahen und Mittleren Ostens geben also nicht nur viel Geld für das Militär aus und unterhalten große Armeen. Sie sind selbst im Frieden im Vergleich zu ihren Einkünften und ihrer Bevölkerungszahl auch sehr hoch damit belastet, ganz zu schweigen von den Millionen Menschen, die in den Kriegen getötet oder verkrüppelt wurden, und den Milliardenwerten, die in Schutt und Asche sanken.

Nicht vergessen werden dürfen daneben die ausländischen Militärpräsenz in der Region und die Infrastrukturen dafür. Seit dem Ende der siebziger Jahre und besonders in der Reagan-Ära haben vor allem die USA ihr Potential für einen militärischen Eingriff («Force Projection») in der Region massiv vergrößert. Dazu gehört der systematische Ausbau der Transportkapazität für Truppen und schwere Waffen über große Entfernungen wie auch der Neu- und Ausbau von Militäranlagen vor allem in Ägypten (Ras Banas am Roten Meer), in Saudi-Arabien und auf der Insel Diego Garcia im Indischen Ozean. Diese Aktivitäten, zunächst unter dem Stichwort «Schnelle Eingreiftruppe» (Rapid Deployment Force) durchaus Gegenstand öffentlicher Aufmerksamkeit, sind seit ihrer Regularisierung durch Unterordnung unter ein neues «Central Command» der US-Armee ziemlich in Vergessenheit geraten, ohne, wie sich seit dem amerikanischen Aufmarsch am Golf gezeigt hat, an Realität und Bedeutung verloren zu haben.

Alte Rollen – bedrohliche neue Szenarios

In den sechziger Jahren, als Ägypten die Führungsrolle unter den arabischen Staaten beanspruchte, besaß es mit ganz überwiegend sowjetischer Unterstützung auch die größten und – mit Ausnahme Israels – bestausgerüsteten Streitkräfte der Region. Später, unter dem Schah, unternahm der Iran mit amerikanischer Hilfe große Anstrengungen, zur regionalen Vormacht aufzusteigen. Noch Chomeini wollte wenigstens in der Golfregion dominieren, um sie von ungläubigen, abtrünnigen Herrschern zu säubern. Diese Ambitionen sind im Golfkrieg untergegangen, wenn auch der Krieg Iraks gegen den Iran letztlich nicht siegreich war.

Westliche und östliche Mächte haben Irak im Golfkrieg aus Furcht vor Chomeinis Iran kräftig mit Rüstungsmaterial und -technologie unterstützt. Allein die USA haben sich dabei bemerkenswerterweise relativ zurückgehalten. Die übrigen westlichen Mächte haben, auch soweit sie sich ebenfalls Israel verpflichtet fühlten, dabei nicht beachtet, daß Iran im Gegensatz zu Irak keine arabische Macht ist. Als potentieller Sieger im Golfkrieg mußte der Iran daher trotz aller iranischen fundamentalistischen Rhetorik und Aktivität letztlich für Israel viel weniger gefährlich sein als ein Sieger Irak. Da diese westlichen Mächte einschließlich der Bundesrepublik am militärischen und sonstigen Golfgeschäft aber gut verdienten, haben sie diese Tatsache sicher gern übersehen.

Nun ist seit der letzten Phase und erst recht nach dem Ende des Golfkriegs die alte ägyptische Rolle politisch und militärisch auf Irak übergegangen, und zwar einschließlich ihrer alten besonderen Ausprägung als Führungsrolle im Kampf gegen Israel. Tragisch ist, daß gerade Friedensschlüsse, Tauwetter im Ostblock und globale Entspannung dazu beigetragen haben, daß mit der Besetzung Kuwaits im

Osten der Region ein Krieg seinen Anfang nahm, der nun das gesamte Nahost-Gebiet bedroht.

Zunächst ist der Überfall auf Kuwait ungeachtet der irakischen Hochrüstung erst dadurch möglich geworden, daß Irak durch den Waffenstillstand mit Iran den Rücken in ähnlicher Weise frei hatte wie Israel beim Einmarsch in den Libanon 1982 infolge des Camp-David-Abkommens mit Ägypten. Gleichzeitig hat die Liberalisierung in der Sowjetunion eine unvergleichliche Ausreisewelle nach Israel hervorgerufen, wodurch der israelische Siedlungsdruck auf die seit Jahren von der Erhebung der palästinensischen Bevölkerung (Intifada) erschütterten besetzten Gebiete eine neue, für die Palästinenser im ganzen arabischen Raum äußerst bedrohliche Dimension angenommen hat. Zudem hat der irakisch-iranische Waffenstillstand und das Abflauen der Spannungen zwischen den beiden Ländern neue Arrangements und die Wiederherstellung alter Koalitionen gegen Israel ermöglicht. Insbesondere können sich die früher mit Iran und damit nolens volens gegen Irak verbündeten Hardliner Libyen und Syrien nun mit Irak gegen Israel zusammenfinden, wobei im Falle Syriens einstweilen noch alte Gegensätze zwischen den irakischen und syrischen Baathisten, insbesondere zwischen den Präsidenten Saddam Hussein und Assad hinderlich sind. Vor allem aber stehen dem Wiederaufleben militärischer Optionen gegen Israel die gemäßigten Feudalregimes auf der arabischen Halbinsel im Wege, deren Ressourcen benötigt werden, die sich aber im Schlepptau von Israels Beschützer, den USA, befinden und nach den Jahren des auch für sie kostspieligen Golfkriegs keine Neigung zeigen, ihre geschwächten Öleinkünfte in einen neuen Waffengang gegen Israel fließen zu lassen. Wie unbeliebt sie sind, haben sie nach der Besetzung Kuwaits an der lauen Reaktion der Arabischen Liga ermessen können.

Ägyptens Führung hat sich nach dem irakischen Einmarsch in Kuwait bedeckt gehalten. Das Land ist an einem neuen Krieg nicht interessiert und auf amerikanische und saudiarabische Hilfe angewiesen. Eine Konfrontation mit den arabischen Gegnern Israels kann sich die ägyptische Führung jedoch auch aus innenpolitischen Gründen nicht leisten. Während des Golfkrieges und der ägyptischen Wiederannäherung an die anderen arabischen Staaten hat sich auch eine – personell und technologisch – sehr enge militärische Zusammenarbeit zwischen Ägypten und Irak entwickelt. Es wird geschätzt, daß sich bis zum Beginn der Krise im August 1990 neben rund zwei Millionen zivilen ägyptischen Gastarbeitern auch etwa 2000 ägyptische Militärberater und Techniker im Irak aufhielten.

Diese ägyptisch-irakische Kooperation wurde fast ausschließlich über Jordanien abgewickelt, dessen öllosem Feudalherrn und Überlebenskünstler, König Hussein, unter den neuen Konstellationen überhaupt eine Schlüsselrolle zukommt. Irak ist Jordaniens Grenznachbar im Norden, und die von Israel besetzten Gebiete liegen im Westen des Landes. Jordanien trennt die besetzten Gebiete und Israel vom Irak und bildet für den letzteren nicht erst seit den Jahren des Golfkrieges einen entscheidenden Nachschubweg, der allerdings auch schon im Golf von Aqaba unterbrochen werden kann. Der letztlich westlich orientierte König Hussein wurde im Golfkrieg zu einem ganz besonders engen Verbündeten Saddam Husseins, geriet aber wegen der veränderten Haltung des Westens gegenüber dem Irak in Verlegenheit. In seinem Land türmt sich der Sprengstoff besonders hoch auf, den die im Golf gezündete Lunte zur Explosion bringen kann. Sollte Saddam Hussein in Jordanien einmarschieren, würde das Israel militärisch auf den Plan rufen, eine neue panarabische anti-israelische Solidarisierungswelle auslösen und Syrien endgültig an die Seite des Irak zwingen. Letzteres könnte sogar auch ein Motiv für einen solchen irakischen Schritt sein. Ein neuer israelisch-arabischer Krieg wäre da, in den – dank der Ost-West-Entspannung – die USA und eventuell weitere NATO-Länder, wie z. B. Iraks und Syriens Grenznachbar Türkei, unmittelbar eingreifen könnten, ohne sogleich einen globalen Krieg zu riskieren. Infolge der US-Präsenz in Saudi-Arabien, an deren Zustandekommen die Ost-West-Entspannung ebenfalls nicht ganz unbeteiligt ist, wäre ein massiver direkter Eingriff der USA erstmals nicht nur politisch, sondern auch militärisch-technisch sehr rasch möglich.

Vor dem Hintergrund eines solchen Szenarios muß auch eine Beurteilung militärischer Potentiale und Kräfteverhältnisse erfolgen, die ohne Rücksicht auf die vorherrschenden Konfliktkonstellationen wenig Sinn machen würde. Es bietet sich also an, diejenigen Kräfte zu messen, die in der Region gegen Israel stehen, einschließlich derer, die neutral bleiben wollen bzw. sich noch zurückhalten. Libyen wird jedenfalls bemüht sein, die alten Freunde, Syrien und auch Iran, in die neue alte und für alle ideologisch unproblematische Front gegen Israel und dessen «satanischen» Verbündeten USA einzubringen und auch in Ägypten Unruhe zu schüren. Daneben sind die Kräfte der feudalen Ölherren auf der arabischen Halbinsel im Zusammenhang zu sehen, obwohl angesichts der amerikanischen Präsenz zunächst unwahrscheinlich ist, daß diese Länder angegriffen werden, so wie es ebenso unwahrscheinlich ist, daß ihre Streitkräfte gemeinsam mit denen Israels und der USA gegen die arabischen Brüder ziehen.

Millionen Soldaten – Berge von Waffen

Eine Übersicht über die Streitkräfte und Waffen in der Region gibt die Tabelle auf S. 142/43. Die darin vorgenommene Gruppierung zu den Summen (A1), (A2) und (C0) folgt dabei den soeben angestellten Überlegungen.

Iraks eine Million Soldaten verfügen einschließlich der kuwaitischen Beute über fast 5800 Kampfpanzer, 180 Kampfhubschrauber, 3800 schwere Artilleriewaffen und 550 Kampfflugzeuge. Iraks einsatzbereite Mittelstreckenraketen des Typs *Al Hussayn* mit einer Reichweite von 600 km und einem 190-kg-Sprengkopf können Tel Aviv ebenso erreichen, wie sie im Golfkrieg Teheran erreicht haben.

Weitreichende Boden-Boden-Raketen wie die *Al Hussayn* sind die spektakulärsten Waffen in nahöstlichen Arsenalen. Man sollte ihre militärische Bedeutung nicht überschätzen. Sie schaffen jedoch ein Gefühl der Verwundbarkeit und können vor allem unter der städtischen Zivilbevölkerung großen Schaden anrichten, insbesondere wenn sie mit nichtkonventionellen Sprengköpfen (chemisch oder nuklear) bestückt werden. Irak, Syrien, Iran, Libyen, Ägypten und Israel verfügen über chemische Waffen, Israel besitzt außerdem Atomwaffen.

Die irakische *Al Hussayn* wurde im Irak aus der sowjetischen *SCUD-B* weiterentwickelt, wodurch ihre Reichweite auf Kosten der Beladbarkeit mehr als verdoppelt wurde. Das sowjetische Original geht auf das Jahr 1961 zurück und hat nur eine Reichweite von 280 km. Die Lieferung der moderneren *SS-23* mit einer Reichweite von 500 km wurde von der Sowjetunion verweigert. Neben Irak verfügen auch Iran, Ägypten, Libyen und sogar (Süd-)Jemen über sowjetische *SCUD-B*-Raketen. An diese und andere Entwicklungsländer Südwestasiens wurden rund 1900 Exemplare geliefert. Iran hat seine

	Irak	Syrien	Jordanien	Summe (1)–(3)	Iran	Libyen
	(1)	(2)	(3)	(A1)	(4)	(5)
ARMEE						
Divisionen b)	55	10	4	69	11	3
Soldaten c)	955000	300000	74000	1329000	555000	55000
Kampfpanzer	5770	4050	1130	10950	500	1980
Artillerie	3790	2500	250	6540	900	1720
Kampfhubschrauber d)	178	130	24	332	110	53
K/M-Streckenraketen e)	76	54	0	130	50	105
Atom- (A)/chem. Waffen (C)	C	C			C	C
LUFTWAFFE						
Soldaten f)	40000	100000	11000	151000	35000	22000
Kampfflugzeuge	546	510	110	1116	190	510
MARINE						
Soldaten	5000	4000	250	9250	14500	8000
gr. Kampfschiffe g)	3	2	0	5	8	10
U-Boote	0	3	0	3	0	6
sonst. Kampfschiffe h)	57	18	0	75	34	48
aktive Soldaten insges. c)	1000000	404000	85250	1489250	604500	85000
Reserven	850000	400000	35000	1285000	350000	40000
paramilitärische Kräfte	4800	24300	20200	49300	45000	2500
Gesamttruppenstärke	1854800	828300	140450	2823550	999500	127500

a) Waffen einschl. Kuwaits
b) Libyen: unabhängige Brigaden als 2 Divisonen gewertet; Golfstaaten: keine Divisions-Organisation
c) Iran einschl. Revolutionsgarden (Pasdaran); Israel einschl. Reserven
d) teilweise zur Luftwaffe gehörig: Marine-Kampfhubschrauber nicht mitgezählt
e) Kurz- und Mittelstreckenraketen (Boden-Boden): SSW-Abschußvorrichtungen. Anzahlen nur teilweise bekannt, insbesondere für Israel tatsächlich höher

SCUD-B aus Südkorea erhalten. Saudi-Arabien besitzt etliche Boden-Boden-Raketen chinesischen Ursprungs des Typs *CSS-2*, die sogar 2700 km weit fliegen, während Israel sich auf die Eigenentwicklung *Jericho 1* stützt, die mit 300 kg beladen werden kann und eine Reichweite von 500 km hat.

Im Bereich unterhalb der *SCUD-B*-Reichweite, aber oberhalb üblicher Artillerie-Reichweiten ist die sowjetische *Frog-7* aus dem Jahr 1965 recht verbreitet. Sie fliegt 70 km weit und kann immerhin einen 2,5-t-Sprengsatz tragen. Die *Frog-7* findet sich in den Arsenalen Iraks, Kuwaits, Syriens, Libyens und Ägyptens. Israel ist mit der mo-

Ägypten :	Summe (1)–(6)	Israel	Saudi-Arabien	Golf-Scheicht. :	Summe (7)–(8)	Verhältnis	Verhältnis
(6) :	(A2)	(B)	(7)	(8) :	(C0)	A1 : B	A2 : B
:				:			
12 :	95	12	0	0 :	0	5.75	7.92
320000 :	2259800	598000	38000	68300 :	106300	2.22	3.78
2425 :	15855	3790	550	247 :	797	2.89	4.18
1560 :	10720	1400	450	200 :	650	4.67	7.66
90 :	585	77	20	51 :	71	4.31	7.60
21 :	306	12	9	0 :	9	10.83	25.50
C :		AC		:			
:				:			
:				:			
110000 :	318000	37000	20500	5250 :	25750	4.08	8.59
520 :	2386	680	180	148 :	328	1.71	3.51
:				:			
:				:			
18000 :	49750	10000	7200	5300 :	12500	.93	4.98
6 :	29	0	8	2 :	10		
10 :	19	3	0	0 :	0	1.00	6.33
43 :	200	61	13	47 :	60	1.23	3.28
448000 :	2626750	645000	65700	78850 :	144550	2.31	4.07
604000 :	2279000	0	0	397 :	1135		
374000 :	470800	6000	56000	200 :	650	8.22	78.47
1426000 :	5376550	651000	121700	79447 :	146335	4.34	8.26

f) einschl. Luftverteidigung
g) Zerstörer, Fregatten, Korvetten
h) jordanische Patruillenboote nicht mitgerechnet

Summe (CO): Gulf Cooperation Council (GCC) ohne Kuwait

Quelle: The Military Balance 1989–1990 (London 1989)

derneren amerikanischen *Lance* ausgerüstet, während Iran über Eigenentwicklungen (u. a. *Oghab*) verfügt, die auch im Krieg gegen Irak eingesetzt wurden.

Militärisch wichtiger sind immer noch Panzer, Artillerie, Kampfflugzeuge und schließlich Kampfhubschrauber als fliegende Waffenplattformen vor allem für Lenkwaffen. Standard-Kampfpanzer arabischer Armeen ist – wie in den Armeen des Warschauer Pakts – immer noch der alte, 36 t schwere sowjetische *T-54/T-55* aus den fünfziger Jahren. Irak besitzt rund 2500 davon, die fast die Hälfte des Gesamtinventars von 5500 Panzern (ohne die kuwaitischen) ausmachen.

Einschließlich der etwas neueren *T-62* sind es sogar 3500 ältere sowjetische Panzer. Auch die übrigen Panzer stammen bis auf ein paar Dutzend amerikanischer und britischer Exemplare, die vom Iran erbeutet wurden, aus der Sowjetunion oder China (*T-59*/*T-69*). Ungefähr 500 von ihnen sind von der modernen sowjetischen Bauart *T-72* (zum Vergleich: die Bundeswehr besitzt rund 5000 Kampfpanzer, davon über 4000 *Leopard 1*/*Leopard 2*). Interessanterweise hat der Irak nie französische Panzer beschafft, obwohl Frankreich für den Irak im übrigen eine bevorzugte Quelle westlicher Waffen war. Es fanden jedoch Gespräche sowohl mit sowjetischen wie auch französischen Herstellern über eine Kampfpanzerproduktion im Irak statt.

Von den 4050 syrischen Panzern sind 2100 *T-54*/*T-55*, von den libyschen knapp 2000 Panzern sind es 1800 (einschl. einiger *T-62*), von den ägyptischen knapp 2500 Panzern rund 1000 (zuzüglich 600 *T-62*). Im Gegensatz zu Syrien und Libyen hat Ägypten in den achtziger Jahren auch eine große Zahl moderner amerikanischer Panzer erhalten (rund 800 *M-60A3*). Unter Irans übriggebliebenen etwa 500 Panzern sind sowjetische, chinesische, britische und amerikanische. Noch unter dem Schah wurden vorwiegend amerikanische *M-60A1* und später britische *Chieftains* beschafft. Britische *Chieftains* stellen mit rund einem Drittel auch den größten Anteil unter rund 1100 jordanischen Kampfpanzern; die übrigen sind alte britische *Centurions* und amerikanische *M-47*/*M-48A5* sowie moderne amerikanische *M-60A1*/*A3*. 90 der jordanischen *Chieftains* sind erbeutete iranische und ein Geschenk Iraks.

Israels knapp 3800 Panzer sind ein Gemisch aus britischen (alte *Centurion*), amerikanischen (*M-48* und *M-60*), sowjetischen (erbeutet) und eigenen Produkten (*Merkava*). Moderne *M-60A1* und *M-60A3*-Panzer (1300 Stück) und *Merkava 1*/*Merkava 2* (600 Stück) machen die Hälfte des Bestandes aus.

Saudi-Arabien und die kleinen Golfstaaten sind mit überwiegend modernen französischen (Saudi-Arabien, Katar, VAE), amerikanischen (Saudi-Arabien, Bahrain, Oman) und britischen (Kuwait, Oman) Kampfpanzern ausgerüstet. Saudi-Arabien wollte deutsche *Leopard II* kaufen, was jedoch mißlang. Jetzt setzt sich sein Bestand von insgesamt 550 Kampfpanzern zu ähnlich großen Teilen aus französischen *AMX-30* (36 t) und amerikanischen *M-60A3* (58 t) zusammen. Die kleinen Golfstaaten (ohne Kuwait) verfügen über knapp

250 Kampfpanzer, unter denen knapp 120 *AMX-30* den größten Anteil stellen.

Müßte Israel gegen eine Koalition aus Irak, Syrien und Jordanien kämpfen, stünden seinen 3800 Kampfpanzern knapp 11000 auf arabischer Seite gegenüber (1 : 2,9). Kämen Iran, Libyen und schließlich Ägypten als Kriegsgegner hinzu, wüchse diese Zahl auf knapp 16000 (1 : 4,2).

Quantitativ noch ungünstiger für Israel gestalten sich die Verhältnisse bei der Artillerie (gezogene Geschütze sowie Selbstfahrlafetten mit einem Kaliber über 105 mm und Mehrfach-Raketenwerfer). 6500 bzw. 10700 Geschützen stehen auf arabisch/iranischer Seite 1400 israelischen gegenüber (1 : 4,7 bzw. 1 : 7,7). Israel verfügt allerdings im Vergleich zu den arabischen Armeen über einen sehr hohen Anteil von Selbstfahrlafetten an seiner Artillerie. Die wichtigsten Lieferanten von Artilleriewaffen in der Region sind wiederum Sowjetunion, USA, Frankreich, Großbritannien und China. Saudi-Arabien und Oman besitzen auch eine Anzahl moderner Feldhaubitzen vom Typ *FH-70* (Reichweite 31 km) aus deutsch-englischer Gemeinschaftsproduktion, die von Großbritannien geliefert wurden.

Zur inzwischen hohen Beweglichkeit nahöstlicher Armeen tragen auch leichte Radpanzer, Spähpanzer und vor allem Tausende von gepanzerten Mannschaftstransportfahrzeugen (APCs) bei. Bei diesen Waffen spielen auch die Tschechoslowakei und Brasilien als Produzenten und Lieferanten eine gewisse Rolle. Brasilianische Panzerfahrzeuge befinden sich inzwischen in den Arsenalen des Iraks, Jordaniens, Libyens, Saudi-Arabiens und der VAE.

Ganz besonderen Wert auf motorisierte Beweglichkeit legt die israelische Armee, wie die im Verhältnis zur Truppenstärke hervorstechend hohe Zahl von gepanzerten Mannschaftstransportern zeigt: über 10000 Fahrzeuge, ganz überwiegend der amerikanischen Typen *M-113* und *M2/M3* (zum Vergleich Irak: rund 7100 APCs zuzüglich 1000 sowjetische *BMP*-Schützenpanzer, Ägypten: rund 3000 APCs zuzüglich rund 500 sowjetische *BMP*- und *BTR*-Schützenpanzer). Ägypten stellt gepanzerte Mannschaftstransporter inzwischen auch selbst her (*Walid*, *Fahd*) und hat 100 *Fahds* nach Kuwait exportiert.

Bodentruppen werden zunehmend durch teilweise schwerbewaffnete (Lenkwaffen-)Kampfhubschrauber unterstützt, wobei die Zahlenverhältnisse für Israel nicht günstig sind. Irak verfügt über fast 60 deutsche, in Spanien unter Lizenz hergestellte *Bo-105*, die mit französischen Panzerabwehrwaffen ausgerüstet sind. Auch Bahrain hat einige *Bo-105* erhalten.

Im übrigen sind alle Armeen der Region mit großen Stückzahlen der wirksamen und relativ billigen Panzerabwehr-Lenkwaffen (ATGWs) ausgestattet. Irak (Kuwait), Jordanien, Iran, Ägypten, Israel, Saudi-Arabien, Bahrain, VAE und Oman haben die amerikanischen Standardtypen *Tow* und/oder *Dragon* in ihren Beständen. Irak, Syrien, Iran, Ägypten, Libyen, Saudi-Arabien, Katar, VAE und Oman verfügen aus französischen Lieferungen auch über die deutsch-französischen Gemeinschaftsprodukte *Milan* und/oder *Hot*. Im übrigen sind auch die sowjetischen ATGWs *AT-1 Snapper*, *AT-2 Swatter* und *AT-3 Sagger* (Irak, Syrien, Libyen, Ägypten) massenhaft verbreitet.

Ebenso verfügen alle Armeen der Region über moderne Flugabwehr-Lenkwaffen (SAMs). Die sowjetischen *SA-2 SA-3* und ihre Nachfolger waren schon vor vielen Jahren, im ägyptisch-israelischen «Abnutzungskrieg» von 1969–70, bei der seinerzeit überlegenen israelischen Luftwaffe gefürchtet. Noch heute sind die sowjetischen SAMs, insbesondere die *SA-7*, die verbreitetsten in der Region; Irak, Syrien, Jordanien, Iran, Libyen, Ägypten und Oman, d.h. auch einige vorwiegend westlich bewaffnete Staaten verlassen sich auf sie. Israel stützt sich ausschließlich auf die amerikanischen Systeme *Redeye* (tragbar), *Chaparral* (selbstfahrend, gepanzert) und die schweren *Hawk/I-Hawk*-Batterien. *Redeye* findet sich auch in Jordanien und Saudi-Arabien, ihr Nachfolger *Stinger* in Saudi-Arabien, Bahrain und Katar. Die *Chaparral* wird inzwischen auch von Ägypten eingesetzt, während die *Hawk/I-Hawk*-Batterien außer in Israel auch in Kuwait, Jordanien, Iran (aus der Schah-Zeit), Ägypten, Saudi-Arabien und in den VAE (im Aufbau) vorhanden sind. Die Franzosen haben Irak und Katar das deutsch-französische selbstfahrende und gepanzerte SAM-System *Roland* verkauft. Ägypten, Libyen, Saudi-Arabien und die VAE haben sie ihr eigenes System *Crotale* verkauft (in Saudi-Arabien: *Shahine*). Sind, wie gesagt, sowjetische SAMs weiterhin sehr verbreitet, verfügt jedoch nur Syrien ausschließlich über sowjetische Flugabwehr-Lenkwaffen.

Was die Luftstreitkräfte der Region betrifft, ist Israel mit Abstand das Land mit den meisten Kampfflugzeugen (680). Es folgen dann vier Länder mit rund 500 (Irak, Syrien, Libyen, Ägypten), zwei Länder mit rund 200 (Iran und Saudi-Arabien) und ein Land (Jordanien) mit rund 100 Kampfflugzeugen. Die kleinen Golfstaaten (ohne Kuwait) besitzen zusammen rund 150 Kampfflugzeuge. Kämpft Israel gegen Irak, Syrien und Jordanien, stehen den 680 israelischen Maschinen rund 1200 arabische gegenüber. Das Verhältnis 1 : 1,7 ist das günstigste für alle in der Tabelle aufgeführten Indikatoren. Kommen Iran, Libyen und Ägypten hinzu, erhöht sich die Zahl der Kampfflugzeuge von Israels Gegnern auf rund 2400, wodurch sich für Israel das Verhältnis auf 1 : 3,5 verschlechtert. Vor dem Hintergrund der US-Intervention mag interessant sein, daß auf den großen amerikanischen Flugzeugträgern im Durchschnitt 86 Kampfflugzeuge stationiert sind.

Nur Irak, Libyen und Ägypten verfügen über ausgesprochene Bomber, und zwar sowjetischer und chinesischer Herkunft (vorwiegend *Tu-16* und *Tu-22*). Den größten Anteil an allen Luftwaffen (außer Syriens) haben Jagdbomber. Irak stützt sich vor allem auf sowjetische *MIG-23BN* und französische *Mirage F-1* in Jagdbomberversionen. Syrien verfügt nur über sowjetische Maschinen, neben *MIG-23BN*, die das Hauptkontingent darstellen, auch noch über zahlreiche *MIG-17*. Jordanien besitzt an Jagdbombern ausschließlich amerikanische *F-5 Freedom Fighter* und daneben *Mirage F-1* in Abfangjäger-Versionen. Libyen verwendet für Jagdbomber-Aufgaben ebenfalls die sowjetische *MIG-23BN*, in noch größerer Stückzahl jedoch sowjetische *Su-20* und französische *Mirage 5* und *F-1*. Ägypten setzt vorwiegend chinesische *J-6* (*MIG-19*) als Jagdbomber ein, dazu amerikanische *F-4E Phantom* (wie Israel), sowjetische *MIG-17* aus alten Beständen sowie einige französische *Mirage 5* und deutsch-französische *Alpha Jets* (wie auch Katar). Israel unterhält in der Jagdbomber-Rolle je vier Geschwader mit amerikanischen *A-4 Skyhawk* und *F-4E Phantom* sowie der Eigenproduktion *Kfir*. Saudi-Arabien verwendet – wie Jordanien und auch Bahrain – amerikanische *F-5E Freedom Fighter* und neuerdings zusätzlich von Großbritannien gelieferte *Tornados* aus britisch-deutsch-italienischer Gemeinschaftsproduktion. Die VAE besitzen für die Jagdbomber-Rolle ältere französische *Mirage III* und britische *Hawks*, Oman in britischer Tradition *Jaguars* und alte *Hunter*.

In der Abfangjäger-Rolle dominieren im Irak ältere chinesische *J-7* (*MIG-21*) und die sowjetischen *MIG-21*-Originale. Jedoch gibt es auch etliche *MIG-25* und neuerdings hochmoderne *MIG-29*, ferner etliche französische *Mirage F-1* und der Jägerversion *F-1EQ*. Syrien stützt sich im wesentlichen auf die sowjetischen *MIG-21* (170 Maschinen), *MIG-23* und *MIG-25*, hat aber ebenfalls bereits die *MIG-29* erhalten. Jordanien ist in der Jäger-Rolle französisch ausgerüstet (34 *Mirage F-1*), während Iran nur noch über einige wenige einsatzfähige amerikanische *F-14 Tomcat* aus der Schah-Zeit verfügt. Obwohl traditionell sowjetischer Klient, ist Libyen noch nicht in den Besitz der *MIG-29* gelangt. Den Kern der libyschen Jägerflotte bilden wie in Syrien die sowjetischen *MIG-23* (130 Maschinen), die *MIG-21* und die *MIG-25*. Daneben gibt es wie im Irak einige französische *Mirage F-1* in Jägerversionen. Auch in Ägypten spielen die sowjetischen *MIG-21*-Jäger zumindest zahlenmäßig noch eine wichtige Rolle (80 Maschinen). Die ägyptische Luftwaffe setzt jedoch – wie Irak – auch chinesische und französische Jagdflugzeuge ein: *J-7* (*MIG-21*) und *Mirage 5E* (je rund 50 Maschinen). In neuerer Zeit wurden auch moderne *Mirage 2000C* und vor allem amerikanische *F-16A/C* (fast 70 Maschinen) beschafft.

Israel stützt sich in der Jäger-Rolle neben ca. 50 *F-15 Eagle* ganz überwiegend auf die amerikanische *F-16* (145 Maschinen). Saudi-Arabien setzt ebenfalls amerikanische *F-15C Eagle* ein und wartet auf die Lieferung der *Tornado*-Jägerversion. In den Golfscheichtümern dominieren die französischen *Mirages* ganz eindeutig.

Die Kampfflugzeuge aller Luftwaffen der Region sind mit modernen zielgenauen Luft-Luft- (AAM) und Luft-Boden-Lenkwaffen (ASM) ausgerüstet, z. B.

AAM:

- französische *R-550 Magic* (Irak, Kuwait, Jordanien, Libyen, VAE, Oman)
- sowjetische *AA-8 Aphid* (Irak, Syrien, Libyen)

ASM:

- amerikanische *AGM-65 Maverick* (Ägypten, Israel, Saudi-Arabien)
- amerikanische *AGM-78D Standard* (nur Israel)
- amerikanische *AGM-84 Harpoon* (Iran)
- deutsch-französische *Hot* (Ägypten, Kuwait, Syrien, VAE)
- französische *AM-39 Exocet* (Irak, Kuwait, VAE)
- sowjetische *AS-5 Kelt* (Irak, Ägypten).

Westliche Produkte werden überall bevorzugt. Israel setzt auch die Eigenproduktionen *Shafrir* (AAM) und *Gabriel* (ASM) ein.

Die Fähigkeit zu Luftlandeoperationen und zur schnellen weiträumigen Verlegung von Truppenverbänden, insbesondere zu Angriffszwecken, wird durch das Vorhandensein größerer Flotten schwerer Transportflugzeuge signalisiert. Irak verfügt über 62 Transportmaschinen ausschließlich sowjetischer Herkunft (*Antonov, Ilyushin*), Syrien über 27, Iran über ca. 50 (darunter 20 schwere amerikanische *C-130H Hercules*), Libyen über 71 (darunter auch sieben *C-130H Hercules*) Transporter. Ägypten verwendet 30 Transporter östlicher wie auch westlicher Produktion, darunter 19 *C-130H Hercules*. Israel benutzt 60 überwiegend amerikanische Maschinen (darunter 24 *C-130H Hercules*), daneben einige Eigenproduktionen. Saudi-Arabien besitzt ausschließlich amerikanische Transporter, darunter 35 *C-130H Hercules*. Daneben gibt es in allen Luftwaffen Transporthubschrauberflotten (z. B. Irak: 15 schwere sowjetische *Mi-6*, 100 mittlere *Mi-8* und *Mi-17*, Israel: 35 schwere amerikanische *CH-53*).

In dem hier betrachteten Zusammenhang sind die Seestreitkräfte von geringerem Interesse. Sie stellen jedoch eine gewisse Bedrohung für auswärtige Interventionskräfte, insbesondere die amerikanischen dar, die auf Flugzeugträger und den Seetransport zu den von den USA in Ägypten, Saudi-Arabien und in den kleinen Golfstaaten genutzten Basen angewiesen sind. Auch kann das an der Küste langgestreckte isoliert liegende Israel von Schiffen aus angegriffen werden und ist stark von Seetransporten abhängig.

Am stärksten verbreitet sind in den Seestreitkräften der Region die kleinen, aber wirksamen Raketenschnellboote. Die deutsche Lürssen-Werft hat sich dabei durch die Lieferung von zehn Booten an Kuwait, Bahrain und die VAE hervorgetan, die alle mit französischen Lenkwaffen des Typs MM-40 Exocet ausgerüstet sind. Verbreitet sind auch französische Boote vom *La Combattante*-Typ und sowjetische vom *Osa*-Typ. Israel und Ägypten verfügen auch über Eigenentwicklungen.

Zerstörer besitzen nur Iran und Ägypten. Andere größere Einheiten wie Fregatten und Korvetten, die von britischen, französischen, italienischen, spanischen und US-amerikanischen Werften gebaut wurden, gibt es auch in Irak, Syrien, Libyen und Saudi Arabien. Vier italienische Fregatten der LUPO-Klasse für den Irak wurden des

Golfkriegs wegen nicht ausgeliefert und bleiben nun einstweilen auch weiterhin in Italien.

Die israelische Marine beschränkt sich auf Raketenschnellboote und Unterseeboote (drei britische). Einige zusätzliche U-Boote hat Israel vor kurzem auch in Deutschland bestellt. Über U-Boote, und zwar ausschließlich sowjetischen Ursprungs, verfügen außerdem die Seestreitkräfte Syriens (drei), Libyens (sechs) und Ägyptens (zehn).

Das Haus neigt sich – wer kann es halten?

Bei den Landstreitkräften stehen in einem Krieg Israels gegen Irak, Syrien und Jordanien den israelischen 12 Divisionen 69 arabische Divisionen gegenüber, von denen der Irak allein 55 stellt. Unter Einschluß von Iran, Libyen und Ägypten stellen Israels Gegner sogar 95 Divisionen. Im Vergleich der aktiven Soldaten insgesamt (israelische Reserven wegen ihres besonderen Bereitschaftsstatus hier mitgezählt) stellt Israel 645000 Soldaten und die Gegenseite rund 1,5 Mio. bzw. 2,6 Mio. (Verhältnis 1 : 2,3 bzw. 1 : 4,0). Betrachtet man das Gesamtpotential einschließlich aller geschätzten Reserven und paramilitärischen Kräfte, treffen 651000 israelische Soldaten auf 2,8 Mio. bzw. 5,4 Mio. Soldaten der angenommenen gegnerischen Koalition. Damit verschlechtert sich für Israel das Verhältnis auf 1 : 4,3 bzw. 1 : 8,3. Die Koalitionen sind fiktiv, aber nicht aus der Luft gegriffen, so daß deutlich wird, worum es im schlimmsten Fall gehen kann.

Hinsichtlich nichtkonventioneller Waffen, in langfristiger Perspektive und unter dem Gesichtspunkt einer möglichen Kriegsbeendigung durch Lieferstopps (wie 1967 im Sechs-Tage-Krieg) ist auch die deutliche Expansion einheimischer Rüstungsindustrien von Bedeutung. Eine bereits längere Tradition der Rüstungsfertigung, nicht nur auf dem Gebiet von Kleinwaffen und Munition, haben Israel, Ägypten und auch Iran. Der Irak holt seit Mitte der achtziger Jahre vor allem mit westlicher und ägyptischer Hilfe sehr stark auf. Alle diese Rüstungsindustrien bleiben immer noch von Technologieimporten (Komponenten und Know-how) und teilweise auch von der Anwesenheit ausländischer Experten abhängig. Jedoch sind solche Technologieimporte noch schwerer zu kontrollieren als die von Waffensystemen und Munition. Der Aufbau der Giftgasproduktionen in Samarra (Irak) und Rabta (Libyen) sowie der Raketenentwicklung und -produktion im Irak (Entwicklungszentrum SAAD 16 bei Mosul und Produktionsstätten bei Kerbala, Fallujah und Bagdad) haben das besonders drastisch gezeigt.

Das nahöstliche Haus ist voller Sprengstoff und neigt sich; die Statik ist außer Kontrolle. Außen angehängte militärische Gewichte werden es kaum lange halten können, vielleicht – an der falschen Stelle angebracht – um so eher zu Einsturz und Explosion bringen. Ohne gerechte Lösungen und den Abbau von Feindschaft ist Stabilität nicht erreichbar, und das kippende Haus wird niemand betreten, um das Pulver wegzuräumen.

A. S.

«Eine Art Schadenfreude»

Israelis, Palästinenser und die Krise am Golf

Jerusalem, am 15. August 1990. Oberflächlich betrachtet geht alles seinen gewohnten, gemächlichen Gang in Israel. Wären da nicht die täglichen Meldungen über die stetig wachsende Militärpräsenz am Golf, käme wohl kaum einer auf die Idee, daß jeden Moment ein Krieg über die Region hereinbrechen könnte. Dabei könnten die Nachrichten in den Medien so manchen aus der Fassung bringen: «Kuwait fällt an Saddam»; «Die Supermächte tadeln Irak wegen seines Blitzkriegs»; «Die Invasion rechtfertigt nahöstliche Hitler-Ängste»; «The Anschluß» – so einige der Überschriften in der *Jerusalem Post*. Die Krise am Golf wird mit der Situation vor dem Zweiten Weltkrieg verglichen. In einem Kommentar mit dem Titel «Wiederholung der 30er»[1] vergleicht der Autor den «irakischen Tyrannen» mit dem «faschistischen Diktator der 30er Jahre» und wirft der Welt vor, das «gegenwärtige Monstrum» ebenso wie jenes vor dem Zweiten Weltkrieg kreiert und gefüttert zu haben. Der Druck, dem die Tschechoslowakei damals ausgesetzt war, das Sudetenland aufzugeben, sei vergleichbar mit Iraks Forderung an Israel, aus den besetzten Gebieten abzuziehen. Henlein, der Führer der Sudeten, verantwortlich für verschiedene Terrorakte gegen die demokratische Tschechoslowakei, sei ebenso ein Agent Hitlers gewesen, wie heute Arafat im Bunde mit Saddam Hussein und Gaddafi sei, im Betreben, Israel zu zerstören. Ähnliche Parallelen erkennt ein anderer Leitartikler und folgert, Hussein müsse umgehend ermordet werden, um einen Krieg mit vielen Toten zu vermeiden.[2] Laut Israels Verteidigungsminister Moshe Arens verfolgt Hussein dieselben expansionistischen Ziele wie damals Adolf Hitler: «Erst führt er Krieg gegen Iran, dann erobert er Kuwait, und er wird sicher weiterhin nach Opfern Ausschau halten».[3]

Nach Einschätzung der israelischen Regierung bestehe allerdings keine akute Gefahr, daß der Irak Israel angreifen werde, kennzeichnete Arens die Lage Mitte August. Da Israel seit 1979 ein Friedensabkommen mit Ägypten hat und mit Syrien kürzlich zu einer informellen Übereinkunft gekommen ist, bleibt dem Irak lediglich jordanisches Territorium, um einen Angriff auf Israel zu starten. Man gehe davon aus, erklärte Arens, daß der Irak technisch noch nicht dazu in der Lage ist, mit chemischen Sprengköpfen versehene Raketen einzusetzen. Ein Giftgasangriff könnte demzufolge nur mit Hilfe von Flugzeugen erfolgen. Israels militärische Stärken, so die Einschätzung von Experten, lägen in seinem Nachrichtensystem (insbesondere einem Frühwarnsystem und Boden-Luft-Raketen an Israels Grenzen, d. h. Tiefe in der Luftverteidigung), seiner Luftwaffe und seiner Fähigkeit, rasch Reservetruppen mobilisieren zu können. Die internationalen Streitkräfte, die Position am Golf eingenommen haben, seien ebenfalls in der Lage, durch ein Frühwarnsystem jegliche Bewegung aus dem Irak umgehend zu registrieren. Zwischen Irak und Israel bestünden demnach zwei Puffer an Frühwarnsystemen und Boden-Luft-Raketen. Jeglichen Luftangriff per Flugzeug oder per Raketen glaube die israelische Luftwaffe rechtzeitig abfangen und vernichtend erwidern zu können. Israels Luftwaffe sei, so hieß es, auf alle Eventualitäten eingestellt. Im Jordantal sollen Batterien von Hawk-Boden-Luft-Raketen aufgestellt worden sein. «Wir sind in der Lage, jedes irakische Flugzeug, das in unsere Richtung fliegt, aus der Luft zu schießen», sagte Arens.[4] Ministerpräsident Shamir drohte Irak, jeder Versuch, Israel Schaden zuzufügen, werde Hussein und seine Armee teuer zu stehen kommen.[5]

Forschungsminister Ne'eman wies darauf hin, daß Irak heute eine Atommacht sein könnte, hätte nicht Israel im Jahre 1981 den im Bau befindlichen irakischen Atomreaktor Osirak mit einem Überraschungsschlag zerstört.[6] (Diese Aktion hatte damals heftigen internationalen Protest hervorgerufen.) Israel selbst hat mehrfach angedeutet, im Besitz nuklearer Waffen zu sein. Experten zählen Israel zu den zehn stärksten Atommächten der Welt. Der Atomtechniker Vanunu wurde im März 1988 zu 18 Jahren Haft verurteilt, weil er der Londoner *Sunday Times* geheime Informationen über Israels Atomrüstung gegeben hatte.

Kurz nach Beginn der Golfkrise umschrieb Yossi Sarid, prominenter Knessetabgeordneter der Bürgerrechtspartei *Ratz* (Civil Rights and Peace Movement) die Haltung Israels so: «Die beste Hilfe, die wir den Amerikanern anbieten können ist, ihnen gar nicht zu helfen.» Israel müsse sich «in einem Zustand höchster Wachsamkeit im Hintergrund halten»[7]. Israels Armee ist in Bereitschaft. Es wird abgewartet. Das israelische Verteidigungsministerium sieht trotz einer Aufforderung Außenminister Levys[8] bislang noch keine Notwendigkeit, Gasmasken zu verteilen. Sollte man sich allerdings dafür entscheiden, so betonte Sarid, müßten alle, d. h. auch die Palästinenser in den von Israel besetzten Gebieten, Gasmasken erhalten. Geula Cohen, Vorsitzende der rechtsradikalen Partei *Tehia*, erwiderte, Israel dürfe nicht die Masken der Steineschmeißer durch Gasmasken ersetzen.[9]

Unvorbereitet trifft die Krise Israel nicht. Bereits im April hatte es Reibereien zwischen Saddam Hussein und der israelischen Regierung gegeben. Hussein hatte, angeblich in Befürchtung eines neuen israelischen Präventivschlags wie 1981, angedroht, halb Israel durch einen Giftgasangriff zu zerstören, sollte Israel beabsichtigen, Irak anzugreifen. Israel Shahak, Professor für organische Chemie an der Hebrew University in Jerusalem, versuchte in der Zeitschrift *Middle East International* nachzuweisen, daß die israelischen Medien, während alle von einem ohnehin fruchtlosen Friedensprozeß sprächen, seit einigen Wochen die öffentliche Meinung auf einen möglichen Krieg vorbereiten, so wie es schon 1982 kurz vor der israelischen Invasion des Libanon der Fall gewesen sei.[10]

Um die gegenwärtige Situation in Israel und den besetzten Gebieten zu verstehen, ist es notwendig, einen Blick zurückzuwerfen: Die Sommermonate 1990 waren geprägt von verschiedenen einschneidenden Ereignissen einerseits und einer merkwürdigen Ruhe in den besetzten Gebieten, hinter der die nächste Welle einer wütenden Erhebung zu lauern schien, andererseits. Am 20. Mai, dem sogenannten «Black Sunday», wurden acht Arbeiter aus Gaza in Rishon Lezion von einem vermeintlich gestörten Israeli kaltblütig erschossen, was ein zeitweiliges heftiges Aufflammen der Intifada, des Aufstandes der Palästinenser in den besetzten Gebieten, zur Folge hatte. Die UNRWA (Hilfswerk der Vereinten Nationen für Palästinaflüchtlinge im Nahen Osten) registrierte an diesem Tage vier Tote und mehr als 600 Verletzte allein in Gaza. Am 30. Mai verhinderten die Israelis einen Terroranschlag der PLO-Gruppierung Palestine Liberation Front (PLF) des Abu Abbas an der israelischen Küste, was zu einem Abbruch des im Dezember 1988 begonnenen Dialogs der USA mit der PLO führte.

Nach einer wochenlangen Pattsituation zwischen *Likud* und Arbeiterpartei im israelischen Parlament *Knesset* war der *Likud* schließlich in der Lage, eine Mehrheit zu gewinnen und am 11. Juni eine Regierung zu bilden. Im Zusammenhang mit dem «Friedensprozeß» schloß diese Regierung weiterhin Verhandlungen mit der PLO aus, insbesondere mit dem Hinweis auf den 30. Mai und Arafats Weigerung, Abu Abbas aus dem Dachverband der PLO auszuschließen. Der Konflikt, so wurde immer wieder betont, müsse mit den arabischen Staaten ausgetragen und gelöst werden.

Die Regierung geriet indes zunehmend unter Druck der USA und der EG, endlich Antwort auf den amerikanischen Friedensplan von James Baker zu geben. Ihre Absichten und Pläne hinsichtlich des Friedensprozesses blieben recht undurchsichtig. Einige waren der Ansicht, Ministerpräsident Shamir werde aus einer Position der Stärke heraus (ähnlich wie damals Begin, der mit Ägypten das Camp David-Abkommen vereinbarte) zu Konzessionen bereit sein. Andere hingegen trauten einer so rechten Regierung, die ihre Absicht, die besetzten Gebiete niemals abzugeben, immer wieder deutlich gemacht hatte, nicht zu, daß sie ihre Vorsätze ändern werde. Man erwartete, daß das auf September verschobene Treffen zwischen Israels Außenminister Levy und Präsident Bush mehr Klarheit bringen werde.

In den besetzten Gebieten jedenfalls wurde in den zwei Monaten vor der Irak-Krise ein deutlich verändertes Verhalten des Militärs beobachtet: Die regelmäßigen Militärpatrouillen in den palästinensischen Flüchtlingslagern wurden reduziert, was zu einem Rückgang der gewaltsamen Auseinandersetzungen mit den Lagerbewohnern führte. Die israelische Menschenrechtsorganisation *B'Tselem* beobachtete, daß die Zahl der Todesopfer stark zurückging.[11] Gleichzeitig nahm die Zahl gewaltsamer Auseinandersetzungen zwischen Palästinensern zu: Vermeintliche Kollaborateure wurden ermordet oder verprügelt; Familienfehden arteten häufig in blutige Auseinandersetzungen aus.

Israels ‹Falken› sehen sich bestätigt

Welche Strategie die israelische Regierung zuvor auch verfolgt haben mag, die Krise am Golf scheint ihr nicht unwillkommen gewesen zu sein, sah sie doch alle ihre Positionen bestätigt. Die israelische Zeitung *Ha'Aretz* zitierte am 5. August folgende Worte Shamirs: «Der brutale und unerwartete Angriff auf Kuwait hat der Welt klar vor Augen geführt, unter welchem Schatten von Gefahren und Bedrohungen Israel existiert. Der Angriff beweist auch, daß die Betonung, die wir auf unsere Beziehungen mit den arabischen Staaten gelegt haben, das prinzipielle Element ist in der Schwierigkeit des Friedens zwischen uns und der arabischen Welt. Wahrlich, das Thema Intifada und der Konflikt mit den Palästinensern ist verschwindend klein im Angesicht der Gefahren und Bedrohungen, die mit der irakischen Invasion an die Oberfläche gekommen sind.»[12] In derselben Ausgabe von *Ha'Aretz* erklärt Minister Ne'eman: «In der heutigen Sicht erscheinen Bakers fünf Punkte als überholt.»[13] *Time Magazine* warf der israelischen Regierung vor, die Situation am Golf auszunutzen, um an den besetzten Gebieten festhalten zu können; die Regierung hoffe, daß der Druck von seiten der amerikanischen Administration angesichts der gefährlichen Lage nun nachlassen werde. Israelische Falken deuteten auf Arafat in Umarmung mit Saddam Hussein, mit der Frage: «Erwartet ihr, daß wir mit *solchen* Leuten verhandeln?»[14] In der *Jerusalem Post* erschien der Artikel eines Amerikaners, Überschrift: «Die West Bank behalten: Saddam hat meine Meinung geändert.»[15] Darin erklärt der Autor, der sich als liberaler Jude bezeichnet, er habe sich bislang immer dafür eingesetzt, die Besetzung der West Bank zu beenden. Die irakische Invasion Kuwaits aber habe seine Meinung geändert: Die West Bank dürfte kein palästinensischer Staat werden, weil dieser Staat Israels Feinden die Stationierung von Truppen und chemischen Waffen gestatten würde. Israel solle den Palästinensern lediglich Autonomie (wie in Camp David vorgeschlagen) anbieten und die West Bank nur abgeben, wenn es zu Friedensvereinbarungen mit der arabischen Welt komme.

Einige Rechte äußerten die Hoffnung, daß die USA Iraks militärische Macht, die Syriens im Laufe des Golfkrieges von 1980 bis 1988 als Israels Bedrohung Nummer eins ersetzt hat, zerschmettern werden. Der Exponent der Rechten, Ariel Sharon, betonte, die Gefahren für Israel würden wachsen, wenn nicht Iraks Flügel gestutzt werden. Zudem sei es zwingend, die Intifada umgehend niederzuschlagen, damit Israel nicht auch noch einer Gefahr von innen ausgesetzt sei. Sharon schlug vor, alle 100 bis 150 Führungspersönlichkeiten der Intifada, die «ungestört in Jerusalem agieren», zu exilieren.[16] Worte wie diese lassen so manche Linke befürchten, Israels Regierung könnte eine eventuelle Kriegssituation mit Jordanien dazu nutzen, die von den Rechten seit Jahren propagierte «Transfer-Politik», nach dem Motto «Jordanien ist Palästina», durchzuführen und die ca. 1,7 Millionen Palästinenser aus den besetzten Gebieten nach Jordanien zu vertreiben.[17]

«Führungspersönlichkeiten der Intifada», das sind zum Beispiel diejenigen zwölf Palästinenser, die sich am 5. August 1990, angeführt von Faisal Hussaini, mit sechzehn Knesset-Abgeordneten der *Shinui, Ratz, Mapam* und Arbeiterpartei trafen und sich mit ihnen auf eine recht einmalige Erklärung einigen konnten. Darin heißt es: Der Israel-Palästina-Konflikt sei der Kern der Nahostprobleme. Den Palästinensern stehe gemäß der UN-Resolution von 1960 gegen Kolonialismus das Recht auf Selbstbestimmung zu. Jedes Abkommen müsse beruhen auf den UN-Resolutionen 242 und 338 (d. h. Abzug der israelischen Truppen aus den besetzten Gebieten) und jeder anderen Resolution, auf die man sich einige und die durchgeführt und verhandelt werden solle zwischen der Regierung Israels und der international anerkannten legitimen Vertretung der Palästinenser (d. h. der PLO). Die Verhandlungen könnten unterstützt werden von den USA, der UdSSR, China und der Europäischen Gemeinschaft im Rahmen einer internationalen Friedenskonferenz unter der Schirmherrschaft der Vereinten Nationen. Keine Seite könne für die andere entscheiden, wer sie in den Verhandlungen vertrete, diese Entscheidung werde jeder Seite selbst überlassen, vorausgesetzt, die Bevollmächtigten hielten sich an oben genannte Prinzipien.[18]

Diese Erklärung hat einigen die Gelegenheit geboten, die Linke angesichts der Krise im Golf massiv anzugreifen. «Hat die Linke keinen Selbstrespekt?» wetterte ein ehemaliger Sprecher der Knesset. Die Tatsache, daß die Knessetabgeordneten den Palästinensern das Recht auf Selbstbestimmung gemäß der UN -Resolution gegen Kolonialismus zugestanden hatten, wertete er angesichts der palästinensischen Unterstützung des Irak als «unwürdigen Akt öffentlicher Selbstgeißelung»[19].

Die Krise am Golf kann Israels Regierung darauf hoffen lassen, daß der Druck der EG, endlich ernsthafte Schritte in Richtung einer Friedenslösung zu unternehmen, nachlassen wird: Waren doch europäische Staaten, allen voran die beiden deutschen Staaten, über Jahre hinweg maßgeblich an der Aufrüstung und Giftgasproduktion des Irak beteiligt. Außenminister Levy forderte die Europäische Gemeinschaft während seines Besuchs in der BRD Mitte August dazu auf, alles zu tun, um die Unterstützung privater Firmen für Iraks Giftgasindustrie zu unterbinden. «Es tut mir leid, daß Europa die letzten drastischen Entwicklungen dazu benötigte, um von der Illusion, Arafat und seine Organisation könnten Friedenspartner sein, zu erwachen. Deren Art ist der Terror, und deren natürlicher Platz ist neben Saddam Hussein und Gaddafi.»[20]

Aufwind für die Intifada

Gaza Town am 15. August 1990: Generalstreik; geschlossene Geschäfte; keine Bewegung von Fahrzeugen; brennende Reifen; palästinensische Fahnen an den Strommasten; mit Steinen bewaffnete Kinder und Jugendliche in den Straßen, auf Militärfahrzeuge wartend; Demonstrationen, gespannte Stimmung. Am Ende des Tages 28 Verletzte.[21] Das übliche Bild der Intifada; und es war nicht das erste Mal, daß die «Islamische Widerstandsbewegung *(Hamas)*» zu einem Generalstreik aufgerufen hatte. Dennoch, an diesem Tag war die Stimmung anders. Der Protest richtete sich diesmal weniger gegen Israel als gegen die USA und Saudi-Arabien. In einem Flugblatt forderte *Hamas* die USA auf, sich umgehend aus den arabischen Gebieten zurückzuziehen und den Arabern die Lösung ihrer Probleme selbst zu überlassen. Den Irak rief *Hamas* dazu auf, das «Herz Tel Avivs anzugreifen», falls er von den «westlichen Kreuzzüglern» angegriffen werde.[22]

Hunderte von Palästinensern demonstrierten an vielen Orten der besetzten Gebiete. Irakische und palästinensische Fahnen wurden gehißt, anti-amerikanische Parolen, Slogans gegen Saudi-Arabien und Ägypten und Grußworte an Arafat und Saddam Hussein skandiert. Neugeborene wurden Saddam genannt.

Die Reaktion der demonstrierenden Palästinenser ist mehr als alles andere auf emotionale Gründe zurückzuführen. Über drei Jahre schon dauert die Intifada, der Aufstand der Palästinenser gegen die israelische Besatzung. Anstelle von politischen Erfolgen sind an die 60000 Verletzte und über 800 Tote zu verzeichnen. Tausende wurden in Administrativhaft genommen. Hunderte von Häusern wurden per

Militäranordnung aus sogenannten Sicherheitsgründen gesprengt oder versiegelt. Gewaltsame Zusammenstöße mit der Armee, Straßenkontrollen, Einzug von Personalausweisen, Reisebeschränkungen, hohe Geldstrafen, Steuereinzugsverfahren, Ausgangssperren, Hausdurchsuchungen und -verwüstungen, Verhaftungen und andere Schikanen halten die Bewohner der besetzten Gebiete unter permanenter Spannung. Die Konzessionen und Mäßigung der PLO-Führung[23], so empfand es die palästinensische Bevölkerung, hatten keinerlei Erleichterungen oder Vorteile gebracht. Der Friedensprozeß kam zu völligem Stillstand, und von der neuen Rechts-Regierung Israels erwartete man wenig Gutes. Unter den Aufständischen machten sich erste Anzeichen von Ermüdung und Resignation bemerkbar.

Die pro-irakischen Demonstrationen dienten daher zu einem nicht geringen Maße als Ventil für aufgestaute Frustrationen; dabei spielte das Gefühl mit, daß man ohnehin nichts mehr zu verlieren habe. Die Intifada hat mit der Krise am Golf aber auch Auftrieb bekommen: Ein neuer Wind bläst, der den Status quo aufzumischen scheint.

Die ablehnende Haltung der Palästinenser in den besetzten Gebieten gegenüber den internationalen Streitkräften am Golf ist teilweise mit dem arabischen Minderwertigkeitskomplex gegenüber dem stets überlegenen Westen zu erklären. Eine durchgehende Linie von Besatzern wird gezogen, die von den Kreuzzüglern über die Osmanen und die britische Mandatsmacht bis hin zu Israel reicht. Die Ablehnung konzentriert sich insbesondere auf Amerika und alle diejenigen, die ihm anhängen: Die USA unterstützen Israel jährlich mit ca. 3–4 Milliarden Dollar, davon 1,8 Milliarden an Militärunterstützung. Die USA, so die Auffassung in den besetzten Gebieten, haben die PLO in einen erniedrigenden und völlig nutzlosen Dialog involviert (Dezember 1988) und haben ihn dann im Juni 1990 (nach dem versuchten Terrorattentat des Abu Abbas) abgebrochen. Die USA haben nach dem Rishon Lezion-Massaker und der darauffolgenden brutalen Niederschlagung der neuen Intifadawelle durch die israelische Armee, wie so häufig, ihr Veto bei den Vereinten Nationen eingelegt und damit die Entsendung von Beobachtern zum Schutz der Palästinenser in den besetzten Gebieten verhindert. Die USA, so weiter, verfolgen einzig und allein ihre eigenen wirtschaftlichen und strategischen Interessen in der arabischen Welt.

Die Golfstaaten und Ägypten werden als Marionetten angesehen, die den USA bei der Durchsetzung ihrer Interessen behilflich sind. Ihre

Unterstützung der Palästinenser erschöpfte sich in der Vergangenheit in Zahlungen und Lippenbekenntnissen. Während sie immer reicher wurden, wurden die Palästinenser in den besetzten Gebieten immer ärmer. Kuwait hatte zwar rund 300000 Palästinenser aufgenommen, die maßgeblich am Aufbau des Landes beteiligt waren. Seit geraumer Zeit aber hatte man ihnen das Leben zunehmend schwerer gemacht, vielleicht um den Einfluß der Palästinenser auf Kuwait einzudämmen: Arbeits- und Studienplätze sowie Wohnsitze wurden immer rarer, weil anderen Gastarbeitern offenbar Vorrang eingeräumt wurde.

So ist es wenig verwunderlich, daß die Bewunderung groß ist für Saddam Hussein, den Mann, der die USA und die ihnen anhängenden arabischen Staaten herausfordert. Der vielmehr noch den Abzug seiner Truppen aus Kuwait mit der Freigabe der von Israel besetzten Gebiete verbindet.

Gratwanderung der PLO-Führung

Auf der politischen Ebene, in den Reihen der palästinensischen Führung in Jerusalem, wird all das sehr viel nüchterner gesehen. Ziad Abu Zayyad, Rechtsanwalt und Herausgeber einer hebräischsprachigen Zeitung (*Gesher*», die Brücke), faßte den Kern der palästinensischen Aussage so zusammen: «Wir sind prinzipiell gegen jegliche Art von Okkupation und gegen den Gebrauch von Gewalt, um internationale Konflikte zu lösen: Schließlich sind wir selbst, die Palästinenser, Opfer einer Besatzung und israelischer Gewalt. Wir sind jedoch zutiefst enttäuscht über die westlichen Demokratien und die USA, die innerhalb weniger Stunden auf die irakische Okkupation Kuwaits reagiert und sich als Hüter der UN-Prinzipien am Golf aufgestellt haben, während sie in bezug auf die nunmehr 23 Jahre dauernde israelische Besatzung der palästinensischen Gebiete nicht in derselben Weise reagiert und keinerlei Anzeichen gegeben haben, daß diese Besatzung zu einem Ende kommen wird, ungeachtet der Tatsache, daß an den Palästinensern in den besetzten Gebieten schwerwiegende Menschenrechtsverletzungen verübt werden.»

Es ist das moralische Prinzip, auf das die palästinensische Führung in diesem Konflikt hinzuweisen versuchte. In privaten Gesprächen leugnete keiner, daß Saddam Hussein ein Diktator und Verbrecher ist. «Sympathie für den Irak ist eine Art Schadenfreude über das Schicksal derer, die es unterlassen haben, Solidarität (mit den Palästinensern) gegen die israelische Okkupation zu zeigen und die sich eng angebunden haben an die Befürworter dieser Okkupation. Diese Sympathie ist eine Form der Ablehnung und Protest gegen die US-Kampagne und gegen die Vereinigten Staaten und Israel die sich der irakischen Okkupation entgegensetzen, während sie selbst täglich ihre eigene Okkupation betreiben», schrieb Ghassan al-Khatib in der Zeitung *al-Fajr*.[24] Einer Meinungsumfrage zufolge, die die Ost-Jerusalemer Wochenzeitung *al-Nadwa* Mitte August durchführte, betrachten ca. 84 % der Bewohner in der West Bank Saddam Hussein als arabischen Helden, befürworten 58 % die Invasion Kuwaits, während 38 % dagegen sind.[25]

Die Unterstützung des Irak durch die PLO hat einen weiteren Hintergrund: Bagdad diente der PLO in den vergangenen Jahren als Hauptstützpunkt neben seinem Quartier in Tunis. Ihre Büros und militärischen Lager durften ungestört im Irak existieren. Der Irak hat die PLO jahrelang, auch während des Golfkriegs, mehr als andere Länder finanziell unterstützt. Die Golfstaaten hatten seit der Intifada begonnen, die PLO weniger, dafür aber andere, rivalisierende Gruppierungen in den besetzten Gebieten, wie die islamischen Fundamentalisten, finanziell stärker zu unterstützen. Die Entwicklung in Osteuropa und die damit einhergehende Beendigung massiver militärischer und finanzieller Hilfe an arabische Staaten und Organisationen hat die PLO um so abhängiger vom Irak gemacht. Die PLO mußte zudem erkennen, daß die Intifada keine politischen Erfolge brachte, während Israel durch die massive Einwanderung sowjetischer Juden seinen Anspruch auf die besetzten Gebiete zunehmend untermauern konnte. Der Irak, der sich nach dem Golfkrieg in den arabisch-israelischen Konflikt wieder einzumischen begonnen hatte, bot sich mit seiner in der arabischen Welt herausragenden militärischen Stärke als Partner für die PLO an, die Hoffnung nährend, daß einzig eine massive militärische Bedrohung Israel zu Konzessionen bewegen könnte. Eine Rolle spielte auch die Erzfeindschaft zwischen dem Irak und Syrien. Syrien hat bislang radikale Fraktionen in der PLO unterstützt und angeblich auch zu Terroranschlägen angestiftet, um den Einfluß von Arafats *Fatah*, insbesondere im Libanon, einzudämmen. Zudem scheint Syrien kürzlich zu einem Einverständnis mit Israel gekommen zu sein und hat sich jetzt mit Ägypten, Marokko und den Golfstaaten in das «pro-westliche Lager» eingereiht.

Am 5. August meldete Radio Monte Carlo aus «palästinensischen Quellen» folgenden Friedensvorschlag der PLO:

1. Irakische Truppen sollten vor dem 10.8. aus Kuwait abziehen.
2. Ernsthafte Verhandlungen sollten zwischen Irak und Kuwait im Rahmen der Arabischen Liga oder einer regionalen Zusammensetzung mit dem Ziel einer abschließenden Vereinbarung beginnen, in der die Grenzen und eine zwischen den Ländern koordinierte Öl-Politik festgelegt würden.
3. Die Kuwaitis sollten das Recht haben, die Zukunft ihrer Führung ohne arabische oder internationale Einmischung selbst zu bestimmen.
4. Es sei notwendig, eine einheitliche Öl-Politik zwischen den Golfstaaten und Irak zu bestimmen, als Anfang einer zukünftigen einheitlichen Politik zwischen allen arabischen Ländern.[26]

Die PLO hat die Invasion Kuwaits weder eindeutig verurteilt noch befürwortet. Salah Khalaf (Abu Iyad), Arafats Stellvertreter und Mitglied des *Fatah*-Zentralkomitees, erklärte in einem Interview mit *al-Nadwa*, die PLO sei für keine der beiden Seiten, Irak oder Kuwait, voreingenommen und habe versucht, mit beiden Kontakt zu halten, obwohl dieses Angebot zur Vermittlung auf dem Kairoer Gipfeltreffen auf Ablehnung gestoßen sei. «Es gibt da einige, die unsere Position nicht verstehen, aber wenn die Geheimnisse dieser Krise bekannt werden, wird jeder wissen, daß die PLO versucht hat, den Gebrauch von Waffen in der Region zu verhindern.»[27]

Die palästinensischen Führungspersönlichkeiten in Jerusalem griffen den irakischen Vorschlag, einen Abzug aus Kuwait zu verbinden mit dem Abzug Israels aus der West Bank, Gaza und den Golan-Höhen sowie dem Abzug Syriens aus dem Libanon, positiv auf. Hier biete sich eine einmalige Chance, einen umfassenden und dauerhaften Frieden zu schaffen, so Abu Zayyad. Auf der Basis des irakischen Vorschlags und aller relevanter UN-Resolutionen solle eine internationale Friedenskonferenz einberufen werden. Am 15. August 1990 erschien eine Erklärung, an der Faisal Hussaini, der als «Vorsitzender» der Palästinenser in den besetzten Gebieten gilt, und Vertreter aller vier Hauptfraktionen der PLO beteiligt waren. Darin wird die Aufforderung der PLO unterstützt, den Irak-Kuwait-Konflikt innerhalb der arabischen Welt zu lösen, irakische Truppen aus Kuwait abzuziehen und den Kuwaitis das Recht auf Selbstbestimmung zuzugestehen. Die Invasion Kuwaits wird als ebenso illegal bezeichnet wie die Besetzung arabischen Territoriums durch Israel. Internationale Einmischung wird prinzipiell abgelehnt und die Haltung Ägyptens, Saudi-Arabiens, Syriens und Marokkos verurteilt, weil deren Einwilligung der Existenz amerikanischer Truppen im Golf einen legitimen Deckmantel verliehen habe. Der Sicherheitsrat der Vereinten Nationen solle eine internationale Friedenskonferenz einberufen, um alle Konflikte in der Region zu lösen, die israelische Okkupation zu beenden und die nationalen Rechte der Palästinenser zu garantieren. Die internationale Gemeinschaft solle sich für den Schutz der Palästinenser im Golf einsetzen und deren dort erworbene Rechte schützen.[28]

Die «Vereinte Nationale Führung» des Aufstandes (UNL), die im Untergrund agiert, veröffentlichte einen Tag später ein Flugblatt, das – wenn auch schärfer formuliert – dieselbe Aussage macht und die «diplomatischen Bemühungen» der PLO würdigt, wenngleich diese Bemühungen durch die Entscheidung des Kairoer Gipfeltreffens, internationale Streitkräfte in den Golf zu bitten, zunichte gemacht worden seien.[29]

Trotz aller Versuche, einen Ausweg aus der verzwickten Lage zu finden, ist zu befürchten, daß die Palästinenser durch diesen Balanceakt, den Irak einerseits zu unterstützen und sich andererseits von ihm zu distanzieren, das Gleichgewicht verlieren und sich das Rückgrat brechen werden. Zu den pro-irakischen Demonstranten auf den Straßen drangen diese Zweifel anfänglich nicht durch; in den palästinensischen Führungsriegen aber sah man schon früh Entwicklungen voraus, die sich negativ auf die palästinensischen Belange auswirken. Zunächst einmal hat sich die finanzielle Lage der Palästinenser in den von Israel besetzten Gebieten, die durch die Intifada (z. B. Streiktage) und die entsprechenden repressiven Gegenmaßnahmen des Besatzers (z. B. Ausgangssperren, hohe Geldstrafen und Steuereinzugsverfahren) ohnehin schon recht kritisch war, dramatisch verschlechtert. Die Einnahmen der ca. eine Million im Golf lebenden Palästinenser, von denen ein beträchtlicher Teil an Familienangehörige in den besetzten Gebieten geflossen ist, sind drastisch gesunken. Arabische Zeitungen aus Ost-Jerusalem meldeten schon in den ersten Monaten der Krise, daß Palästinenser an den Grenzen zu Saudi-Arabien und Ägypten abgewiesen wurden; einigen Angestellten wurde mitgeteilt, daß ihre Dienste nicht mehr erwünscht seien.

Die Spenden, mit denen Kuwait verschiedene Organisationen und Institute in den besetzten Gebieten unterstützt hat, werden voraussichtlich eingestellt werden. Die Golfstaaten werden ihren finanziellen Beitrag zur Unterstützung der PLO beenden, verringern oder unterbrechen und möglicherweise auch die Zahlungen an internationale Organisationen einschränken. Alle Staaten des Golf-Kooperationsrats (GCC) haben Arafat zur Persona non grata erklärt. «Die Beziehungen zwischen den arabischen Golfstaaten und Yasir Arafat», so weiß die *Jerusalem Post* zu berichten[30], «haben sich ‹beyond the point of no return› verschlechtert, und jegliche zukünftige finanzielle Unterstützung der PLO wird abhängig gemacht werden vom Abgang des Vorsitzenden der Organisation». Die PLO wird unter diesen Umständen vermutlich in eine noch großere Abhängigkeit vom Irak geraten.

Der Aufstand in den besetzten Gebieten, seit geraumer Zeit ohnehin nicht mehr sehr medienträchtig, war zeitweilig an die unterste Stelle der Tagesordnung gerutscht. Der Schwerpunkt jeder Diskussion über den Nahen Osten wird sich vom palästinensisch-israelischen zum arabisch-israelischen Konflikt zurückverlagern. Gestärkt hervorgehen aus der Krise wird vermutlich Israel, mit starken Argumenten an der Hand, die in etwa so lauten könnten: «Die PLO hat sich nicht geändert. Die PLO und die arabischen Staaten sind nach wie vor bestrebt, Israel zu zerstören. Die Palästinenser haben kein Demokratieverständnis und befürworten Gewalt. Die Palästinenser haben die Invasion Kuwaits gutgeheißen und sind deshalb prinzipiell nicht gegen Okkupation. Ein palästinensischer Staat wäre eine dauerhafte Bedrohung für Israel. Die Friedensinitiative der PLO war eine einzige Täuschung. Saddam Hussein hat gezeigt, daß den Arabern nicht zu trauen ist. Die PLO ist kein Partner für den Frieden, Frieden muß mit den arabischen Staaten ausgehandelt werden. Israels Existenz ist bedroht, und Unterstützung aus den USA und der EG ist weiterhin notwendig.»

Überschriften wie «Das US-Bild von Israel bessert sich»[31]; «Israels Zurückhaltung in Golfkrise befriedigt Amerikaner»[32] und «State Department zufrieden mit Israels ‹low profile› in Krise»[33] lassen darauf schließen, daß Israels Image, durch die Intifada im Ausland recht angeschlagen, auf dem Wege der Besserung sein könnte. Die PLO, deren Position seit 1988 international aufgewertet wurde, wird es schwer haben, wieder Boden unter den Füßen zu gewinnen. Die Gefahr, in eine Isolation zurückzufallen, ist groß. Die sogenannte Friedensinitiative ist auf dem Nullpunkt angelangt. Bei einer möglichen Neuordnung der arabischen Welt könnte die PLO auf der Strecke bleiben. «Ob die Araber Freundschaften schließen oder sich bekriegen, im Endeffekt sind immer die Palästinenser die Verlierer», so ein Palästinenser.

Die Zerrüttung der israelischen Friedensbewegung

Nicht nur die arabische Entwicklung, auch die Innenpolitik in Israel bietet genügend Gründe, beunruhigt zu sein. In Israel zerrüttet die Irak-Krise jene Kräfte, auf die die Palästinenser als Gesprächspartner zählen konnten. Viele linke Israelis hatten in der vergangenen Zeit beklagt, daß die Friedensbewegung gespalten und mehr oder weniger eingeschlafen sei. Individuen, kleinere Gruppen und einige Abgeordnete der Knesset hatten sich dennoch unbeirrt für eine Lösung des Nahostkonflikts und für die Verständigung der beiden Völker eingesetzt. Die Erklärung von Knesset-Abgeordneten und palästinensischen Führungspersönlichkeiten vom 5. August 1990 ist eines von vielen Beispielen solcher Anstrengungen. Die Krise am Golf und die Reaktion der Palästinenser hat das Friedenslager jedoch noch weiter abbröckeln lassen – während die gespaltene israelische Gesellschaft angesichts der Bedrohung vermutlich wieder näher zusammenrücken wird. Die Reaktionen auf der Seite der israelischen Linken sind sehr unterschiedlich. Die einen halten weiterhin fest an der Zwei-Staaten-Lösung und am Dialog mit den Palästinensern, die anderen haben sich davon abgewandt. Dritte haben eine Position in der Mitte eingenommen.

Die linke Oppositionspartei *Mapam* distanzierte sich als erste vom palästinensischen Lager. Die PLO habe ihren Status als Partner im Friedensprozeß in Frage gestellt. Ihr Vorsitzender Granot erklärte, *Mapam* werde es sich zweimal überlegen, ob sie noch an Versammlungen mit Palästinensern teilnehmen werde, solange die PLO ihre Position nicht ändere. «Die PLO hat sich diskreditiert und gezeigt, daß sie weder weise noch verantwortungsbewußt ist... Ich warte auf einen Wandel in der Haltung der PLO, aber keinen halbseidenen, sondern einen unzweideutigen Wandel.»[34]

«Von nun an müssen die Palästinenser mich jagen, wenn sie die Gespräche mit den Israelis wiederaufnehmen wollen», sagte Yossi Sarid von der *Ratz*. Zusammen mit Amnon Rubinstein von der liberalen Partei *Shinui* verurteilte er die Position, die die Palästinenser eingenommen haben; sie sei «behaftet mit Unwahrheit und Heuchelei und ist ein schwerer Schlag gegen die Aussichten auf Frieden und Verhandlungen und dient obendrein den Interessen des rechtsradikalen Flügels in Israel»[35].

Ezer Weizmann, Abgeordneter der Arbeiterpartei und ehemaliger Verteidigungsminister, lobte die Haltung der Regierung in der Golfkrise. Er warf Arafat schwere Fehler vor und prophezeite, die PLO werde politischen Schaden erleiden. Er warnte jedoch davor zu glauben, der Friedensprozeß sei nun ad acta gelegt. Man werde sich nach Beendigung der Golfkrise wieder der Lösung des Nahostproblems zuwenden.[36] Weizmann, bekannt als scharfer Kritiker der Regierung, vertritt seit langem die Ansicht, Israel müsse mit der PLO verhandeln. Im Herbst vergangenen Jahres wurde aufgedeckt, daß er sich mit PLO-Vertretern getroffen hatte, was aufgrund des israelischen Anti-Terror-Gesetzes unter Strafe steht. Weizmann, damals Minister, wurde folglich aus dem inneren Kabinett ausgeschlossen.

Aus Kreisen der «Peace Now»-Bewegung waren verschiedene Einschätzungen zu hören. A. B. Yehoshua, linker Intellektueller: Die palästinensische Position «ist dumm, unmoralisch, steht ihren eigenen Interessen entgegen und wird sie (die Palästinenser) weiter von der israelischen öffentlichen Meinung entfernen»[37].

Schärfer noch der TV-Moderator Yaron London in der israelischen Zeitung *Yediot Achronot*: «Ich gehöre nicht zu denjenigen, die der Ansicht sind, um herauszufinden, was ein Araber denkt, müsse man ihm den Schädel einschlagen; aber die Irakis mußten den Kuwaitis den Schädel einschlagen, damit ich weiß, was die Palästinenser wollen. Ich weiß jetzt, daß die meisten von ihnen einen modernen Saladin wollen, einen Führer, der die arabische Welt vereinigen kann und alle Nicht-Araber aus dem Nahen Osten vertreibt. In diesem neuen... Reich... wird es keinen Platz geben für separate nationale Einheiten... Wenn dieses der Traum von Saladin ist – und es wurde diese Woche deutlich, daß die Palästinenser diesen Traum unterstützen –, dann gibt es keinen Platz für Kuwait, die Golf-Emirate und Saudi-Arabien; warum sollte es dann Platz geben für eine palästinensische

Einheit, und warum sollten israelische Linke palästinensische Bestrebungen unterstützen, wenn doch klar ist, daß es nicht ihre eigenen Bestrebungen sind... Diese Woche habt ihr mir bewiesen, daß ich viele Jahre lang ein großer Narr gewesen bin, weil ich Bemühungen unterstützt habe, die überhaupt nicht die euren sind. Wenn ihr zu mir zurückkommt und mich wieder bittet, mit euren legitimen Rechten zu sympathisieren, dann werdet ihr erkennen, daß eure Stimmen, die Saddam unterstützen, meine Ohren verstopft haben.»[38]

Ähnlich bitter argumentierte der Dichter Yehuda Amichai: «Ich bin in keinem Dilemma und nicht im geringsten verwirrt. Ich habe keinerlei verborgene Illusionen über die Palästinenser und habe immer daran geglaubt, daß wir mit ihnen reden müssen... Jetzt will ich sie überhaupt nicht mehr sehen. Sie tun mir leid, weil sie immer alles selbst verpfuschen, so wie schon '48 und '56. Gegenwärtig gibt es nichts, was wir mit ihnen zu besprechen hätten. Die irakischen und lokalen Angelegenheiten können nicht getrennt werden. Ihre Position zum Irak hat gezeigt, daß sie nicht ernsthaft und aufrichtig waren, als sie Gewalt verurteilten; sie haben diese Haltung nur eingenommen, weil sie glaubten, damit etwas erreichen zu können.»[39]

Es wurden aber auch Gegenstimmen laut, die davor warnten, den Dialog mit den Palästinensern abzubrechen. Das «Israeli Palestinian Dialogue Commitee» verurteilte die irakische Invasion und die amerikanische Intervention und rief dazu auf, an die Erklärung vom 5. August (s. o.) anzuknüpfen und den Dialog fortzuführen.[40] Elieser Feiler, Mitglied des Komitees, betonte, man werde weiterhin an der Zwei-Staaten-Lösung festhalten. Yael Dayan, Tochter von Moshe Dayan und Mitglied des Zentralkomitees der Arbeiterpartei, sagte, es sei unverantwortlich, die Gespräche mit den Palästinensern abzubrechen. Man dürfe nicht sagen, die Palästinenser verdienten keine Rechte oder keinen Staat. Wenn sie denn solch grausame Feinde seien, wie manche im Zusammenhang mit der Golfkrise andeuteten, dann sei es um so wichtiger, mit ihnen zu sprechen. Hätte man das schon eher getan, sähen die Dinge heute anders aus, und die Palästinenser würden vielleicht eher Ägypten als Irak unterstützen.[41]

Michael Lerner, Herausgeber der jüdisch-amerikanischen Zeitschrift *Tikkun*, schrieb in *Hadashot*: «Anstatt mit berechtigter Wut gegen die Palästinenser anzuschreien, sollten wir verstehen, daß ihre Gefühle ein vorauszusehendes Ergebnis unseres Unwillens sind, ihre Bitterkeit und ihre Leiden ernst zu nehmen. Anstatt dem rechten Flügel in Israel Gelegenheit zu geben, die Situation auszunutzen und jeglichen Versuch eines Dialogs mit den Palästinensern zu begraben, braucht Israel mehr denn je eine Friedensbewegung, die erklären wird, warum ein demilitarisierter palästinensischer Staat im Interesse der Israelis liegt. Irak stellt eine ernsthafte Bedrohung für Israel dar, aber die Palästinenser sind nicht unbedingt die Verbündeten Iraks... Es ist nicht notwendig, Sympathien für die Palästinenser zu haben, um zu erkennen, daß wir den verzweifelten Schrei von Menschen hören, von Menschen, die akzeptieren, in der Zukunft in Frieden an der Seite Israels zu leben... Die Schlüsselfrage ist nicht, ob man den Palästinensern trauen soll, sondern ob Israel ihnen irgendwann in der Zukunft einen Staat geben wird, unter Bedingungen, die ein Volk in einen Freund verwandeln. Bis dahin sollten wir nicht überrascht sein, wenn sie Unterstützung für irgendeinen Verrückten, der in der Region auftaucht, demonstrieren.»[42]

Quellen und Anmerkungen

1) Jerusalem Post, 13.08.1990
2) Jerusalem Post, 06.08.1990
3) Jerusalem Post, 03.08.1990
4) Jerusalem Post, 13.08.1990
5) Jerusalem Post, 10.08.1990
6) Jerusalem Post, 09.08.1990
7) Jerusalem Post, 16.08.1990
8) Jerusalem Post, 20.08.1990
9) Jerusalem Post, 16.08.1990
10) Middle East International, 03.08.1990, S. 15
11) Jerusalem Post, 03.08.1990; Al-Fajr english 06.08.1990, S. 3
12) The Other Front, No. 87, 10.08.1990
13) op. cit.
14) Time Magazine, 20.08.1990, S. 24
15) Jerusalem Post, 12.08.1990
16) Jerusalem Post, 17.08.1990
17) Vgl. The Other Front, No. 87, 10.08.1990
18) Palestine Press Services, 05.08.1990
19) Jerusalem Post, 14.08.1990
20) op. cit.

21) Zahlen, die von der UNRWA registriert wurden
22) Hamas Flugblatt, No. 62, 13. 08. 1990
23) Auf dem Palästinensischen Nationalkongreß im November 1988 hatte die PLO den Staat Palästina auf der Basis der UN-Resolutionen 181, 242 und 338 ausgerufen, was einer Anerkennung des Existenzrechts Israels gleichkam. Vor der UN Vollversammlung im Dezember 1988 wiederholte Arafat die Anerkennung oben genannter UN-Resolutionen, sprach Israel das Existenzrecht zu und schwor dem Terror ab.
24) Al-Fajr englisch, 13. 08. 1990
25) Jerusalem Post, 16. 08. 1990
26) Asch-Schaab, 06. 08. 1990
27) Jerusalem Post, 17. 08. 1990
28) «Statement issued by Palestinian Personalities in Occupied Palestine», 15. 08. 1990
29) Jerusalem Post, 17. 08. 1990
30) Jerusalem Post, 16. 08. 1990
31) op. cit.
32) Jerusalem Post, 17. 08. 1990
33) Jerusalem Post, 19. 08. 1990
34) Jerusalem Post, 13. 08. 1990
35) Jerusalem Post, 15. und 20. 08. 1990
36) Jerusalem Post, 10. 08. 1990
37) Jerusalem Post, 20. 08. 1990
38) Yediot Achronot, 14. 08. 1990
39) Jerusalem Post, 20. 08. 1990
40) Palestine Press Services, 20. 08. 1990
41) Jerusalem Post, 20. 08. 1990
42) Hadashot, 16. 08. 1990

Shaker Alhamdani

Innenansichten aus dem Irak

Von der Armut eines reichen Landes

In den frühen Morgenstunden des 2. August 1990 überschreiten irakische Invasionstruppen die Grenze zum Kuwait. An ihrer Spitze marschiert die *Republikanische Garde*, eine dem irakischen Präsidenten ergebene und seine Herrschaft stets zu sichern bereite Eliteeinheit, die für ihre Kampfmoral berühmt und für ihre Brutalität berüchtigt ist. Im Gegensatz zum Ausbruch des iranisch-irakischen Krieges ist die Frage nach dem Aggressor damit von Beginn an zweifelsfrei geklärt: Es ist, so äußert sich auch die UNO übereinstimmend, der irakische Präsident Saddam Hussein.

Mit seiner militärischen Aktion und der Annexion Kuwaits hat der Irak jeden außenpolitischen Kredit verspielt, dem ihm die westlichen Regierungen bislang einzuräumen bereit waren. Trotz zugänglicher Informationen über die Terrorherrschaft Saddams, sei es die brutale Unterdrückung jeglicher Opposition, seien es die Giftgaseinsätze gegen den Iran oder gegen die kurdische Minderheit im eigenen Lande, galt der Irak noch bis vor wenigen Monaten als Wächter des Erdöls und Bollwerk gegen die iranische Revolution. Solange Saddam Hussein den ökonomischen Interessen der westlichen Industrienationen zu Diensten war, zeigte man sich stets bereit, ein Auge zuzudrücken, konnte er sich internationaler Unterstützung sicher sein. Saddam hat diese Unterstützung für seine Zwecke genutzt und den Irak zu einer militärischen Macht hochgerüstet, die nun die gesamte Golfregion in Brand zu setzen droht.

War der Krieg gegen den Iran u. a. aus machtpolitischen Gründen motiviert, so hat der Einmarsch Iraks in Kuwait vor allem wirtschaftliche Gründe. Da Saddam Hussein den Krieg gegen den Iran verloren hat, auch wenn er sich kraft seiner Logik und Propaganda zum Sieger erkor, benötigt er darüber hinaus ein Erfolgserlebnis, um seinen Machterhalt im ruinierten Irak zu sichern. Für die Realisierung beider Ziele – wirtschaftliche Sanierung und Beweis der Stärke – bieten sich die militärisch schwachen Scheichtümer am Persischen Golf geradezu an. Kuwait und die anderen Golfemirate sind relativ junge Staatengebilde, die Ende der sechziger bzw. Anfang der siebziger Jahre von Großbritannien, das sich aus der Region zurückziehen wollte, geschaffen wurden, die aber ohne den Schutz ausländischer Mächte kaum überlebensfähig sein dürften. Aus der Sicht von Saddam Hussein haben diese Kleinstaaten keine Daseinsberechtigung. Seine sich darauf berufenden territorialen Ansprüche, gepaart mit wirtschaftlicher Not und den Wünschen Saddams nach der Vorherrschaft am Golf haben ihn schließlich zur Invasion in Kuwait veranlaßt und eine Krise heraufbeschworen, deren Ausmaße Saddam offensichtlich unterschätzt hat.

Die internationale Reaktion auf Saddams Gewaltakt kam unerwartet prompt und entschlossen. Die USA, nunmehr die einzige Supermacht, ergriff sofort die Initiative und sah die Chance, die Welt in ihrem Sinne neu zu ordnen. Sie haben inzwischen deutlich erklärt, ihr Truppenkontingent in Saudi-Arabien nicht vor 1992 wieder abzuziehen. Dabei hat sich spätestens am 17. Januar 1991 gezeigt, daß die inzwischen 450000 US-Soldaten keinen defensiven, sondern einen offensiven Auftrag hatten. Dem Irak soll eine Lektion erteilt werden, wobei es ebensowenig um die Person Saddams wie um die Wiedereinsetzung der kuwaitischen Herrscherfamilie gehen dürfte. Die USA wollen vielmehr stellvertretend einem Teil der arabischen Welt eine schwere militärische und moralische Niederlage beibringen, um ihren eigenen politisch-wirtschaftlichen Einfluß in der Region zu stärken. Gleichzeitig wird der Iran gemahnt, den Islam in der Moschee und die sich auf saudischem Territorium befindenden «heiligen Städte», Mekka und Medina, in Ruhe zu lassen. Darüber hinaus bietet sich die Gelegenheit, die nur halbherzig und allenfalls taktisch verfolgte Lösung des israelisch-arabischen Konfliktes auf unbestimmte Zeit zu verschieben, weshalb es für die PLO letztlich gleichgültig ist, in welchem Lager sie steht.

Von der Arabischen Liga, die Saddam noch während einer Gipfelkonferenz im Mai 1990 als wichtigen und ehrbaren Führer der arabischen Welt feierte und sein ehrgeiziges Rüstungsprogramm bewunderte, sind in diesem Konflikt keine Lösungen oder Impulse zu erwarten. Wenn Saddam Hussein vorgeworfen wird, er habe mit der Invasion Kuwaits in die Reihen der Araber Zwietracht gesät, dann ist dies eindeutig übertrieben. Richtig ist hingegen, daß seine Aggression der arabischen Nation nicht gedient und die arabischen Führer in Verlegenheit gebracht hat, die sich erneut als unfähig erweisen, eine Krisensituation einvernehmlich zu meistern. Allerdings haben sie sich – dies ein Fortschritt – mit wenigen Ausnahmen dem von der UN beschlossenen totalen Embargo gegen den Irak angeschlossen.

Überhaupt läßt sich ein entscheidender Faktor der gegenwärtigen Nahost-Krise auf die Frage bündeln, ob und wie lange der Irak das gegen ihn verhängte Embargo überstehen kann. Vieles spricht dafür, daß er dazu aus eigener Kraft schwerlich in der Lage ist. Läßt man eine unbedeutende fremde Hilfe (über Jordanien oder den Iran) unberücksichtigt – dies wäre kaum mehr als ein Tropfen auf den heißen Stein –, so ist die Lage für den Irak mehr als bedrohlich.

Zur militärischen Situation

Stellt man all die Panzer, Flugzeuge und die kampferprobten Soldaten in Rechnung, über die das irakische Regime verfügt, dann scheint sich Saddam Hussein tatsächlich in einer starken Position zu befinden. Diese Stärke ist jedoch von zweifelhafter Qualität, weil der Irak durch das internationale Embargo weltweit isoliert und von notwendigen Versorgungsleistungen abgeschnitten ist. Anders als im Krieg gegen den Iran fehlt diesmal der wichtige Nachschub aus der Sowjetunion, aus Frankreich, Ägypten, Brasilien, China, der Bundesrepublik Deutschland und anderen Ländern. Als einzig wirksame Waffe verfügt der Irak allerdings über Giftgas, das dort mit Hilfe insbesondere der BRD auch selbst produziert werden kann.

Ansonsten ist das in bezug auf Erdöl autarke Land nahezu vollständig vom internationalen Markt abhängig. Es besitzt zwar einen Hochofen, jedoch keine eigenen Eisenerzvorkommen; es hat zwar einige Prestige-Industrien, die allerdings nicht effektiv arbeiten; es ist insgesamt gesehen also weder ein Industrieland noch ein produktives Agrarland.

Da das allgemeine Embargo auch Ersatzteile einschließt, wird sich die Verfügbarkeit der militärischen und zivilen Maschinerie parabelartig auf ein Minimum reduzieren. Auch mit einem Blitzkrieg kann der Irak diese Engpässe nicht beseitigen. Daran können auch die euphorisch sich meldenden arabischen Freiwilligen nichts ändern, die –

ohne Ausbildung und Kriegserfahrung – eher eine Last darstellen dürften. Darüber hinaus schließlich hat der Irak seine Lufthoheit eingebüßt, ist seine Luftwaffe bei einer Auseinandersetzung mit den USA um ein Vielfaches unterlegen.

Ein Pluspunkt, dem man gewöhnlich dem Irak zuordnet, ist die vielgepriesene Kampfmoral der Armee und der Bevölkerung. Doch wie sieht es damit tatsächlich aus? Saddam Hussein, der nie Berufssoldat war und der nach dem Waffenstillstand mit dem Iran viele fähige, bei den Soldaten beliebte Offiziere, deren Konkurrenz er fürchtete, liquidieren ließ, ist in seiner regulären Armee nicht gerade beliebt. Zudem läßt der von Saddam mit dem Iran ausgehandelte Frieden, bei dem alle iranischen Bedingungen akzeptiert wurden, die achtjährigen Kriegsleiden als eine im nachhinein sinnlose Last erscheinen. Viele Iraker fragen sich nicht nur, wofür sie damals gekämpft haben, sondern zugleich, ob sich nicht auch die Aggression gegen Kuwait als ähnlich sinnloser Fehlschlag erweisen wird. Dieser Zweifel könnte über kurz oder lang zu Widersprüchen und Konflikten innerhalb der Armee führen, vorausgesetzt allerdings, daß die USA es unterlassen, irakischen Boden zu betreten.

Ein weiterer nicht unwesentlicher Faktor ist die Satellitenspionage der USA, welcher der Irak nichts entgegenzusetzen hat. Ferner scheint die Sowjetunion gewillt zu sein, alle ihr zugänglichen Informationen über den Irak den USA zur Verfügung zu stellen, obwohl die UdSSR im April 1972 einen Freundschafts- und Beistandspakt mit dem Irak geschlossen hat. Dieser Informationsaustausch könnte als Beitrag der Sowjetunion zur Bewältigung ihrer zweifelhaften Vergangenheit im Irak verstanden werden.

Zur wirtschaftlichen Lage des Irak

Wirtschaftlich befindet sich der Irak in einer extrem schwierigen Situation. Fachleute schätzen die gegenwärtigen Auslandsschulden auf 100 Milliarden Dollar. Trotz dieser Schuldenlast wurde auch nach Beendigung des ersten Golfkrieges fast der gesamte Staatshaushalt in die Rüstungsindustrie investiert – eindeutiges Indiz für die weiteren Aggressionspläne des irakischen Präsidenten.

Die Arbeitslosigkeit hat stark zugenommen; Sparmaßnahmenprogramme sorgten für die Entlassung einer großen Zahl von Beamten und Angestellten des öffentlichen Dienstes. Ein an den Grenzen zur Türkei und zum Iran vollständig geräumter, 30 Kilometer breiter Sicherheitsgürtel, die Zerstörung fast aller kurdischen Dörfer sowie die Umsiedlungsaktionen kurdischer Bauern in sogenannte Musterstädte haben große Ackerflächen unfruchtbar gemacht und der Landwirtschaft im irakischen Kurdistan einen langfristig kaum wiedergutzumachenden Schaden zugefügt. Die einstige Kornkammer liegt nun brach; Gemüse, Obst, Reis, Fleisch und handwerkliche Produkte, mit denen sie den Irak versorgte, müssen jetzt durch ausländische Waren ersetzt werden.

Auch die fruchtbaren Bodenflächen im flachen Süden des Landes nehmen ständig ab, da keine Mittel und Ressourcen zur Verfügung gestellt werden, um die zunehmende Bodenversalzung zu bekämpfen – eine folgenschwere und fahrlässige Unterlassung, wenn man bedenkt, daß die für die Landwirtschaft geeignete Anbaufläche nur ca. drei Prozent der gesamten Landesfläche ausmacht.

Die seit Mitte der siebziger Jahre gestiegenen Einnahmen aus dem Rohölverkauf und die seit Jahrzehnten anhaltende Landflucht der Bevölkerung habe der Lebensmittelproduktion einen Todesstoß versetzt. Betrug die Einwohnerzahl der Hauptstadt Bagdad noch ca. eine Million, als der Irak nur etwa sieben Millionen Menschen zählte, so leben in Bagdad heute ca. 4,5 Millionen Menschen bei insgesamt 16 Millionen Irakern. Andere Städte haben sich ähnlich entwickelt, so daß es kaum verwunderlich ist, wenn der Irak heute drei Viertel der benötigten Nahrungsmittel zu Weltmarktpreisen importieren muß. Zur Linderung dieser Situation werden lediglich die dem Staatsapparat dienenden Beamten und Angestellten begünstigt. Sie erhalten, auf Lebensmittelkarten und zu verbilligten Preisen, pro Familie und Monat zum Beispiel eine große Dose Pulvermilch und fünf kleine Fleischkonserven. Daß in der ersten Blockade-Woche das Wort «verhungern» die Runde machte, widerspiegelt also durchaus eine ernste Realität.

Bei dem Grundnahrungsmittel für die arme Bevölkerung, bei der Dattelfrucht, ist die Situation nicht besser. Hatte der Irak früher mehr als 36 Millionen Dattelbäume, so beträgt diese Zahl aufgrund der Kriegsfolgen und mangelnder Pflege heute nur noch ca. sechs Millionen. In vielen Fällen können selbst diese Bäume nicht abgeerntet werden, weil entweder die Felder noch vermint oder weil keine Spezialisten zum Bestäuben und Ernten verfügbar sind.

Schulden, Inflation und Rüstung sind die wesentlichen Ursachen für den Notstand und die rapide Erhöhung der Lebenshaltungskosten, die seit 1985 um das Zehnfache gestiegen sind. Selbst wenn der Irak über große Vorräte an Lebensmitteln verfügte, würden diese nur für wenige Monate ausreichen und den zu erwartenden Ausbruch einer Panik allenfalls verzögern. Saddam Hussein hat vermutlich mit Sanktionen à la Südafrika, nicht jedoch mit einer totalen Blockade gerechnet – und sich damit verkalkuliert.

Infolge des achtjährigen Krieges mit dem Iran herrscht auch auf dem Wohnungsmarkt große Not. Der Wohnungsmangel schlägt sich in hohen Mieten nieder. Zur Verdeutlichung: Ein irakischer Dinar (ID) entspricht umgerechnet 0,40 DM. Ein erfahrener Universitätsdozent und Absolvent deutscher Lehranstalten verdient monatlich ca. 350 ID (= 140 DM!). Die Monatsmiete einer Wohnung für eine Familie mit vier Mitgliedern beträgt jedoch allein schon ca. 300 ID. Kaum verwunderlich daher, daß die Großfamilie im Irak wieder im Kommen ist, daß sich mehrere Generationen einer Familie zusammentun müssen, um derart horrende Mieten noch aufbringen zu können. Es ist wieder normal geworden, daß sich Eltern und Kinder ein Zimmer teilen.

Bereits 1970 ermittelte die Städteplanungskommission für den Irak ein Defizit von 1,5 Millionen Wohneinheiten und empfahl dringend, jährlich 15 000 neue Wohnungen zu schaffen. Unterstellt man, daß die Planung auch die Entwicklung der Einwohnerzahl berücksichtigt hat, und schreibt man die Tatsache in Rechnung, daß die Bautätigkeit in den letzten zehn Kriegsjahren gegen Null tendierte, dann würde das Wohnungsdefizit heute theoretisch 1,35 Millionen Wohnungen betragen. Hinzu kommt, daß die Hafenstadt Basra und viele kleine Grenzstädte während des Krieges fast vollständig zerstört und bislang nicht wieder aufgebaut worden sind, wodurch schätzungsweise noch einmal ca. zwei Millionen Menschen mehr ohne Obdach sind. Legt man eine durchschnittlich fünfköpfige irakische Familie zugrunde, ergibt sich dadurch ein zusätzliches Defizit von 400 000 Wohnungseinheiten. Laut unserer Hochrechnung dürften demnach den 16 Millionen Einwohnern Iraks etwa 1,75 Millionen Wohnungen fehlen. Ist es da verwunderlich, wenn irakische Familien nun die kuwaitischen Wohnungen «besetzen»?

Unter den geschilderten Verhältnissen sind Lohn- und Gehaltsempfänger gezwungen, mehrere Berufe gleichzeitig auszuüben. So sind in der Hauptstadt Bagdad beispielsweise 120000 Taxis registriert (in West-Berlin sollen es ca. 6000 sein). Dieses Mißverhältnis basiert nicht etwa auf den überfüllten oder unpünktlichen öffentlichen Verkehrsmitteln, sondern ist der Notwendigkeit einer zusätzlichen Einnahmequelle geschuldet. Nach Feierabend fahren viele mit ihren privaten PKWs Taxi, um zu überleben. Es ist durchaus keine Ausnahme, wenn ein Familienvater drei Arbeitsberufen gleichzeitig nachgehen muß, um seine Angehörigen versorgen zu können.

Diese Verhältnisse bieten auch die Erklärung dafür, daß sich Filz, Korruption und Bürokratie krebsartig ausbreiten. Der Alltag ist von Versorgungsengpässen gekennzeichnet, von häufigen Klagen über die schlecht funktionierenden Dienstleistungsbetriebe. Sei es die Wasser-, Gas-, Öl- oder Elektrizitätsversorgung, oder seien es Produkte des täglichen Bedarfs, ständig sind die Bürger damit beschäftigt, diesen oder jenen rar gewordenen Artikel sowie wichtige Lebensmittel mühsam zu besorgen.

Die gesamte Wirtschaft ist militarisiert, alle Kräfte konzentrieren sich auf den Rüstungssektor. Die Reprivatisierung vieler Staatsbetriebe nach Kriegsende 1988 ist fast abgeschlossen, angeblich um Ballast abzuwerfen und den Staat zu entlasten. Tatsächlich ist ein Großteil dieser Betriebe in den Besitz der Angehörigen der Herrscherfamilie übergegangen. Auch die Landwirtschaft wird durch keine gezielte Agrarpolitik organisiert, sondern nach machtpolitischen Interessen geradezu lizenziert. Die früher eingeleitete Bodenreform ist zuerst revidiert und dann vergessen worden. Heute werden gute und ertragreiche Böden wie Großgeschenke vom «Kalifen» (Saddam Hussein) an die Angehörigen der willfährigen Oberschicht verteilt. Nicht Angebot und Nachfrage bestimmen Preis und Produktionsausschuß, sondern allein die Willkür des Potentaten. Demselben Prinzip unterliegt das Bankwesen. Ein nicht unerhebliches Geschäftsvolumen der bekannten staatlichen Rafidain-Bank wurde der neuen Alraschied-Bank übertragen. Die Eigentümer der neuen Bank, so war Anfang 1990 im Regierungsgesetzblatt zu lesen, sind die Söhne und andere nahe Verwandte des Staatspräsidenten.

Der Irak wird so verwaltet und regiert, als gehörten alle Reichtümer des Landes einer einzigen Familie. Ob eine derart chaotisch organisierte und entsprechend zerrüttete Wirtschaft den internationalen

Sanktionen die Stirn bieten kann, scheint so gut wie ausgeschlossen. Und selbst wenn die Blockade aufgehoben würde, hätte der sich auf die Monokultur des Erdöls stützende Irak nur dann eine Überlebenschance, wenn sich weiterhin Abnehmer für sein Rohöl fänden.

Leben im Irak heute

Seit Beendigung des iranisch-irakischen Krieges ist die Stimmung innerhalb der Bevölkerung als depressiv zu bezeichnen, obwohl die Ausreiseregelungen kurzfristig gelockert wurden und sich die Sicherheitsorgane spürbar zurücknahmen. Doch fehlt seit Kriegesende jede fremde Hilfe, mit der die Bevölkerung bis dahin stets ruhiggestellt worden war. Der Waffenstillstand kommt zudem einer Denkpause gleich, die nicht selten in eine kritische Haltung gegenüber den Verantwortlichen der Katastrophe mündet.

Nennenswerte Wiederaufbauprogramme oder Maßnahmen zur Wiedereingliederung der aus der Armee entlassenen jungen Leute bzw. der Masse der Kriegsinvaliden gibt es nicht. Die Regierung entzieht sich ihrer Verantwortung und verhält sich, als wäre in den letzten zehn Jahren überhaupt nichts geschehen, als hätte niemand leiden müssen und niemand Verluste zu beklagen.

Das Straßenbild ist entweder chaotisch oder langweilig. Angst und Erschöpfung prägen die Gesichter der Menschen. Es wimmelt von Spitzeln überall. Hektisch suchen die Mitglieder des *Patriotischen Komitees* nach sog. Freiwilligen für die Volksarmee. Diese Suche verläuft nach einem Prämiensystem, wonach jeder Sonderurlaub oder andere Vergünstigungen erhält, dem es gelingt, eine bestimmte Anzahl von Freiwilligen anzuwerben. So kommt es vor, daß selbst Achtzigjährige noch in einen Khaki-Anzug gesteckt werden.

Obwohl sie dringend benötigt werden, erfahren die technischen Mitarbeiter in der Rüstungsindustrie eine schlechte Behandlung. Von früh bis spät müssen sie ihren Vorgesetzten zuarbeiten und haben beim geringsten Vergehen mit drakonischen Strafmaßnahmen zu rechnen. Gehört die Prügelstrafe zum Alltag, so kommt die ständige Angst hinzu, bei einem technischen Vergehen der zu beaufsichtigenden Gerätschaft der Sabotage verdächtigt zu werden.

Daneben herrscht ein prinzipieller Argwohn gegenüber Intellektuellen. Bei den Universitäten handelt es sich nicht um relativ unabhängige Orte der Forschung und der Lehre, sondern um wissenschaftlich völlig unproduktive Schulbetriebe, die nur die ständig wachsende Zahl der Abiturienten aufzunehmen haben. Von einer Verbindung zwischen Theorie und Praxis, von einer anwendungsorientierten Forschung könne keine Rede sein, so ein irakischer Professor zum dortigen Hochschulwesen. Ein anderer Professor berichtet, daß sich die Gesichter eines Teils seiner Studenten seit Jahren nicht verändert hätten: keine Vorlesung ohne Geheimdienst. Fast die Hälfte der Studenten übt aufgrund der wirtschaftlichen Not Spitzeltätigkeiten aus; akademische Schlüsselpositionen werden von Partei und Sicherheitsorganen verteilt; Berufsqualifikationen sind bedeutungslos; Konferenzen dienen lediglich der Propaganda für den weisen und allwissenden Staatsführer, der in allen Belangen – angefangen beim Zähneputzen über Abmagerungskuren und Hygienefragen bis hin zu Problemen der Kriegführung, Städteplanung oder Mathematik – die oberste Instanz darstellt. Bedauerlicherweise lassen sich viele europäische Wissenschaftler in opportunistischer Manier für diese Zwecke mißbrauchen.

Im Bereich der allgemeinen Verwaltung sieht es kaum besser aus. Gab es Anfang der fünfziger und sechziger Jahre noch gute Ansätze zur Schaffung eines effektiven Verwaltungsapparates, so wurden ab 1969 alle führenden Positionen nur noch mit Mitgliedern der regierenden Baath-Partei und seit 1979 gar ausschließlich mit Vertrauensleuten des Präsidenten besetzt. Zwischen 1968 und 1979 erfuhr die Verwaltung auf nahezu allen Ebenen eine Durchdringung durch den mächtigen Geheimdienst mit seinen verzweigten Unterorganisationen. Von einem geordneten Staatswesen kann daher überhaupt keine Rede sein, vielmehr von einem aufgeblähten, korrupten Verwaltungsgebilde.

Diese kurzen Schlaglichter machen allenfalls die Spitze des Eisberges kenntlich, sind lediglich Indizien für einen umfassenden Transformationsprozeß. In dessen Verlauf wurde eine orientalische Gesellschaft – mit ihrer Schlampigkeit und Präzision, mit ihrer überschwenglichen Freude, aber auch Trauer, mit der ihr eigenen Vorstellungswelt und Mentalität – durch einen erbarmungslosen, habgierigen und importierten Geheimdienst unterwandert, der alle menschlichen Schwächen skrupellos ausnutzt und bis gestern vom Ausland unterstützt wurde.

Die geschilderten deformierten Gesellschafts- und Wirtschaftsstrukturen lassen nicht erwarten, daß der Irak die internationale Blockade überstehen oder einen Krieg gegen die USA gewinnen kann. Der Verlierer des gegenwärtigen Sturms im Golf wird der Irak sein, selbst wenn es Saddam Hussein gelingen sollte, seine Haut noch einmal zu retten. Zwar wird ihm Unberechenbarkeit nachgesagt, doch hat er gelernt, zu taktieren und gefährliche Kompromisse zu schließen, sowohl in der Innen- wie in der Außenpolitik. Seine Unberechenbarkeit ist nichts anderes als die Liebe zu brutalen Lösungen. Dies soll an einem Beispiel verdeutlicht werden.

In der unmittelbaren Umgebung der kleinen, grünen Stadt Aldujail nördlich von Bagdad hatte man auf Saddam Hussein einen Anschlag verübt. Wer daraufhin nicht verhaftet und gequält wurde, wurde vertrieben; die Stadt ist eingeäschert, die Gärten vernichtet und der Boden vergiftet worden. Ein ähnliches Schicksal ereilte die Stadt Balad, ebenfalls nördlich von Bagdad, als man dort Waffenverstecke der Opposition gefunden hatte. Welche Oppositionsgruppe könnte vor diesem Hintergrund noch guten Gewissens aktiv werden?

Eine ähnliche Vergeltungsmaßnahme gegenüber den USA wäre nur durch den Einsatz des gefürchteten Giftgases möglich, hätte allerdings zur Folge, daß der Gegner unweigerlich und umfassend zurückschlagen würde. Ob man Saddam Hussein eine Selbstmordmentalität zuschreiben muß, bleibt abzuwarten. Fest steht allerdings, daß der irakische Führer im Falle eines US-Angriffs bis zum letzten Blutstropfen kämpfen lassen würde, ohne jede Rücksicht auf Verluste. Von Anfang an ließ er keinen Zweifel an seiner «Philosophie»:

> «Wir (die Baathisten) sind mit Panzern an die Macht gekommen, und wenn wir gehen, dann nur mit Panzern. Wenn ich gehen muß, dann hinterlasse ich diesen Irak wüst und leer.»

Die Machtstruktur der irakischen Diktatur

Bezeichnet man das Herrschaftssystem im heutigen Irak als «Diktatur», entgegnet die gesamte Opposition, dies komme einem Lob gleich. Bezeichnet man es als «faschistisch», wirft ein Teil der Opposition ein, und zwar jener Teil, der einst unter Saddam Hussein mitregierte (wie die IKP), das sei zu radikal. Spricht man dagegen von einer politischen Mafia, kommt der Einspruch, die sizilianische Mafia habe eigene Gesetze, den sogenannten Ehren-Kodex, an den sie sich hält. Die irakische Mafia jedoch hält sich nicht einmal an die von ihr erlassenen Amnestie-Bestimmungen.

Inzwischen haben sich die Medien entschlossen, Saddam Hussein mit Hitler, Stalin und Ceauçescu zu vergleichen sowie Parallelen mit den Ereignissen vor Beginn des II. Weltkrieges zu ziehen. Solche Vergleiche entbehren nicht einer gewissen Plausibilität. Lediglich die irakische Opposition, die ehemals infolge ihres opportunistischen Taktierens selbst in der Regierungsverantwortung stand, hat sich für keine Einschätzung des Bagdader Regimes entschieden, weshalb sie jede Initiative verloren hat und in der Bevölkerung unglaubwürdig geworden ist.

Undefinierbare, doch beschreibungsfähige Diktaturen, wie sie in Bagdad zu finden sind, formulieren gern Verfassungen, Dekrete, Gesetze usw., um sich international hoffähig zu machen und ein Unrecht mittels Verordnung als rechtens auszugeben.

Die Person Saddam Husseins spielt in der jüngsten Geschichte des Iraks die wichtigste Rolle, weshalb sie in diesem Band an anderer Stelle ausführlich portraitiert wird. Auf die lange Liste seiner eigenen oder der von ihm veranlaßten Verbrechen wird hier verzichtet, da die Massenmedien inzwischen ausführlich darüber berichtet haben.

Der Präsident

Bereits formal besehen verfügt Saddam Hussein über eine konzentrierte Machtfülle. So ist er unter anderem

1. Staatspräsident der Republik Irak
2. Ministerpräsident
3. Vorsitzender des Revolutionsrates
4. Generalsekretär der Baath-Partei
5. Oberster Führer der Streitkräfte
6. Führender Vater (Pate) der Nation

Zusätzlich kann er jederzeit jede andere wichtige Funktion bekleiden oder provisorisch übernehmen. Über diesen wahnsinnigen Personenkult ist bereits viel geschrieben worden. So kann er jede Menge Empfehlungen und Ratschläge aussprechen, welche strikt befolgt werden müssen. Dies mag manchmal zur Erheiterung Anlaß geben, trägt aber zumeist gefährliche Züge. Beispielhaft sei hier einerseits seine selbstverordnete Abmagerungsdiät genannt, die seine Minister und der gesamte Verwaltungsapparat unter öffentlicher Kontrolle im Fernsehen mitzumachen hatten; gefährlich wird es dagegen andererseits, wenn er aus heiterem Himmel ein Dekret erläßt, wonach eine Frau wegen Ehebruchs von dem männlichen Teil der Sippe straffrei getötet werden kann. Glücklicherweise sind bis jetzt keine Anwendungen des Gesetzes bekanntgeworden. Die Ministerien sind ausschließlich Vollstreckungsorgane dessen, was im Revolutionsrat beschlossen wird.

Der Revolutionsrat

Die wirkliche Machtausübung (Legislative und Exekutive) ist konzentriert im Revolutionsrat (RR). Im RR selbst hat der Vorsitzende (zur Zeit: Saddam Hussein) das letzte Wort, zumal er über eine eigene Hausmacht – den Geheimdienst – verfügt.

Jede «Revolution» im Irak hatte ihren eigenen, üblichen Revolutionsrat. Erst unter der Baath-Partei hat der 1968 gebildete RR seine spezifischen Merkmale ausgebildet. Er wird wie ein Geheimbund oder Familienrat, bzw. noch genauer, wie ein Syndikat geführt. Eine vom RR selbst erlassene vorläufige Verfassung regelt seine Befugnisse wie folgt:

- Der RR ist das höchste Gremium im Staat.
- Der Vorsitzende des RR ist zwangsläufig auch Präsident der Republik.
- Der RR nimmt mit Zwei-Drittel-Mehrheit neue Mitglieder auf, die gleichzeitig auch Mitglieder der obersten Führung der Baath-Partei sein müssen.
- Der Vorsitzende des RR und sein Stellvertreter besitzen absolute Immunität, die nur vom RR selbst aufgehoben werden kann.
- Alle Verordnungen des RR haben Gesetzeskraft.
- Der RR kontrolliert die Arbeit der Minister.
- Der Vorsitzende des RR und Präsident der Republik ist gleichzeitig Oberbefehlshaber der Streitkräfte und Repräsentant der Exekutive.

- Der Vorsitzende des RR ernennt und entläßt die Minister und Richter.
- Die namentliche Zusammensetzung des RR wird geheimgehalten.

Wir stellen fest, es handelt sich hier um eine einfache, klare Verteilung der Verantwortung bzw. richtiger, um eine eindeutige Konzentrierung der Macht in der Position des Vorsitzenden des RR. Die Formulierungen der Paragraphen lassen keinen Spielraum für unterschiedliche Interpretationen. In diesem Zusammenhang muß gefragt werden, warum sich Saddam im Jahre 1980 die Mühe machte, ein *Parlament* zu gründen, das ähnlich wie die frühere Volkskammer der DDR vom Volk zu wählen ist, aber keinerlei Befugnisse besitzt. Es darf lediglich Gesetzesvorschläge unterbreiten, sich jedoch weder in militärische noch in finanz- oder staatssicherheitspolitische Angelegenheiten mischen. Das heißt, gegen den Willen des RR kann nichts verabschiedet werden. Jedes Gesetz muß vom Vorsitzenden des RR unterschrieben sein.

Bezogen auf die irakischen Verhältnisse ist der Gebrauch des Wortes «Parlament» geradezu eine Beleidigung jeder politischen Terminologie und Moral.

Die Überwachung

Unter «Überwachung» ist hier also mitnichten zu verstehen, daß etwa ein Parlament den Revolutionsrat oder die Regierung überwacht. Gemeint ist vielmehr die Überwachung der gesamten Gesellschaft durch die Exekutive. Ein Regime wie das irakische, das mit Gewalt an die Macht kam, mit unvorstellbarer Gewalt an der Macht bleibt und jeden Gedanken an freie, geheime und demokratische Wahlen als subversiv ahndet, hat eine Höllenangst vor der eigenen Bevölkerung, ja vor dem eigenen Schatten. Es setzt in ausländische Mächte mehr Vertrauen als ins eigene Volk. Die Macht des irakischen Führers fußt im wesentlichen auf der Angst seines Volkes. Daß es dabei bleibt, dafür sorgt der nachstehend beschriebene Geheimdienst.

Ganz oben in der Pyramide angesiedelt und dem Präsidenten persönlich unterstellt ist das sogenannte *Spezialbüro von Saddam Hussein*. Dieses Büro koordiniert und kontrolliert die Tätigkeiten der ihm unterstellten fünf Organe, selbst wenn diese organisatorisch dem Innen- bzw. dem Verteidigungsministerium angegliedert sind. Das heißt, sie müssen parallel zu ihrem Dienstherrn immer das «Spezialbüro» informieren. Von dort erhalten sie weitere Anweisungen bzw. Aufgabenstellungen. Untereinander haben sie keinerlei Kontakte, so daß man gezwungen ist, jede Erkenntnis nach oben zu melden, auch wenn dieselbe Information vom Schwester-Organ bereits gemeldet worden ist.

Im einzelnen handelt es sich um die folgenden Organe, deren Innenleben nicht bekannt ist. Die Auswirkungen ihrer Tätigkeiten spürt man am eigenen Leib und an der eigenen Seele:

- Der Allgemeine Nachrichtendienst, auch genannt Institut Ibn Alhaitham (AND);
- der Nationale Staatssicherheitsdienst (Stasi);
- der Militärische Nachrichtendienst (MND);
- der Nachrichtendienst der Baath-Partei (NBP);
- der Sonderuntersuchungsausschuß in Kirkuk (SUAK).

Letztgenanntes Organ, mit Sitz in Kirkuk, ist sehr gefürchtet, besitzt die Vollmachten eines Sondergerichtes und «kümmert» sich hauptsächlich um die kurdische Widerstandsbewegung und die gesamte Opposition in Irakisch-Kurdistan.

Beim NBP ist jedes Mitglied ein Spitzel gegen die eigenen Parteigenossen, ca. eine Million an der Zahl, gegen Kollegen, Kommilitonen oder gegen den Nachbarn.

Der MND hat die fachbezogene militärische Auslandsspionage und die Überwachung der Streitkräfte, vor allem der hohen Offiziere zur Aufgabe.

Der «gewöhnliche» Stasi kümmert sich, wie sein Name sagt, um die Sicherheit des herrschenden Regimes. Er hat die weitreichendsten Vollmachten, ist am meisten gefürchtet und kontrolliert auch das «Amt der allgemeinen Sicherheit», das zur üblichen Polizeibehörde gehört. Beim Stasi wird nicht nur gefoltert, sondern es werden Urteile gefällt und vollstreckt.

Der AND ähnelt dem CIA und wird von Saddams Bruder Barsan, in Zusammenarbeit mit Saddams Sohn Uday, geleitet. Seine Führungskräfte erhielten Ausbildungen in der DDR, der Bundesrepublik Deutschland, in den USA und überall dort in der Welt, wo man glaubte, noch etwas hinzulernen zu können. Dieser Geheimdienst arbeitet im In- und Ausland, seine Mitarbeiter erhalten nicht nur eine

Spezialausbildung, sondern werden in Geschichte, Musik, Fremdsprachen usw. unterrichtet. Für diesen Unterricht werden auch ausländische Dozenten beschäftigt. Die entsprechende Bildungsanstalt ist bekannt unter dem Namen «Institut Ibn Alhaitham». Im Badgader Stadtviertel Alsalihia, in der Nähe des Palastes der Republik, besitzt dieser Apparat getarnte Privatwohnungen, Keller, Bars usw., wo Befragungen, Folterungen und Liquidierungen stattfinden. Zu seinen Aufgaben gehören ferner, gezielt falsche oder richtige Informationen bzw. Gerüchte in Umlauf zu bringen, psychologische Propagandaführung und vieles mehr, was in dieser Branche üblich ist.

Wenn die obigen spärlichen Informationen über die Arbeit des irakischen Geheimdienstes von einer früher verantwortlichen DDR-Person gelesen werden sollten, dann wird sie vermutlich darüber schmunzeln, wie wenig wir wissen. Vielleicht erwacht aber auch ein schlechtes Gewissen gegenüber den irakischen Menschen, und wir erfahren endlich mehr über die Zusammenarbeit zwischen SED und Baath. Dies wäre eine ehrenvolle Aufgabe der Verantwortlichen nach Abschluß der deutschen Einheit.

Die Baath-Partei

Die eigentliche Parteiorganisation spielt kaum noch eine große Rolle. Ihre Mitglieder müssen die sogenannte Sklavenarbeit verrichten, profitieren natürlich von ihren Privilegien, kommen aber in der Hierarchie erst nach den Einwohnern der heimlichen Hauptstadt Altekrit, woher Saddam und seine Sippe stammen.

Gemäß Gesetz Nr. 142 von 1974 hat die Baath-Partei die Führungsrolle in Gesellschaft und Staat. Dieses verbriefte Monopolrecht verbietet die Existenz anderer Parteien. Entsprechend steht die Verfolgung und Unterdrückung der Opposition auf der Tagesordnung.

Die Mitglieder der Baath-Partei sind Befehlsempfänger und zum blinden Gehorsam verpflichtet. Innerparteiliche Demokratie oder auch nur Meinungsaustausch findet nicht statt. Wer einmal Mitglied der Baath-Partei geworden ist, darf nicht mehr austreten, die Mitgliedschaft erlischt erst mit dem Tod. Verräter in der Partei werden von ihr selbst hingerichtet – Selbstjustiz gemäß Ehren-Kodex. Wer an solchen Bestrafungen teilnimmt, ist mitgefangen, mitschuldig und wird dieses Herrschaftssystem verteidigen müssen.

Diese Betrachtung der irakischen Verhältnisse macht auf einen häufig zu beobachtenden Widerspruch aufmerksam. Einerseits haben wir einen voll funktionsfähigen und präzise arbeitenden Unterdrückungsapparat, andererseits eine nicht funktionierende, zerrüttete Volkswirtschaft und Gesellschaft. Für beides sind dieselben Personen verantwortlich. Wie paßt das zusammen?

In fast allen totalitären Staaten funktioniert allein der Überwachungsapparat, nicht jedoch die Wirtschaft. Die sozialistischen Staaten haben dies anschaulich unter Beweis gestellt. Im Irak ist die Situation jedoch weitaus ungünstiger als in den sozialistischen Ländern. Unterstellt man den Irakern, daß sie wie alle Menschen das Paradies auf Erden suchen, dann wollen sie sich (in ihrer Mehrheit) zunächst einmal an materiellen Dingen bereichern. Der materielle Reichtum basiert nahezu ausschließlich auf den großen Erdölvorkommen: Mehr als 80 Prozent der staatlichen Einnahmen stammen aus dem Verkauf des Rohöls. Andere Quellen des Reichtums wie Bodenschätze, geistige und körperliche Menschenkraft sind (zumindest zur Zeit) von geringer Bedeutung. Wer sich also im Irak bereichern will, muß die Staatsmacht erobern und verbissen verteidigen. Hatte der Irak noch bis 1963 zivile Regierungen und Politiker, so ist sein Alltag seitdem von einer blutigen Brutalität geprägt. Die Rückkehr zu humanen Umgangsformen scheint zur Zeit unmöglich zu sein.

Waren früher die Vertreter der nationalen Bourgeoisie und des Feudalismus die bestimmenden Faktoren in der Regierung, so gibt es heute keine einzige gesellschaftliche Klasse mehr, der eine Vormachtstellung vorgeworfen werden könnte. Die Interessen aller nationalen Klassen sind zerschlagen worden. Gründet zum Beispiel ein Privatmann einen mittelständischen Betrieb, und erwirtschaftet er Gewinne, wird der Betrieb schnell von der herrschenden Familie und der Sippe des Präsidenten direkt oder über Mittelsmänner aufgekauft.

Bei der herrschenden Macht im Irak handelt es sich um eine parasitäre, aus allen Volksschichten zusammengewürfelte Gruppe, die sich im bürokratischen Apparat eingenistet hat und die von der Präsidentenfamilie dominiert wird. Diese Gruppe setzt alle Energien und Mittel zur Verteidigung und Erhaltung ihrer Macht ein. Da sie isoliert ist, benötigt sie einen perfekten Unterdrückungsapparat. Zum Funktionieren der Volkswirtschaft bleibt weder Energie noch Motivation übrig, zumal gar kein Interesse an einer gesunden Entwicklung der Gesellschaft besteht. Solange man vom Erdöl gut leben kann, gibt es keine Veranlassung, andere Reichtumsquellen wie Wissen, Arbeit und Rohstoffe zu erschließen. Man könnte meinen: *Das Erdöl ist das Unglück der Iraker*.

Von der Krise zum Krieg

Bahman Nirumand

Die Eskalation zum Krieg

Eine vorläufige Bilanz der Golfkrise

Fünfeinhalb Monate lang hielt die Welt den Atem an. Abend für Abend wurde den Fernsehzuschauern in aller Welt die Fortsetzung einer mit allen nervenkitzelnden Raffinessen ausgetüftelte Filmserie vorgeführt. Niemand wußte, wann der Film zu Ende sein würde, alle Zuschauer bangten um den Ausgang: Wird es ein Happy-End geben oder wird die Geschichte in eine Katastrophe mit verheerenden Folgen münden? Die Geschichte, die der Film erzählte, war äußerst kompliziert, es gab tausenderlei Verwicklungen, sichtbare und unsichtbare Kräfte, Intrigen, Verschwörungen. Den Schauplatz bildete die Golfregion, eine Region, in der die größten Ölreserven der Welt lagern. Die Hauptrollen spielten Saddam Hussein, Staatspräsident eines kleinen Landes mit schätzungsweise siebzehn Millionen Einwohnern, und sein Rivale, George Bush, Präsident des mächtigsten Staates der Erde. Fünfeinhalb Monate lang bekundeten beide ihre Bereitschaft zu friedlichen Verhandlungen, bereiteten sich aber zugleich auf einen Krieg vor, auf die, wie Saddam Hussein es ausdrückte, «Schlacht aller Schlachten». Über eine Million Soldaten standen sich gegenüber, ausgerüstet mit modernsten Waffen. Dennoch hoffte die Welt bis zur letzten Minute auf eine friedliche Beilegung des Konflikts. Doch die Hoffnung war vergeblich. Am 17. Januar, frühmorgens um eins, fiel die Entscheidung. George Bush erteilte den Befehl zum Angriff. Die «Operation Wüstensturm» wurde eingeleitet, die befürchtete Katastrophe nahm ihren Lauf.

Begonnen hatte der Konflikt mit einem Waffengang Iraks gegen das Nachbarland Kuwait, das am 2. August 1990 innerhalb weniger Stunden besetzt und zur neunzehnten Provinz Iraks erklärt wurde. Der Widerstand der 22000 Mann starken kuwaitischen Armee konnte schnell gebrochen werden, die Regierenden des Landes ergriffen die Flucht.

Die Begründung, die die irakischen Machthaber für den Überfall lieferten, bezieht sie auf jene Zeit, als noch die Kolonialmächte gemäß ihrer eigenen Interessen Staaten bildeten, so auch die beiden Staaten Irak und Kuwait. Irak behauptete, Kuwait sei ursprünglich ein Teil der Provinz Basra gewesen und müsse dementsprechend wieder dem Mutterland angegliedert werden, eine Behauptung, die höchst umstritten ist. Doch selbst wenn diese Behauptung den Tatsachen entspräche, hätte dies den Irak zu Gebietsforderungen und neuen Grenzverhandlungen berechtigt, aber keineswegs zu einem Überfall. Darüber hinaus braucht hier nicht weiter ausgeführt zu werden, daß der Irak die Grenzfrage ohnehin nur als Vorwand benutzte. Der tatsächliche Grund für die erfolgte Invasion lag erst einmal in der ökonomischen Misere, in die sich das Zweistromland vor allem durch den achtjährigen Krieg mit dem Iran begeben hatte. Die Beschaffung von modernstem Kriegsmaterial, die Kosten für die Versorgung einer Armee, die im Laufe der Zeit zu einer Stärke von einer Million Mann angewachsen war, hatten dem Land einen Schuldenberg von rund 100 Milliarden Dollar beschert. Nun suchte der Irak eine Geldquelle; sie lag in Kuwait. Ohnehin war Irak Kuwait gegenüber mit umgerechnet 30 Milliarden Mark verschuldet.

Auch handelspolitische und geostrategische Motive verstärkten den irakischen Drang zu einem Waffengang. Der Irak, der sich bisher mit den Häfen al Fao und Umm Qasr und einem Teil des Schatt al Arab begnügen mußte, wünschte einen gesicherten Zugang zu den Gewässern des Persischen Golfs. Daneben hatte der irakische Diktator Saddam Hussein auch persönliche Ambitionen. Er wollte nach dem Sturz des Schahs im Iran in dessen Fußstapfen treten und in der Golfregion die erste Geige spielen. Sein erster Versuch zur Verwirklichung dieses Ziels, den er mit einem Angriff gegen den Iran gestartet hatte, war gescheitert. Kuwait war ein weitaus schwächerer Gegner als der Iran, seine Annektierung konnte rasch vollzogen werden.

Daß die irakische Invasion die übrigen Mächte in der Region zur Gegnerschaft rief, ist nicht verwunderlich. Saudi-Arabien hegte die Befürchtung, der irakische Feldzug werde sich nicht mit Kuwait begnügen, sondern anschließend gegen das eigene Territorium vorrükken. Dasselbe befürchteten die kleineren Staaten am Golf. Grundsätzlich empfanden die arabischen Staaten, vor allem Ägypten und Syrien, die Stärkung der irakischen Macht als Gefährdung der eigenen Interessen und Machtpositionen. So verurteilten sie, mit wenigen

Ausnahmen, die irakische Invasion und forderten den bedingungslosen Rückzug seiner Streitkräfte aus Kuwait.

Das politische und teilweise militärische Engagement der Regionalmächte, vor allem die Teilnahme Ägyptens, Syriens und Saudi-Arabiens an einer gemeinsamen Gegenfront gegen Irak, einer Front, die von den Vereinigten Staaten von Amerika angeführt wurde, sowie die übereinstimmenden Schritte, die der Osten und Westen als Reaktion auf die Nahost-Krise unternahmen, verdeutlichten zum erstenmal die politischen Auswirkungen, die das Ende des Kalten Krieges und die Beendigung des Ost-West-Gegensatzes hervorgebracht haben. Noch bis vor zwei Jahren wäre eine solche Kräftekonstellation undenkbar gewesen. Syrien zum Beispiel, das jahrelang als Satellit der Sowjetunion galt, wäre niemals, Hand in Hand mit Saudi-Arabien und Ägypten, ins Schlepptau der USA geraten.

USA: Politik der eisernen Faust

Die irakische Invasion rief auch die westlichen Staaten, allen voran die USA, auf den Plan. Eine gigantische Militärmaschinerie wurde ins Rollen gebracht, die USA organisierte die größte Mobilmachung nach dem Zweiten Weltkrieg, und dies alles, wie vorgegeben, zum Schutz der Golfstaaten, zur Befreiung Kuwaits und zur Verteidigung eines mißachteten Völkerrechts. Diese rasche und wohl unangemessene Reaktion wurde also damit begründet, daß die Staatengemeinschaft der Welt derartige Aggressionen nicht dulden dürfe. Daß diese Begründung lediglich eine moralische und juristische Bemäntelung ökonomischer und militärstrategischer Interessen der USA und der Industriestaaten darstellte, wird dann klar, wenn man bedenkt, daß dieselben Staaten, die die irakische Invasion so vehement verurteilten und die nun einen Krieg, mithin das unbeschreibliche Leiden von Hunderttausenden von Menschen in Kauf nehmen, um die Iraker zum Rückzug zu zwingen, daß diese Staaten in ähnlichen Fällen entweder ganz geschwiegen oder sich mit verbalen Protesten und der Verabschiedung von Resolutionen begnügt haben. Welche Militärmacht, die arabischen Länder ausgenommen, die sich an der Anti-

Irak-Front beteiligt, käme auf die Idee, Israel mit Gewalt aus den Gebieten, die es seit 23 Jahren besetzt hält, zu vertreiben, obwohl der Rückzug Israels aus diesen Gebieten bereits des öfteren durch die UNO gefordert wurde. Man käme auch nicht auf die Idee, Israel zur Rückgabe des annektierten Ost-Jerusalem zu zwingen. Allein im vergangenen Jahrzehnt hat es zahlreiche Beispiele für den Bruch des Völkerrechts gegeben, ohne daß es zu derart massiven Protesten oder gar zu militärischer Einmischung gekommen wäre. Denken wir an Panama, Grenada, Libyen, Falkland, die von den USA bzw. Großbritannien angegriffen und überfallen wurden. Das Argument: Läge Kuwait nicht im Nahen Osten und würde es statt Öl Bananen oder Orangen produzieren, dann würde kaum ein Hahn nach ihm krähen, ist zwar oft wiederholt und inzwischen abgedroschen, es ist aber immer noch treffend; es verdeutlicht die wahren Gründe, die zu der gigantischen Mobilmachung amerikanischer Streitkräfte geführt haben.

Tatsächlich sind Kuwait und die übrigen Staaten am Persischen Golf keine Länder, die man ohne weiteres unberechenbaren Diktatoren vom Schlage Saddam Husseins überlassen würde. Von den bekannten Ölreserven der Welt befinden sich allein 63 Prozent in der Region des Persischen Golfs. 26 Prozent der Weltproduktion werden in dieser Region gefördert. Viele Staaten der Welt, vor allem die Industriestaaten, sind auf das nahöstliche Öl angewiesen. Gegenwärtig deckt Westeuropa 30 Prozent, Japan sogar 70 Prozent seines Ölbedarfs aus diesem Gebiet.

Auch in bezug auf den Handel, einschließlich Kapitalinvestitionen, gehört der Nahe Osten zu den lukrativsten Gegenden der Welt. Nehmen wir zum Beispiel den Waffenexport. In den vergangenen zwei Jahrzehnten ist fast die Hälfte der gesamten, für die Dritte Welt bestimmten militärischen Güter im Nahen Osten abgesetzt worden. Das ist nahezu ein Achtel der gesamten Weltproduktion an Waffen und Rüstungsgütern. Allein innerhalb von vier Jahren, d. h. von 1983 bis 1987, sind mehr als 4000 Panzer, rund 9000 Mannschaftswagen, über 1100 Kampfflugzeuge und 15000 Luftabwehrraketen in den Nahen Osten verkauft worden.

Schon seit Beginn der Kolonialzeit betrachteten die Westmächte Großbritannien und Frankreich, später auch die USA, den Nahen Osten, insbesondere die ölreichen Länder in der Golfregion, als ihr Eigentum. Selbst nach dem Ende der Kolonialzeit, als sich die Kolonialmächte zur Anerkennung der Souveränität der Golfstaaten gezwungen sahen, waren sie stets bemüht, jene einheimischen Kräfte an der Macht zu halten, die ihre eigenen Interessen zu wahren versprachen. Die Tatsache, daß es sich bei diesen Kräften um korrupte Diktatoren handelte, schien ihnen belanglos.

So sahen sich die USA und mit ihnen ihre westlichen Verbündeten, vor allem Großbritannien und Frankreich, nach der irakischen Invasion dazu genötigt, zu welchem Preis auch immer, keinen Versuch zu unterlassen, um den Irak zum Rückzug zu zwingen.

Wie zuvor vereinbart, lud Saudi-Arabien die USA zum Beistand ein. Ein erster Schub der amerikanischen Militärmaschinerie erreichte schon bald die Gewässer des Golfs. Anfangs wurde von einer geplanten Höchststärke der amerikanischen Truppen von 250000 Mann gesprochen, es wurden schließlich rund 450000 US-Soldaten in der Golfregion stationiert.

Von Anfang an verfolgten die USA eine Politik der eisernen Faust. Ihre militärische Übermacht sollte den kleinen Diktator Saddam Hussein das Fürchten lehren. Doch wider Erwarten bot dieser selbstbewußt und mit einer erstaunlichen Dreistigkeit dem Militärriesen die Stirn und unternahm dabei recht listige Schachzüge, um die nun einmal gewonnene Beute möglichst nicht aus der Hand geben zu müssen.

Hätten die USA bereits in den ersten Tagen nach dem irakischen Einmarsch in Kuwait zu einem militärischen Gegenschlag ausgeholt, dann wäre vermutlich die Zahl der Opfer weitaus geringer gewesen, als dies jetzt zu befürchten steht. Das Verstreichen von Wochen und Monaten, so hektisch sie auch waren, verschaffte den Irakern eine Atempause, während der sie ihre militärischen Kräfte straffer organisieren und sich um größere Sympathien unter der arabischen Bevölkerung bemühen konnten. Auch psychologisch wäre die Öffentlichkeit in den USA und anderen Regionen der Welt, die durch den ersten Schock über die irakische Invasion stark aufgebracht war, eher bereit gewesen, für einen Gegenschlag Verständnis aufzubringen. Ein Rückblick auf die vergangenen fünf Monate zeigt, daß der Zeitablauf zugunsten des Irak gewirkt hat, auch wenn es am Ende doch noch zu einem amerikanischen Angriff gekommen ist. Es scheint, daß die irakische Führung, im Gegensatz zu der amerikanischen, diese Tatsache schon in den Anfangsstadien der Krise erkannt und ihre Taktik entsprechend festgelegt hat.

Das Zögern der USA gegenüber einem möglichst raschen Gegenschlag resultierte aus der Absicht, unter allen Umständen, und sei es auch nur formal, einen Alleingang zu vermeiden. Rückblickend auf das Vietnam-Fiasko, dessen Syndrom längst nicht überwunden ist, versuchten die Vereinigten Staaten, möglichst viele Staaten, vor allem aus der Region, als Verbündete zu gewinnen. Den günstigsten Rahmen dafür bot die UNO. Hier ließ sich, gerade nach der allgemeinen Versöhnung zwischen Ost und West, jener Konsens herstellen, den die Amerikaner für ihren Vergeltungsschlag gegen den Irak benötigten, zumal bis auf wenige Ausnahmen die in der UNO vertretenen Staaten allein aus eigenem Interesse einen Rückzug irakischer Truppen aus Kuwait befürworteten.

So verabschiedete die UNO, in erster Linie auf Initiative der Vereinigten Staaten, zwischen August und November 1990 zwölf Resolutionen, in denen der Irak zum bedingungslosen Rückzug aus Kuwait aufgefordert wurde. Der UN-Sicherheitsrat beschloß zunächst Boykottmaßnahmen gegen den Irak, ebnete dann aber schließlich auch den Weg zur Anwendung militärischer Gewalt für den Fall, daß der Irak sich weigern würde, spätestens bis zum 15. Januar 1991 den Forderungen des Rates nachzukommen. Viele Kommentatoren haben diese Entschlossenheit des Sicherheitsrats gerühmt und die in der Völkergemeinschaft erstmalig demonstrierte Einmütigkeit als einen Sieg der Weltorganisation gedeutet. Ihrer Ansicht nach habe die UNO zum erstenmal in ihrer Geschichte jene Position errungen, die ihrem Anspruch gerecht wird. Bedenklich stimmt jedoch, daß die UNO, die ja ihrer Intention nach als Garant des Weltfriedens und als Vermittler bei zwischenstaatlichen Konflikten fungieren sollte, im Falle des Golfkonflikts die Anwendung von Gewalt beschloß und damit jene These von Gewalt und Gegengewalt akzeptierte, die in der bisherigen Geschichte so fatale Folgen hatte. Daß sie dabei für die Ausführung ihres Beschlusses praktisch den Vereinigten Staaten einen Blankoscheck ausstellte, kann kaum als ein zu rühmender Sieg betrachtet werden. Tatsächlich wurde die UNO zur Durchsetzung der Politik der USA instrumentalisiert, was das eigentliche Gründungsziel der Weltorganisation ad absurdum führte. Zudem muß die Ernsthaftigkeit der Boykottmaßnahmen bezweifelt werden, da man deren Ergebnisse nicht abgewartet hat und bereits nach vier Monaten ultimativ mit militärischer Intervention drohte.

Sicherlich läßt sich über die Wirksamkeit von Boykottmaßnahmen diskutieren. Ihre Schwäche besteht in erster Linie darin, daß sie, wenn sie tatsächlich eingehalten werden, erst langfristig ihre Wirkung entfalten. Sie erfordern demnach Zeit und Geduld. Zweitens besteht die Gefahr, daß der Boykott von Schwarzhändlern unterlaufen wird, und daß schließlich drittens die anfänglich geschlossene Front der Boykotteure allmählich abbröckelt, gerade weil die Teilnehmer der Front zumeist unterschiedliche und divergierende Interessen haben. Diese Schwächen haben sich ja auch im Falle Iraks zum Teil bestätigt. Auch hier haben zwar alle Unterzeichner und Befürworter der UN-Resolution ihre Bereitschaft zur Einhaltung der Boykottmaßnahmen beteuert, doch Beobachter vor Ort berichten, daß gewisse Kanäle, durch die Waren, ja sogar Kriegsmaterial in den Irak gelangten, trotz massiver Verhinderungsmaßnahmen recht gut funktioniert haben. Hierbei sind vor allem Jordanien und der Iran zu nennen.

Es ist also schon fraglich, ob Boykottmaßnahmen bei längerem Beharren und größerer Geduld zum angestrebten Ziel geführt hätten. Doch allem Anschein nach waren die USA ohnehin zu einer militärischen Intervention entschlossen, für den Fall, daß die Iraker Kuwait nicht räumen würden. Denn ein längeres Warten hätte sich für die Amerikaner äußerst ungünstig ausgewirkt, ja es wäre für sie nahezu unerträglich geworden. Abgesehen von den kaum tragbaren Kosten, hätte ein längerer tatenloser Aufenthalt in der Wüste Arabiens für die dort stationierten Soldaten und Offiziere zu tiefgreifenden psychologischen Folgen geführt. Hinzu kommen die ungewohnten, für die Europäer und Amerikaner unerträglichen Witterungsverhältnisse und der im März beginnende Fastenmonat, während dessen der Aufenthalt von einer halben Million «Ungläubiger» in einer von Muslims bewohnten Region sicherlich zu großen Problemen führt. Darüber hinaus konnte man in den USA selbst eine zunehmende Verbreitung der Antikriegsstimmung beobachten. Umfragen, die kurz vor dem Angriff der Alliierten durchgeführt wurden, besagten, daß nicht einmal die Mehrheit unter den US-Bürgern ein militärisches Vorgehen zur Beendigung der Krise befürwortete. Dies hat sich allerdings seit dem 17. Januar zugunsten der Kriegsentscheidung Bushs verändert.

Alle diese Aspekte waren für die amerikanische Regierung Anlaß genug, um auf eine baldige Lösung der Golfkrise zu drängen. Und da sich Saddam Hussein zu einem bedingungslosen Rückzug nicht umstimmen ließ, bedeutete für George Bush die «Lösung» nichts anderes als Krieg, den er schließlich am 17. Januar anordnete. Daß er dabei einen Freibrief der UNO erhielt, muß ihm als ein diplomatischer Sieg angerechnet werden. Doch der Krieg, den die USA und ihre Verbündeten vermutlich, zumindest militärisch, gewinnen werden, ist ein blutiger Ausweg aus der Krise. Er wird nicht nur der Region, sondern der gesamten Menschheit erhebliche Opfer und katastrophale Folgen bescheren.

Es gab andere Wege, die man von demokratisch gewählten Regierungen mit dem Anspruch auf Achtung der Menschenrechte eher erwartet hätte. Man hätte erst einmal die tatsächliche Wirkung der Boykottmaßnahmen abwarten müssen, hätte mehr Bereitschaft zu Konzessionen aufbringen und zum Beispiel einer von den Irakern geforderten Nahost-Konferenz zustimmen oder für gewisse territoriale und finanzielle Forderungen Iraks Verständnis signalisieren können.

Die Politik der eisernen Faust, die harte, uneingeschränkte Forderung nach sofortigem, bedingungslosem Rückzug der irakischen Truppen und das Beharren auf der Alternative zwischen Räumung Kuwaits oder Krieg hat letztendlich jedoch alle Türen zu Verhandlungen zugeschlagen. Gewollt oder ungewollt haben sich die USA, auch aufgrund ihrer massiven militärischen Präsenz am Golf, in Zugzwang begeben. Nach der Mobilisierung einer derart großen Streitmacht schien es fast undenkbar, daß die US-Soldaten unverrichteter Dinge und mit leeren Händen in ihre Heimat zurückkehren können. Der militärische Schlagabtausch war vermutlich von Anfang an strategisch angelegt, er mußte ausgeführt werden.

Die Strategie des Irak

Gerade die unflexible Position der amerikanischen Regierung, das hartnäckige Insistieren auf der Alternative: Räumung oder Krieg, gewährte der irakischen Seite größere Manövrierungsmöglichkeiten. Saddam Husseins Strategie bestand darin, Zeit zu gewinnen, um einerseits seine Basis innerhalb der arabischen Bevölkerung zu vergrößern und um andererseits die Front seiner Gegner zu spalten. Von

Anfang an bemühte er sich demzufolge, die irakische Invasion als ein legitimes, der sozialen Gerechtigkeit, der nationalen Identität, ja sogar dem islamischen Glauben dienendes Unternehmen darzustellen. Er prangerte die korrupten Herrscher Kuwaits und der Golfstaaten an, denen er vorwarf, Reichtümer angehäuft, ein üppiges Dasein geführt und den nationalen Interessen der Araber zuwidergehandelt zu haben. Mit welchem Recht, fragte er demagogisch, müssen Millionen und Abermillionen Araber am Hungertuch nagen, während all die Scheichs, Emire, Könige und korrupten Herrscher sich mästeten und ihre Konten im Ausland füllten? Diese Herrscher seien im Grunde nichts als kleine Marionetten des Westens, die den Ausverkauf ihrer Länder an Fremde betreiben. Gerade die massive militärische Präsenz der Amerikaner, Briten, Franzosen lieferte den Arabern die anschaulichsten Argumente für Saddams Kritik.

Mit einer breitangelegten Propagandakampagne erweckte Saddam vor allem unter den ärmeren Schichten der Bevölkerung aufgestaute Aggressionen gegen Wohlhabende, er schürte Haß gegen Fremde, insbesondere gegen die USA und selbstverständlich auch gegen Israel, und er hüllte das Ganze in einen religiösen, islamisch-fundamentalistischen Nebel. Der erklärte Laizist, der ein Leben lang nichts mit dem Islam am Hut hatte, setzte sich nun gelegentlich einen Turban auf, ging, begleitet von Fernsehkameras, in die Moschee, kniete betend auf der Erde, die Stirn auf dem Boden, und bat den Allmächtigen um Frieden, Freiheit und soziale Gerechtigkeit. Er rief die Gläubigen sogar zum Jihad, zum Heiligen Krieg, auf. Jede Gruppe von fremden Soldaten, die ins Golfgebiet entsandt wurde, jedes Kriegsschiff, das die Gewässer des Golfs erreichte, goß neues Wasser auf Saddams Propagandamühlen. Vor allem die Stationierung amerikanischer Soldaten in Saudi-Arabien, in einem Land, in dem die heiligen Städte Mekka und Medina liegen, erleichterte jene propagandistische Verknüpfung von Politik und Religion. Die Anwesenheit von amerikanischen Soldatinnen, ohne Kopfbedeckung, mit kurzen Röcken oder Hosen, der im Lande streng untersagte Alkoholkonsum ausländischer Soldaten, mithin die Mißachtung der sittlich-moralischen Verhaltensregeln wurden in der arabischen Öffentlichkeit als eine unerträgliche Provokation empfunden. Zwar fanden die saudischen Herrscher einen ihnen ergebenen führenden Geistlichen, der die Präsenz eines Heeres von Ungläubigen auf islamischem Territorium legitimierte. Doch selbst diese Legitimation vermochte die bestehende Aversion nicht zu verheimlichen. Es sei – so der Geistliche – im Falle einer Bedrohung sogar erlaubt, sich von einem unreinen Hund verteidigen zu lassen, eine Metapher, die für die Amerikaner nicht gerade schmeichelhaft sein dürfte.

Daneben versuchte der Irak schon sehr bald nach der Invasion dem Druck von außen, der ihn zum Rückzug aus Kuwait zwingen wollte, dadurch zu begegnen, daß er eine Beendigung der entstandenen Krise von der Lösung der Hauptprobleme des Nahen Ostens, insbesondere des Palästina-Problems, abhängig machte, ein kluger Schachzug, durch den er sich die Unterstützung der arabischen Bevölkerung sicherte. Andererseits konnte er dadurch auf internationaler Ebene zahlreiche Befürworter gewinnen und schließlich jene arabischen Herrscher, die mit den USA koalierten, in die Zwickmühle bringen. Gezielt ließ Saddam die Meinung verbreiten, er sei zum Rückzug aus Kuwait bereit, wenn sich auch Israel zu einer Räumung der besetzten Gebiete und Syrien zu dem Abzug seiner Truppen aus Libanon bereit erklären würde. Dieser Vorschlag, der schließlich als die Forderung nach der Einberufung einer internationalen Nahost-Konferenz zur Lösung aller anstehenden Probleme der Region verbreitet wurde, fand dann tatsächlich auch außerhalb der arabischen Welt ein positives Echo. Wäre nicht der massive Widerstand Israels gewesen, dann hätte der Vorschlag einen für alle Beteiligten akzeptablen Ausweg aus der Krise bieten können.

Eine weitere irakische Strategie bestand darin, jedes zur Verfügung stehende Mittel einzusetzen, um die USA und ihre Verbündeten von einem militärischen Angriff abzuhalten. Das wichtigste Faustpfand dazu boten die Tausende von Ausländern, die sich zur Zeit der irakischen Invasion in Kuwait und Irak aufhielten. Diese Ausländer wurden nun als Geiseln benutzt, sie wurden in militärisch bedeutenden Zentren untergebracht. Ohne diese Geiseln wäre vermutlich ein Angriff der USA schon wesentlich früher erfolgt. So konnte Saddam Zeit gewinnen.

Einen zweiten Vorteil, den der irakische Diktator aus der Anwesenheit der Geiseln zu erzielen gedachte, war der nicht ganz erfolglose Versuch, die einheitliche Front der Staatengemeinschaft, die das Vorgehen Iraks gegen Kuwait verurteilte, zu spalten. Tatsächlich sah sich jede Regierung, getrieben von der Bevölkerung des eigenen Landes, dazu gezwungen, sich gesondert um die Befreiung der eigenen Landsleute zu bemühen. Inoffizielle Unterhändler, ehemalige Staats- und Ministerpräsidenten, wurden nach Badgad geschickt, denen der irakische Diktator großzügig, je nach Rang und Namen des Bittstellers, ein paar mehr oder weniger Geiseln schenkte. Fünf Monate lang wurde diese entsetzliche Geiselpolitik, die von Bagdad auch propagandistisch ausgeschlachtet wurde, fortgesetzt. Folgt man nun der Logik dieser Geiselpolitik, dann ist nicht recht einsichtig, weshalb Saddam Hussein seine Geiseln drei Wochen vor dem Ablauf des vom UN-Sicherheitsrat ausgesprochenen Ultimatums freiließ. Es ist eben nicht leicht, sich in das Hirn eines eigensinnigen Diktators einzuschleichen.

Um Zeit zu gewinnen und seine Gegner von einer militärischen Intervention abzuhalten, drohte Saddam Hussein damit, im Falle eines Angriffs durch die USA und ihre Verbündeten chemische und biologische Waffen einzusetzen und die Ölanlagen in Kuwait in ein Meer von Flammen zu verwandeln, eine Drohung, die im Falle einer tatsächlichen Verwirklichung nicht nur die internationale Ölversorgung mit erheblichen Problemen konfrontieren, sondern, was noch weit verheerender wäre, Umweltschäden von ungekanntem Ausmaß verursachen würde. Wer könnte und wollte die Verantwortung für derlei Schäden und deren Opfer übernehmen? Wofür, würden sich viele fragen, sollten Zehntausende, ja vielleicht Hunderttausende Menschen sterben? Etwa um das korrupte Königshaus Saudi-Arabiens zu retten oder den Emiren von Kuwait wieder zur Macht zu verhelfen? Eine moralische Rechtfertigung für diese hohen Verluste, für die Opfer, für die Zerstörung einer ganzen Region, für die Schäden, die man der Umwelt zufügen würde, kann es nicht geben, auch keine ökonomische, wenn man die Interessen der Ölmultis und Waffenproduzenten außer acht läßt – aber gerade das sollte man realistischerweise nicht tun.

Saddam Hussein wollte diesen Umstand zu seinen Gunsten mißbrauchen. Doch seine Rechnung ging nicht auf. Präsident Bush riskierte die Folgen, er befahl den Angriff. Die Frage, zu wessen Gunsten er dies tat, erübrigt sich.

Während des ganzen Verlaufs der Krise erwies sich Saddam Hussein als ein kaltblütig berechnender Taktiker. Ein Beispiel dafür liefert seine überraschende Annäherung an den Iran.

Der Iran hat zwar die Aufforderung an den Irak, Kuwait zu räumen, ebenso befürwortet wie die über den Irak verhängten Sanktionen. Er hat aber gleichzeitig gegen die Präsenz fremder Militärkräfte am Golf vehement Stellung genommen. Die Führer der Islamischen Republik haben von vornherein erklärt, daß der Iran im Falle eines Kriegsausbruchs neutral bleiben würde. Ob diese Neutralität auch im Falle einer Einmischung Israels in den Krieg immer noch Bestand hätte, ist nicht vorauszusagen. Unter den miteinander rivalisierenden Fraktionen des islamischen Regimes herrscht auch in bezug auf die Golfkrise keine einhellige Meinung. Schon seit geraumer Zeit sind aus dem Lager der Dogmatiker Stimmen zu vernehmen, die ein militärisches Engagement auf seiten Iraks gegen die USA fordern. Diese Stimmen bekämen sicherlich massive Unterstützung, wenn auch Israel eine Kriegsfront gegen den Irak eröffnen würde.

Israel selbst befindet sich seit Beginn der Golfkrise in einer denkbar ungünstigen Situation. Solange die bestehenden Fronten zwischen den arabischen Staaten und Israel klar umrissen waren und solange Tel Aviv jede denkbare Gunst der Vereinigten Staaten zuteil wurde, schien die Welt für die Israelis in Ordnung. Doch bereits der Aufstand der Palästinenser in den besetzten Gebieten schwächte die traditionellen Bande der israelisch-amerikanischen Freundschaft. Die USA nahmen allmählich von dem israelischen Konfrontationskurs Abstand, Washington begann, ohne Zustimmung der israelischen Regierung, sich um eine Lösung des Palästina-Problems zu bemühen, wozu auch die Kontaktaufnahme zur PLO gehörte. Die aus dieser neuen Strategie entstandenen Differenzen zwischen Israel und den USA ließen sich, trotz aller Versuche, nicht mehr verheimlichen.

Die Irak-Krise hat diese Differenzen in erheblichem Maße vertieft. Die USA sahen sich zu einem militärischen Engagement im Nahen Osten aufgerufen, ein Unternehmen, das ohne gewisse Konzessionen diesen Staaten gegenüber nicht möglich wäre, Konzessionen, die sich teilweise auch gegen die Interessen Israels richteten. Man denke nur an die vereinbarten massiven Waffenlieferungen an Saudi-Arabien. Zieht man darüber hinaus in Betracht, daß sich unter den neuen arabischen Freunden der USA auch Syrien befindet, dessen Gegnerschaft zu Israel zu den politischen Grundsätzen dieses Landes gehört, dann erscheinen die Sorgen der Regierenden in Israel wohlbegründet. Zwar beteuern sowohl Israel als auch die USA nach wie vor ihre gegenseitige Freundschaft, doch die seit der Golfkrise neu entstandenen Risse sind unübersehbar. Selbstverständlich sind diese Risse längst nicht so groß, daß sie auf eine Trennung deuten würden. Die Amerikaner sind wie eh und je bereit, Israel die nötige Hilfe und Unterstützung zu gewähren, dies allerdings zu einem höheren Preis als dem bisher verlangten. Israel soll erstens die Seitensprünge der USA zu seinen arabischen Nachbarn und Feinden schweigend dulden. Zweitens soll Israel jede politische und militärische Aktivität unterlassen, die auf dessen Einmischung in den Golfkrieg deutet, eine Aufforderung, die in Israel als Einschränkung der eigenen Souveränität betrachtet wird. Selbstverständlich fällt Israel diese erzwungene Zurückhaltung nicht leicht. Hätten sich die USA am Golf nicht so massiv engagiert, hätte Israel vermutlich längst versucht, auf eigene Faust dem Treiben Saddams ein Ende zu setzen. Nun müssen die Israelis, trotz irakischer Raketenangriffe auf Tel Aviv, Geduld aufbringen und die Rolle eines Zuschauers spielen.

Sieht man von der beschädigten amerikanisch-israelischen Beziehung ab, hätte Israel auch sonst im Augenblick kaum Grund zu Zufriedenheit. Gleichgültig, ob Saddam Hussein seine Drohung, Tel Aviv mit chemischen Waffen anzugreifen, wahr macht oder nicht, eine solche Drohung erfordert Wachsamkeit. Selbstverständlich ist Israel immer noch militärisch dem Irak überlegen. Dennoch würde es bei einem eventuellen Schlagabtausch nicht schadlos davonkommen.

Als die USA die «Operation Wüstensturm» gegen den Irak starteten, muß Israel aufgeatmet haben, denn eine friedliche Lösung der Krise, eine wie auch immer geartete Einigung zwischen dem Irak und den USA wäre für Israel die ungünstigste Lösung gewesen. Ein Saddam Hussein, der ohne Gesichtsverlust und Demütigung, und ohne Verlust seiner militärischen Stärke, womöglich sogar mit Zugewinn eines Teils des kuwaitischen Territoriums davongekommen wäre, hätte für Israel eine ständige Bedrohung bedeutet. Außerdem hätte eine Vereinbarung zwischen Saddam Hussein und George Bush sicherlich eine wie auch immer geartete Zusicherung zur Einberufung einer internationalen Konferenz zur Lösung des Nahost-Problems enthalten, einer Konferenz, zu der auch die PLO eingeladen worden wäre. Durch eine solche Konferenz wäre Israel einem massiven Druck ausgesetzt worden, erstens der Gründung eines Palästinenser-Staates zuzustimmen und zweitens den Anspruch Syriens auf die Rückgabe der ihm 1967 verlorengegangenen Golanhöhen zu akzeptieren. Israel mußte an einem Krieg, bei dem Iraks Militärmaschinerie zerschlagen werden würde, sehr wohl interessiert sein. Dieser Wunsch hat sicherlich bei der Entscheidung Präsident Bushs, Irak anzugreifen, eine wichtige Rolle gespielt.

Aber auch der Krieg wird Israel, langfristig betrachtet, keine rosige Zukunft bescheren. Denn gleichgültig wie die Folgen des Krieges sein werden, sie werden die Notwendigkeit der Lösung des Palästina-Problems deutlicher als je zuvor spürbar machen, und dies unter Umständen, die für Israel weitaus ungünstiger sein werden, als sie heute sind.

Insgesamt betrachtet wird Israel, das bereits seit dem Ende des Kalten Krieges und jetzt in Zusammenhang mit der Golfkrise seine geopolitische Bedeutung eingebüßt hat, nach Beendigung des Golfkonflikts sicherlich nicht mehr jene Rolle spielen können, die es zeit seines Bestehens innehatte.

Die distanzierte Haltung Europas

Die westeuropäischen Staaten haben, rückblickend betrachtet, während der gesamten bisherigen Dauer der Golfkrise mehr oder minder die Rolle eines interessierten Zuschauers gespielt. Zwar haben vor allem Großbritannien und Frankreich zur Unterstützung der USA Truppen in den Golf entsandt, doch politisch hat die Europäische Gemeinschaft bei weitem nicht jene Aktivitäten entwickelt, zu denen sie objektiv betrachtet aufgerufen war. Unter den wichtigsten Ländern Europas hat Großbritannien fast ohne Wenn und Aber die Position der USA vertreten und auch aktiv unterstützt. Besonders seit dem Angriff gegen Irak fühlen sich die Briten wieder als eine Militärgroßmacht, die ein ehemaliges Kolonialland in die ihm gesetzten Schranken weist.

Die Bundesrepublik Deutschland, gerade durch die Einheit nunmehr unleugbar zu einer Großmacht geworden, hielt sich völlig im Hintergrund. Die innerhalb der Parteien der Bundesrepublik umstrittene Reise des SPD-Ehrenvorsitzenden Willy Brandt nach Bagdad hatte keinerlei politische Auswirkung, sie wurde vorwiegend als eine Hilfeleistung zur Befreiung deutscher Geiseln im Irak bewertet.

Auch das militärische Engagement der Bundeswehr im Rahmen der NATO, das zur Abwehr eines eventuellen Angriffs Iraks gegen die Türkei erfolgte, kann lediglich als eine demonstrative Geste angesehen werden, zumal die Gefahr eines solchen Angriffs kaum besteht. Die Annahme, Irak würde zu allem Übel auch noch im Norden seines Landes eine neue Kriegsfront gegen die Türkei eröffnen, scheint meiner Ansicht nach irrig zu sein, auch dann, wenn man die neuerlichen Luftangriffe der US-Bomber in Betracht zieht, die von der Türkei aus den Irak angreifen.

Daß die Bundesrepublik an der irakischen Aufrüstung besonders mit chemischen und biologischen Waffen einen bedeutenden Anteil hatte, ist inzwischen unbestreitbar, eine Tatsache, die besonders in Israel massive Kritik ausgelöst hat. Um so mehr wäre Deutschland zu einem aktiven Einsatz für eine friedliche Lösung des Konflikts aufgerufen gewesen. Nachdem es nun doch zu einem Krieg gekommen ist, scheint sich die Bundesregierung allmählich auf ihre internationale Bedeutung zu besinnen. Dies äußert sich aber erstaunlicherweise nicht in dem Bemühen, den Krieg so schnell wie möglich zu beenden, sondern darin, sich finanziell und – wenn es die Verfassung denn zuließe – auch militärisch an den Kampfhandlungen zu beteiligen.

Lediglich Frankreich unternahm höchst vorsichtige Versuche, mit Hilfe Algeriens einen eigenen, von der amerikanischen Strategie abweichenden Weg zur Beilegung der Krise zu finden. Doch diese Versuche, die besonders nach dem Scheitern des Gesprächs zwischen Baker und Tariq Aziz am 9. Januar in Genf unternommen wurden, kamen sehr zaghaft und viel zu spät. Auch der Appell des französischen Verteidigungsministers Jean Pierre Chevement an Präsident Bush, «eine sehr kleine Geste zu machen, die Saddam Hussein eine viel größere Geste erlaubt», konnte in Washington kein Gehör mehr finden. Der Zug war längst abgefahren. Die Trompeten zu der «Operation Wüstensturm» wurden bereits geblasen.

Die Zurückhaltung der Sowjetunion

Auch die Sowjetunion hat in bezug auf die Golfkrise eine mehr oder minder passive Rolle eingenommen, soweit, daß manche Kommentatoren die Meinung vertraten, sie habe sich von ihrer Rolle als Supermacht verabschiedet. Tatsächlich begnügte sich Moskau, mit Ausnahme einiger diplomatischer Aktivitäten, die zu Beginn der Golfkrise erfolglos unternommen wurden, damit, die Beschlüsse des UN-Sicherheitsrates zu verteidigen und zu deren Durchsetzung beizutragen. Ansonsten überließ die UdSSR den Amerikanern das Feld. Die Ursache für diese Passivität liegt wohl weniger in dem außenpolitischen Kurs, den die Sowjetunion seit Gorbatschow verfolgt, sie wurzelt eher in der inneren Krise, die die gesamte Union zu zersplittern droht.

Die außenpolitische Abseitsstellung Moskaus hat ja auch im Innern des Landes heftige Kritik ausgelöst, was unter anderem zu dem Rücktritt des sowjetischen Außenministers Schewardnadse führte. Zu fragen bleibt, ob diese Position Moskaus tatsächlich ein Indiz dafür ist, daß die Sowjetunion auch künftig auf die Rolle eines Hauptdarstellers auf internationaler Bühne verzichten wird oder muß. Wäre dies der Fall, und dafür gibt es ja zahlreiche Anzeichen, dann würde dies nicht zuletzt auch für die Politik der Länder der Dritten Welt weitreichende Konsequenzen haben. Diese müßten künftig auf jenen Spielraum verzichten, den ihnen bis dahin die Interessengegensätze zwischen Ost und West boten, was eine grundlegende Änderung ihrer Außenpolitik nach sich zieht. Ob sie dabei andere Räume und Möglichkeiten zur Durchsetzung ihrer Interessen finden werden, ist schwer zu sagen. Fest steht jedenfalls, daß die Änderung der sowjetischen Außenpolitik den «Nord-Süd-Konflikt» wesentlich verschärfen wird. Dafür ist die gegenwärtige Nahost-Krise eine deutliche Ankündigung.

Die Golfkrise als Nord-Süd-Konflikt

Die Verschärfung des Nord-Süd-Konflikts ist einer der wichtigsten Aspekte von internationaler Bedeutung, die die Golfkrise zum Vorschein gebracht bzw. selbst verursacht hat. Ein zweiter bedeutender Gesichtspunkt betrifft die internationale Rüstungsindustrie. Während das endgültige Verschwinden des Eisernen Vorhangs und der

Sturz der Berliner Mauer den bisherigen Rüstungswettlauf zwischen Ost und West als überflüssig erscheinen ließen und zum Leidwesen aller Waffenproduzenten und -lieferanten überall den Ruf nach allgemeiner Abrüstung und starker Reduzierung der Produktion von Rüstungsgütern provozierten, lieferte die Golfkrise den Gegnern der Abrüstung handfeste Argumente. Die Golfkrise beweise – so die Argumentation –, daß militärische Stärke zur Aufrechterhaltung des Friedens und zur Eindämmung regionaler Konflikte nach wie vor notwendig sei. Gerade in Anbetracht der veränderten Weltlage müßten vor allem die Großmächte, die ja schließlich den Weltfrieden sichern sollten, gegen «Störenfriede» gewappnet sein. Darüber hinaus müßte dieselbe Politik der Abschreckung, die sich während der ganzen Dauer des Kalten Krieges bewährt habe, nun auch in anderen Regionen der Erde ausgeübt werden. Das hieße konkret, daß derselbe Wettlauf um die Stärkung des militärischen Potentials, der jahrzehntelang im Westen und Osten im Gange war, nun zwischen den Regionalmächten in verschiedenen Gegenden der Welt einsetzen soll. Diese Argumentation legitimierte den Abschluß eines Vertrags zwischen den USA und Saudi-Arabien über die Lieferung von Rüstungsgütern im Werte von 20 Milliarden Dollar. Daß da andere Regionalmächte wie Syrien, Israel, Ägypten und Iran gleichziehen werden, ist nicht zu bezweifeln. Die Waffenproduzenten lachen sich ins Fäustchen, die Golfkrise und der nun begonnene Krieg waren für sie ein Geschenk des Himmels, es darf wieder unbegrenzt produziert werden.

Vergessen ist offenbar auch die massive Kritik, die im Zusammenhang mit der irakischen Invasion gegen Kuwait laut wurde. Damals wurden alle Staaten, die den Irak im Krieg gegen Iran mit modernsten Waffen versorgt hatten, schärfstens verurteilt. Würde man nicht wieder Zeter und Mordio rufen, wenn es demnächst beispielsweise in Saudi-Arabien zu einem Machtwechsel käme, der sich, wie heute der Irak, den Interessen des Westens entgegenstellen würde?

Ein dritter überregionaler Aspekt, der sich bereits zuvor abgezeichnet hat und nun durch die Golfkrise belebt wurde, betrifft den ideologisch-politischen Bereich. Seit langem schon warnen westliche Politiker und Medien vor jener Gefahr, die ihrer Ansicht nach von dem islamischen Fundamentalismus ausgeht. Diese Gefahr, die vermeintlich auf einem Gegensatz zwischen der europäisch-amerikanischen Zivilisation und der islamischen Barbarei (so wird es zumeist nicht genannt, aber gemeint) basiert, wurde und wird weiterhin hochgeschraubt, um die tatsächlichen Gegensätze zwischen der wohlhabenden, industrialisierten und der verarmten, technisch rückständigen Welt zu verschleiern. Liest man manche Kommentare, so wird man an die Zeit der Kreuzzüge erinnert. Zwar ist ein Anwachsen des islamischen Fundamentalismus nicht zu leugnen, eine politisch-religiöse Strömung, die, wie wir es im Iran unter Chomeini erlebt haben, Verheerendes anrichtet, wenn sie zur Macht gelangt. Unleugbar ist auch, daß es in den islamischen Ländern eine ganze Anzahl von Demagogen vom Schlage Saddam Husseins gibt, die den Islam als Instrument zur Durchsetzung ihrer politischen Ziele mißbrauchen. Dennoch läßt sich der islamische Fundamentalismus nicht auf die gesamte islamische Welt übertragen. Eine solche Pauschalisierung und Verallgemeinerung erschwert in erheblichem Maße die Aktivitäten jener islamischen Strömungen, die sich um Reformen und um eine Anpassung ihres Glaubens an die Erfordernisse einer modernen Gesellschaft bemühen. Sie erschwert auch das Verständnis und die Lösung jener aktuellen Probleme des Nahen Ostens, die nun durch die Golfkrise besonders deutlich zum Vorschein gekommen sind.

Die Überbewertung des islamischen Fundamentalismus dient meiner Vermutung nach auch einem anderen Zweck. Der Islam soll das Feindbild ersetzen, das seit Jahrzehnten der Kommunismus lieferte. Wie bisher der Kommunismus, so wird seit neuestem hinter jeder Krise, die in Asien oder Afrika entsteht, der Islam vermutet, so auch hinter der Golfkrise. Doch sachkundige Beobachter werden bestätigen, daß der Golfkonflikt zwar durch Saddams Demagogie eine islamische Bemäntelung erhalten hat, in seinem Kern aber keine Angelegenheit des islamischen Glaubens darstellt.

Schließlich muß im Zusammenhang mit der Golfkrise das Problem der Massenflucht erwähnt werden, ein Problem, das nicht nur eine menschliche Tragödie von unendlichem Ausmaß darstellt, sondern zahlreiche Staaten in und außerhalb der Region nahezu einer unerträglichen ökonomischen und sozialen Belastung aussetzt. Schon die irakische Invasion in Kuwait zwang Hunderttausende Ausländer, die sich als Arbeitskräfte im Irak und dem besetzten Kuwait aufhielten, zur Flucht in die Nachbarländer, vorwiegend nach Jordanien. Schon in den ersten drei Wochen nach dem irakischen Einfall trafen allein über 400000 Evakuierte in Jordanien ein. Vor der Invasion lebten eine Million ausländische Arbeitskräfte in Kuwait, fast 1,5 Millionen im Irak, größtenteils Ägypter. In einigen Golfstaaten stellen Ausländer den größten Teil der Beschäftigten. In den Vereinigten Arabischen Emiraten stellen Ausländer fast 90 Prozent der Beschäftigten des Landes. Die Massenflucht ausländischer Arbeitskräfte bedeutet nicht nur für die Betroffenen Armut und Elend, sie fügt auch ihren Heimatländern einen beträchtlichen ökonomischen Schaden zu. Denn die Devisen, die durch die Arbeitskräfte allmonatlich in die Heimat flossen, bleiben nun aus. Die irakische Invasion und nun auch der Krieg haben die Zahl der schätzungsweise achtzehn Millionen Menschen, die sich weltweit auf der Flucht befinden, um mehrere Millionen erhöht. Es ist sicher, daß je nach Dauer und Ausweitung des Krieges die Zahl der Flüchtlinge weiter zunehmen wird. Europa ist dabei, seine Grenzen für Flüchtlinge zu schließen. Wohin sollen diese von Qualen heimgesuchten Menschen flüchten, wenn selbst die wohlhabendste Region der Welt sie abweist?

Ausblick

In einer Phase, in der täglich, ja fast stündlich wichtige Nachrichten über einen Krieg und dessen Folgen eintreffen, ist eine eindeutige Prognose für die Zeit nach der Beendigung der Kampfhandlungen nicht möglich. Dennoch gibt es schon im gegenwärtigen Stadium gewisse Anzeichen und Signale, die uns bestimmte Voraussagen erlauben.

Der Krieg wird sich, wenn nicht ein Wunder geschieht, entgegen des Eindrucks, den die Militärstrategen in den ersten Tagen der Öffentlichkeit suggerierten, nicht durch eine Blitzaktion zu Ende führen lassen. Er wird sich in die Länge ziehen mit dem fast sicheren Ergebnis, daß die USA und ihre Verbündeten, wenn auch mit katastrophalen Folgen unbekannten Ausmaßes, ihn militärisch gewinnen werden. Politisch wird der Krieg für die USA wohl kaum zu gewinnen sein. Sie werden die Verluste, die maßlosen Opfer an Menschenleben, die Zerstörung der Region und die Schäden der Umwelt durch kein Argument legitimieren können. Der Hinweis darauf, daß es schließlich Saddam Hussein war, der die Krise ausgelöst hatte, wird nicht zur Rechtfertigung einer derartig massiven Gegengewalt ausreichen.

Fest steht auch, daß Saddam Hussein zumindest aus der Sicht der meisten Araber als Held in die Geschichte eingehen wird. Ob tot oder lebendig, die arabisch-islamische Welt wird ihm aufgrund seines Widerstandes gegen die massivste Mobilmachung nach dem Zweiten Weltkrieg größte Achtung zollen. Daß dieser Widerstand verheerende Folgen für sein Land und die gesamte Region hatte, wird dabei kaum ins Gewicht fallen. Zu dieser Absurdität werden Massenpsychologen genügend Erklärungen liefern können.

Zu den Ergebnissen des Golfkriegs gehört auch, daß er die Probleme des Nahen Ostens stark aktualisiert hat. Das Palästina-Problem steht dabei an erster Stelle; es verlangt eine rasche Lösung. Ob die Beteiligten, insbesondere Israel und mit ihnen die USA, dazu bereit sein werden, ist schwer vorauszusagen. Vermutlich werden die USA sich zumindest für eine Übergangslösung einsetzen, um den negativen Eindruck, den sie in der arabischen Welt mit ihrer Kriegsaktion hinterlassen haben, zu verwischen.

Es ist zu vermuten, daß die gesamte Region selbst nach der Beendigung der militärischen Auseinandersetzung nicht so bald zur Ruhe kommen wird. Ähnlich wie in den von Israel besetzten Gebieten wird es zu Aufständen kommen, die sich gegen ausländische Einmischung und einheimische Marionetten richten werden. Gerade diese Marionettenregimes, von denen die meisten mit den USA koalieren, werden für die katastrophalen Folgen des Krieges zur Rechenschaft gezogen werden. Dennoch wird vermutlich die Hoffnung auf eine Einheit der Araber abermals nicht erfüllt werden.

Anzunehmen ist vielmehr, daß nach einer irakischen Niederlage die Rivalitäten um die größere Macht in der Region erneut aufleben werden. Daran wird sich solange nichts ändern, solange diese Länder von Diktatoren vom Schlage Saddam Husseins oder Hafiz Assads und von korrupten Herrschern wie denen in Saudi-Arabien oder Kuwait regiert werden, solange Israel sich nicht aus den besetzten Gebieten zurückzieht und den Palästinensern ein Land gewährt wird, das sie als eigenen Staat bewohnen können. Ohne Demokratie und ohne den Willen der Staaten zum friedlichen Zusammenleben wird der Nahe Osten nicht zur Ruhe kommen.

Olaf Achilles

Wenn die Ölfelder brennen ...

Die ökologische Dimension des Golfkriegs

Anläßlich des Golfkriegs läßt sich die ökologische Dimension von Rüstung und Militär nicht mehr übersehen. Militärische Sicherheit, dies zeigt der Golfkrieg, bedeutet «vernichtende Verteidigung». Selbst wenn es zum Schlimmsten nicht kommt, muß klar sein – und immer wieder klargemacht werden –, welche Gefährdungen für unseren ganzen Planeten bewußt in Kauf nimmt, wer heute noch einen Krieg führt. Das Militär krankt an einer dreifachen, für die Welt tödlichen Irrationalität: Kommt es mit seinen Waffen zum Einsatz, zerstört es, was es verteidigen soll. Atomwaffen, bio-chemische Waffen, aber auch großflächig einsetzbare konventionelle Waffen stehen für die globale Vernichtung und den potentiellen Massenmord bereit. Dies wird durch die erstmalige Androhung eines Umweltkrieges durch Saddam Hussein, herbeigeführt durch das Anzünden der zahlreichen Ölquellen und Tanks, inzwischen allen ökologisch denkenden Menschen verdeutlicht.

Nach einem Krieg könnten Kuwait und der Irak, wenn nicht auch die angrenzenden Regionen, von der ökologischen Weltkarte verschwunden sein.

Mit der Vorbereitung dieser vernichtenden Verteidigung wird das zu Verteidigende bereits schwer geschädigt. Das Militär vernutzt lebensnotwendige Ressourcen in gigantischem Ausmaß, belastet und zerstört regionale und globale Ökosysteme, im Golf wie bei uns.

Schließlich stellt sich (heute) die Frage, welche Freiheit das Militär am Golf eigentlich verteidigen soll – einen verseuchten Golf? Eine tote Nordsee? Einen toten Rhein? Die vom Militär verseuchten Flächen? Das Ozonloch? Wer Sicherheit auf nationale Grenzen bezieht (militärische Definition) und nicht auf die gemeinsame Lebensgrundlage – unseren Planeten (ökologische Definition) –, der nimmt die unumkehrbare Zerstörung unserer Zukunft und die unserer Kinder in Kauf.

Der Wissenschaftsökologe Reinhard Loske hielt schon im Oktober 1990 die folgenden weltweiten politisch-ökologischen Konsequenzen der Golfkrise fest:

1. Die durch die weltweite Abrüstung freiwerdenden Gelder seien für eine «ökologische Friedensdividende» nicht mehr verfügbar. Statt dessen werden die Militärs sich damit erneut sanieren.

2. «Geo-Energiepolitik wird wieder vor allem als Aufrechterhaltung des freien Ressourcenzugangs für die ‹freie Welt› und nicht als verantwortungsvolle und gemeinschaftliche Nutzung begrenzter Naturschätze verstanden».

Der Nachschub von billigem Öl muß für die «Klima-Verbrecher» USA (so zitiert Fritz Vorholz in der *Zeit* Teilnehmer der 2. Weltklimakonferenz in Genf) gesichert werden. «Was militärisch am Golf mitverteidigt wird, nämlich die energiepolitische Verschwendungssucht des Westens, ist längst auch selbst zu einer Bedrohung der Menschheit geworden» (Vorholz 1991). Klaus-Peter Klingelschmidt macht zu Recht darauf aufmerksam, daß es schon im Vietnamkrieg um nicht geringe Ölvorkommen und Bohrlizenzen ging. Bereits während des Krieges wurden in Saigon die Konzessionsvergaben konzipiert (Klingelschmidt 1991).

Ein Viertel der Menschheit, die westlichen Industrieländer, verbrauchen 75% der Energie und 80% der Rohstoffe! Die USA mit ihren 250 Millionen Einwohnern, was ca. 5% der Weltbevölkerung entspricht, haben allein ein Viertel des weltweiten Energieverbrauchs, den sie unter anderem mit Erdöl bestreiten.

Energieverbrauch bedeutet aber auch Freisetzung von Giften bei der Verbrennung, vor allem Kohlendioxid (CO_2), welches zu 50% am Treibhauseffekt beteiligt ist. Der Klimatologe Prof. Bach meint in diesem Zusammenhang: «Hätten die USA konsequent auf rationelle Energieverwendung und Entwicklung der regenerativen Energiequellen gesetzt, wären sie unabhängig vom arabischen Erdöl.» Er sei sich sicher, daß dann der Konflikt um Kuwait vielleicht gar nicht entstanden oder leichter zu lösen wäre (Wille 1991).

Direkt nach Kriegsausbruch hat die Internationale Energie-Agentur (IEA) als «prompte Reaktion» ein Notstandsprogramm ausgerufen. Demnach haben die 21 Mitglieder sowie die Nicht-Mitglieder Frankreich, Schweiz, Finnland und Island, die sich diesem Plan angeschlossen haben, innerhalb von 15 Tagen Maßnahmen zu ergreifen, welche täglich insgesamt 2,5 Mio. Faß Erdöl freisetzen. Vier Fünftel dieser Menge sollen aus den Notreserven stammen, der Rest durch irgendwie geartete «Nachfragedrosselung». Von Sparmaßnahmen wie autofreien Sonntagen ist nicht die Rede. Für die Bewohner der westlichen Welt sollen möglichst lange keine Konsequenzen aus dem Golfkrieg spürbar sein.

Der mögliche Rückgriff auf die Regierungsöllager bedeutet übrigens eine Änderung der IEA-Politik. Die als Reaktion auf die erste Ölkrise 1974 gegründete Organisation hatte bis dahin darauf bestanden, ihre strategischen Lager erst im Falle einer physischen Ölknappheit anzugehen. Hierzu besteht ein Krisenversorgungssystem, welches bei einem Ausfall von mehr als 7% der normalen Ölversorgung in Kraft treten würde (*Neue Zürcher Zeitung* 19. 1. 91).

Diese Entscheidung kann bereits darauf hinweisen, daß mit einer langen Dauer des Krieges gerechnet wird. Irak und Kuwait förderten vor der Golfkrise zusammen täglich 4,4 Millionen Barrel Öl. Dies kann zwar durch die Erhöhung anderer Förderquoten ausgeglichen werden, jedoch verbraucht die Kriegsführung ebenfalls große Mengen an Energie.

Ökologischer Antimilitarismus

Die Menschheit steht an einem Wendepunkt: Wollen wir weiter auf einen ökologischen Abgrund zusteuern, große Teile der Weltressourcen an das Militär und unseren (westlichen) zentralen großindustriellen Vernichtungswahn binden, oder wollen wir diese Ressourcen und unser Handeln auf einen friedlichen, dezentralen und ökologischen Wendepfad ausrichten?

Erstmals sieht sich inzwischen der weltweite Militärapparat auch einer massiven ökologischen Diskussion ausgesetzt. Dabei werden allerdings nur die potentiellen globalen ökologischen *Folgen eines Krieges* angesprochen. Die ökologischen Folgen des Militärs beginnen aber weit *vor einem Kriegsausbruch* und wirken ebenso in einem «kalten Krieg».

Vor dem Golfkrieg rief die bundesweite Friedensbewegung zu

Protestaktionen auf und veranstaltete eine überregionale Pressekonferenz u. a. zu den ökologischen Folgen eines Golfkriegs (Netzwerk 1991).

Ebenfalls vor dem Golfkrieg veranstalteten die Umweltverbände eine eigene Pressekonferenz, auf der sie die Bundesregierung zum Abzug der Staffel von Alpha Jets aus der Türkei aufforderten. Wer heute Krieg führe, könne dies nur noch um den Preis der eigenen ökologischen Vernichtung tun. Sie forderten die Bundesregierung zu einer Intervention bei US-Präsident Bush auf, einen drohenden Golfkrieg zu vermeiden und statt dessen andere Sanktionsmaßnahmen zu ergreifen.

Ungeachtet dessen wurde die ökologische Dimension eines potentiellen Krieges während der Golfkrise 1990 nur am Rande wahrgenommen. Obwohl König Hussein von Jordanien auf der 2. Weltklimakonferenz am 6. November in Genf durch seinen Wissenschaftler Dr. Abdallah Toukan ausführlich die potentiellen globalen Umweltauswirkungen darlegen ließ, beachtete die Öffentlichkeit, vor allem die europäische, diese Fragestellung erst anläßlich einer internationalen Konferenz in London am 2.1.1991, wo verschiedene Wissenschaftler die Thesen von Toukan «nachrechneten» und der Öffentlichkeit mit einem dramatischen Appell vorstellten. Die Wissenschaftler gründeten eine «Task Force», die sich am 12.1. in New York erneut gegenüber der Weltöffentlichkeit zu Wort meldete. Inzwischen wurden auch andere Wissenschaftler, vor allem Klimaforscher aktiv; zahlreiche Medien berichteten.

Dennoch gab es bis heute keine offizielle Stellungnahme von seiten der Politik oder der Militärs zu den befürchteten ökologischen «worst-case»-Szenarien.

Vor einer eingehenderen Schilderung dieser Szenarien ist die Feststellung wichtig, daß die Warnung vor den unabsehbaren ökologischen Folgen eines Krieges keinesfalls von den ungeheuren Leiden der betroffenen Bevölkerung ablenken soll. Aber die Wahrnehmung des Leidens muß um die ökologische Dimension erweitert werden. Es geht um die Menschen *und* um unsere internationale ökologische Sicherheit, die durch militärisch orientierte Sicherheitskonzepte bedroht wird. Durch den Krieg am Golf wird endgültig klar: Militärisches Gerät und vor allem militärisches Denken eröffnet keinen Ausweg aus auch nur einem Problem unserer Zivilisation und derzeitigen weltpolitischen Situation, sondern verschärft sämtliche Problemstellungen, allein schon dadurch, daß andere Lösungen politisch sowie in Hinblick auf den Umgang mit den Ressourcen blockiert werden. Dabei ist es fast überflüssig zu erwähnen, daß die Militärs durch die auf ihre Bedürfnisse zugeschnittene Rüstungsindustrie die Situation am Golf selbst verursacht haben. Die Amerikaner kämpfen zu einem großen Teil gegen deutsche – und unter anderem sogar gegen ihre eigene – Waffentechnologie.

Die ökologischen Folgen des Krieges

Bomben gegen Mensch und Natur

«Wir befassen uns nicht mit Leichenzählen», antwortete der US-General Schwarzkopf, der die multinationalen Truppen am Golf befehligt, auf seiner ersten Pressekonferenz nach dem Kriegsbeginn auf die Frage nach den irakischen Opfern der Luftangriffe.

«Die irakische Opposition habe vor dem Ausbruch der Feindseligkeiten gehofft, daß der Westen weiser und menschlicher sein werde als Saddam Hussein. Doch was jetzt geschehe, sei die planmäßige Zerstörung eines ganzen Landes», zitiert die *Frankfurter Rundschau* vom 19. 1. 91 einen irakischen Oppositionellen.

Zbignew Brzezinski, der frühere US-Sicherheitsberater, unterstreicht diese Vernichtungsdimension: «Wir überbetonen die High-Tech-Waffen und bilden uns zuviel darauf ein; denn letztlich kämpft hier eine Supermacht gegen ein Land der Dritten Welt» (*Frankfurter Rundschau* 19. 1. 91).

Am Golf wird Munition «abgerüstet». Mr. Shultze, leitender Wirtschaftswissenschaftler am Brooking Institute, sieht keinen Grund, warum größere Mengen der im Golf bereits verschossenen Munition ersetzt werden sollte. Die ökonomischen Kosten des Krieges seien daher geringer als erwartet (*Financial Times* 19. 1. 91). Dieser Abrüstungs- und Verschrottungseffekt ist zwar zynisch, liegt aber in der Logik der Militärs. Doch gibt es auch gegenläufige Entwicklungen; bereits am zweiten Kriegstag wurden englische Munitionshersteller aufgefordert, ihre Produktionsrate zu erhöhen.

Die schweren und alten B-52-Bomber können mit ihrer Ladung einen Krater von eineinhalb Meilen Länge und einer Meile Breite verursachen, was verdeutlicht, wie viele Menschen dabei ums Leben kommen können. Mehrfach wurden mit diesen Langstreckenbombern bereits zu Anfang des Krieges Flächenbombardements – wie in Vietnam – durchgeführt. Dies soll auch über Bagdad geschehen sein. Der Friedensforscher Prof. Ulrich Albrecht vermutet den Einsatz von MK-82-Bomben, von denen die B-52 bis zu 51 Stück an Bord haben (*die tageszeitung* 19. 1. 91).

Bereits am ersten Tag wurden bei den Angriffen der Alliierten ca. 18000 Tonnen Bomben abgeworfen. Die abgeworfene Bombenmasse sowie die Intensität und Dauer des Angriffs dürfte dabei nach Ansicht von Lothar Rühl «die Größenordnung der alliierten Luftoffensiven auf dem europäischen Kriegsschauplatz zwischen 1943 und 1945 erreicht haben» (*Die Welt* 19. 1. 91).

Der *Kölner Stadtanzeiger* meldete am 21. 1. 1991, daß täglich allein über Bagdad bis zu 5000 Tonnen Bomben abgeworfen wurden, fast doppelt soviel wie einst an einem Tag auf Dresden (2659 Tonnen Bomben am 13. 2. 1945) – Mahatma Ghandi sagte einmal: «Hitler wurde nicht besiegt, sondern über-hitlert.»

Ein Tomahawk-Sprengkopf mit fast einer halben Tonne TNT kann bis zu 166 kleine Bomben freisetzen; es gibt Splitter-Bomben, z. B. Rockeye-Cluster-Bomben, die mit Hochgeschwindigkeitsfragmenten über weite Flächen hin alles (menschliche) Leben vernichten. Sie sollen auch in/über Bagdad eingesetzt worden sein. «Fuel-air»-Explosionen sollen im Kriegsgebiet auch gegen Minenfelder eingesetzt werden. Seit der Atombombe gibt es keine schlimmere Flächenvernichtungswaffe.

Besonders makaber ist, daß der Irak für viele Waffen schlicht als Testfeld genutzt wird. Und jede Waffengattung will dabeigewesen sein. Die Struktur der US-Streitkräfte im Golf wird offenbar mehr von Haushaltsfragen im Pentagon als von Kriegserfordernissen bestimmt (vgl. Paasch 1991).

Menschliche Opfer, in der Militärsprache «Weichziele» genannt, werden per Computer vorausberechnet. So wurden exakt 16099 «Body Bags», auch «Beutel für menschliche Überreste» genannt, von den US-Militärs für den Golfkrieg bestellt (*die tageszeitung* 12. 1. 91).

Durch Bomben sterben Menschen und Natur. Naturschutz hat in den Militär-Computern überhaupt keinen Platz. Jedoch werden durch die Explosionen die verschiedensten Gifte freigesetzt, die auf lange Zeit hin die Lebensräume von Menschen, Tieren und Pflanzen verseuchen.

A-, B- und C-Waffen

Daß es nach den täglich bis zu 2000 Flugeinsätzen in den ersten Kriegstagen «nur» 23 Tote in der Millionenstadt Bagdad gegeben haben soll, ist wohl eine ungeheuerliche Untertreibung. Wenig später schon wurde mit einer fünfstelligen Zahl von Opfern gerechnet. Nahegelegt werden solche Vermutungen dadurch, daß auch die Bombardierung von A-, B- und C-Waffen-Produktionsstätten stattfand. Auch in Bagdad gab es solche Produktionsstätten.

Die Bio-Chemikerin Dr. Ulrike Beisigel aus Hamburg wies darauf hin, daß die irakische Bevölkerung dadurch natürlich auch bedroht sei (*Hamburger Morgenpost* 19.1.91). Klaus Kümmerer, Chemiewaffenexperte vom Öko-Institut Freiburg, erklärt, daß in der Umgebung solcher getroffenen Anlagen die Menschen und Tiere qualvoll sterben. Nicht nur, daß chemische Stoffe freigesetzt werden. Bei der Verbrennung entstehen zusätzlich Dioxine, Furane, Schwermetalle und andere Substanzen, die in die Umgebung abgegeben werden (Karisch 1991).

Wird ein Munitionsdepot mit B-Waffen getroffen, werden die Erreger nicht vernichtet, sondern in der Umgebung verteilt.

Der belgische Giftgasexperte Heyndrickx befürchtet ein irakisches Arsenal, mit dem Saddam Hussein «den ganzen Nahen Osten vergiften könnte». Die Schutzausrüstung der Soldaten – die Zivilbevölkerung muß ohnehin ohne vergleichbaren Schutz auskommen – würde bei einem bakteriologischen Krieg versagen (*Frankfurter Allgemeine Zeitung* 18.1.91).

Vermutungen, daß solch ein Gifteintrag Europa über die Atmosphäre erreichen könnte, sind ebenfalls geäußert worden. In Verbindung mit brennenden Ölquellen könnte die durch einen Feuersturm verursachte Ruß- und Rauchentwicklung die Transportwege in der Stratosphäre erreichen und dabei gift- oder radioaktiv verseuchte Rußpartikel mit sich reißen, die dann weit entfernt wieder auf die

Erde niedergehen, meint zum Beispiel der Atomphysiker Prof. Bienlein, Leiter des Hamburger Deutschen Elektronen-Synchroton (DESY) (*Hamburger Morgenpost* 11.1.91).

Die verschiedenen Giftstoffe unterscheiden sich in ihrer Lebensdauer. C-Waffen zersetzen sich im allgemeinen durch Wasser oder Sonnenstrahlen, so daß lange Transportwege fraglich erscheinen. Jedoch ist nicht bekannt, welche Stoffe sich in den irakischen Fabriken befinden, und bei Explosionen können «Giftcocktails», unvorhersehbare Mischungen und Reaktionen, entstehen. Nach einem Bericht der Illustrierten *Stern* können sich bestimmte Giftstoffe, wie Bodenproben ergaben, mehr als zwei Monate im Boden halten. Noch Jahre später können Menschen, die damit in Berührung gekommen waren, an Krebs sterben (Schuster/Thews 1991). In diesen Zusammenhang paßt, daß das Umweltbundesamt Ende letzten Jahres eine Studie über den Pflanzenschutzmitteleintrag in die Atmosphäre bei «normaler» Bodenanwendung veröffentlicht hat. Demnach können bis zu 90 Prozent der Gifte über Hunderte von Kilometern in der Atmosphäre transportiert werden und anderswo als Giftregen niedergehen.

Die bereits durchgeführte Bombardierung potentieller Produktionsstätten von Atomwaffen hat entsprechende Umweltwirkungen. Dabei wurden womöglich die Atommeiler bombardiert, da die Geheimdienste, so Michael Sailer vom Ökoinstitut in Darmstadt, diese Produktionsstätten unter den AKWs vermuten (Karisch 1991). So freigesetzte Radioaktivität, vor allem Plutonium, würde sich regional und in der Atmosphäre verteilen. «Dabei könnte nach israelischen Erkenntnissen auch die Bevölkerung von Bagdad erheblichen radioaktiven Bestrahlungen ausgesetzt werden», meint der Physiker Prof. Ehrenstein (*die tageszeitung* 22.1.91).

Sollte es zu Atomwaffenexplosionen kommen, hätte das Auswirkungen für die gesamte Erdatmosphäre. Als Anhaltspunkt, sich der Vorstellung einer solchen Katastrophe zu nähern, mag die Tatsache dienen, daß die Strahlung nach Tschernobyl bei uns geringer war als nach den oberirdischen Atomwaffentests in den 50er Jahren.

Dabei ist zu bedenken, daß Atomwaffen auch «aus Versehen» explodieren können. Diesen sogenannten HERO-Effekt gibt es überall dort, wo Mechanik durch Elektronik ersetzt wird (vgl. Lindemann 1990). Dr. Theodore Taylor, der 40 Jahre lang US-Nuklearwaffen-Wissenschaftler war, spricht vom HERO-Effekt als einer sehr realen

Gefahr. Auch chemische und biologische Waffen seien betroffen. Laut Taylor ist der Golf «die elektromagnetisch am intensivsten aufgeladene Umwelt, die je zu Friedenszeiten geschaffen wurde», und diese Gefahr würde sich bei einem Kriegsausbruch verhundertfachen (*Observer* 6. 1. 91).

Brennende Ölquellen – eine Waffe gegen unser Klima

Für die Militärs ist der Umgang mit sogenannten «worst-case»-Szenarien eine Selbstverständlichkeit – auf ihrer Ebene des Denkens. Das sieht dann so aus: «In der militärischen Beurteilung der taktischen Lage zweckmäßige Methode der Risikominimierung bei eingeschränkter aktueller Informationslage über den Gegner. Aus den vorhandenen Informationen der das zukünftige Geflecht bestimmenden Größen werden die Handlungsalternativen des Gegners ermittelt und auf die eigene Lage bezogen. Das für die eigene Lage ungünstigste Verhalten des Gegners wird dann – auf jeder Führungsebene getrennt und jeweils unter anderen Voraussetzungen und nach anderen Gesichtspunkten – wesentliche Grundlage für eigenes Planen und Handeln» (Lutz, S. 291). Es ist höchste Zeit, den Militärs die «worst-case»-Szenarien der Ökologen entgegenzusetzen.

Und in diesem Krieg gehörte zu den das «zukünftige Gefecht bestimmenden Größen» von Anfang an die Ökologie. Saddam Hussein hatte – erstmals in der Geschichte – am 23. September 1990 einen Umweltkrieg als Abschreckung gegen jegliche andere Kriegshandlung angedroht. Er wollte alle Ölfelder verminen und durch Sprengung zum Brennen bringen, falls es zu einem Angriff gegen ihn komme. Doch die multinationalen Streitkräfte nehmen dies nicht zur Kenntnis, denn ökologische Fragestellungen werden in der Kriegsplanung bis heute nicht berücksichtigt. Natur wird lediglich darauf angesehen, ob sie nutzbare strategische Vorteile bietet. Genauso – allerdings in einer neuen Dimension – denkt anscheinend Saddam Hussein.

Seit Beginn der Wetterdokumentation 1880 lagen die sieben wärmsten Jahre zwischen 1980 und 1990; 1990 war das wärmste Jahr überhaupt. Am 9. 1. 1991 wurde die höchste Januartemperatur denn je in Deutschland gemessen. Die jährliche Durchschnittstemperatur ist in den letzten zehn Jahren um ein Grad gestiegen. Für ökologisch bewußte Politiker wären dies genügend Gründe, die Argumente besorgter Wissenschaftler zu prüfen. Dies geschieht aber bis heute nicht. Als Dr. Abdallah Toukan am 6.11.1990 in Genf im Auftrag des jordanischen Königs Hussein auf der 2. Weltklimakonferenz vor den möglichen Folgen des geplanten Krieges erstmals öffentlich warnte, ging dies in der Berichterstattung unter. Im Januar aber mehrten sich die dramatischen Appelle an die regierenden Politiker. Wissenschaftler wie Prof. Carl Sagan, Dr. Joe Farman (Entdecker des Ozonlochs in der Antarktis) oder Nobelpreisträger Dr. Bernhard Lown sagten, daß die ökologischen Kosten alle anderen Kosten des Krieges in den Schatten stellen würden. Prof. Dr. Paul J. Crutzen, Direktor der Abteilung Chemie in der Atmosphäre am Max-Planck-Institut für Chemie und Mitglied der Enquete-Kommission «Schutz der Erdatmosphäre» des Deutschen Bundestages (von ihm stammt die derzeitig gültige Ozonloch-Theorie) sowie Prof. Dr. Wilfried Bach, Klimatologe an der Universität Münster und ebenfalls wissenschaftlicher Berater der Enquete-Kommission des Deutschen Bundestages, haben jeweils eigene, erschreckende Berechnungen angestellt. Dr. Toukan und seine Mitarbeiter vom Higher Council for Technology and Science, einem Institut der Königlichen wissenschaftlichen Gesellschaft in der jordanischen Hauptstadt Amman, hatten sie um Hilfestellung bei ihren Berechnungen gebeten. Weiter brachte Dr. John Cox, Petrochemiker und lange Zeit Berater einer Ölfirma im Golf, seine Berechnungen an die Öffentlichkeit. Auf einer internationalen Konferenz am 2.1.1990 in London bat er dringend, seine Thesen von öffentlicher (staatlicher) Seite nachzurechnen (Cox 1991). Es wurde eine wissenschaftliche Sonderkommission gegründet, die sich am 13.1.1991 noch einmal in der UNO in New York an die Weltöffentlichkeit wendete.

Folgende sind die Bedingungen für durchaus plausible «worst-case»-Berechnungen: Der Irak förderte vor der Golfkrise täglich 2,3 Millionen Barrel Öl und hatte damit einen Weltanteil von 4,4%. Die Öl-vorkommen werden auf 9,6% des Weltanteils geschätzt. Kuwait förderte täglich 1,6 Millionen Barrel Öl und war damit an 2,6% der Weltproduktion beteiligt. Der Anteil am Weltölvorrat wird mit 9,3% angegeben (*Financial Times* 17.1.91). Allein in Kuwait befinden sich 850 bis 1000 Ölquellen, von denen ca. 360 die derzeitige Produktion gewährleisten. Bis auf 22 sprudeln alle ohne fremde Pumpleistung (self-pressurised) (Scientific Task Force 1991). Diese Ölquellen sind nun gefährdet durch eine direkte Sprengung der Iraker und auch eine Bombardierung durch die Alliierten sowie durch indirekte Sprengung bei Kriegshandlungen. Der frühere britische Premier Edward Heath, der sich in Bagdad aufgehalten hat, um die Freiheit der britischen Geiseln zu erreichen, ist davon überzeugt, daß alle kuwaitischen Ölquellen zur eventuellen Sprengung vermint sind (Rosenkranz 1991).

Sollte es zu Bränden kommen, so können diese über Monate hinweg toben, da eine schnelle Löschung wegen der Kriegshandlungen und wegen der Hitze unmöglich ist. Der weltbekannte Öl-Lösch-Experte Red Adair gibt an, **eine** Quelle innerhalb von sechs Wochen löschen zu können. Er sei bereits durch die US-amerikanische Regierung angesprochen worden (*The Independent* 3.1.91). Jedoch sei bei einer Akkumulation brennender Quellen keine Aussage mehr zu machen. Basil Butler, Managing-Direktor von British Petroleum (BP), sagte der Zeitung *Independent*, daß die Quellen ein Jahr lang brennen könnten (ebd.).

Da die Ölquellen teilweise nur eine halbe Meile voneinander entfernt liegen, kann das Feuer überspringen (Scientific Task Force 1991). Es können Feuerstürme entstehen wie während des Zweiten Weltkrieges in Dresden, Hiroshima und Nagasaki. Der Klimatologe Prof. Bach sagt voraus, daß es einen wahnsinnigen Sog geben würde, der lokal und regional Orkane verursachen könnte (Wille 1991).

Zusätzlich zu den Quellen existieren Hunderte von Öllagern mit ca. 10 Millionen Barrel sowie Pipelines, die ebenfalls brennen könnten.

Saudi-Arabien hat insgesamt 858 aktive Quellen, wobei die meisten jedoch weit entfernt vom Kriegsgebiet liegen. In Reichweite der Waffen des Iraks liegen folgende größere saudiarabische Ölquellen: Ras Tannurah (530000 Barrel pro Tag), an der Golfküste Jeddah, Riyadh und Al Jubail, weiter das Sanfaniya-Feld, mit 55 Ölquellen eines der größten, ebenso Marjan und Zuluf (*Financial Times* 18.1.91).

Bereits in den ersten Kriegstagen brannten ein Ölfeld bei Bagdad (Daura, 71000 B/T) und ein saudiarabischer Tank in Ras al-Khafji, wenige Kilometer von der kuwaitischen Grenze entfernt.

Die irakischen Bodentruppen haben an der Grenze zu Saudi-Arabien auf einer Länge von 260 Kilometern bis zu 20 Meter breite Gräben ausgehoben. «An vielen Stellen befinden sich darin mit Öl gefüllte Fässer. An anderen Stellen führen Rohrleitungen in die Gräben, durch die Öl gepumpt werden kann» (*Frankfurter Allgemeine Zeitung* 19.1.91). Die Hitze des brennenden Öls soll es den Panzern unmöglich machen, die Gräben zu durchqueren. Der dichte schwarze Qualm läßt die modernen, lasergeführten Panzerabwehrraketen der Angreifer ihr Ziel nicht finden (ebd.). Bei dieser Kriegstaktik können ebenfalls Millionen Tonnen von Öl verbrennen.

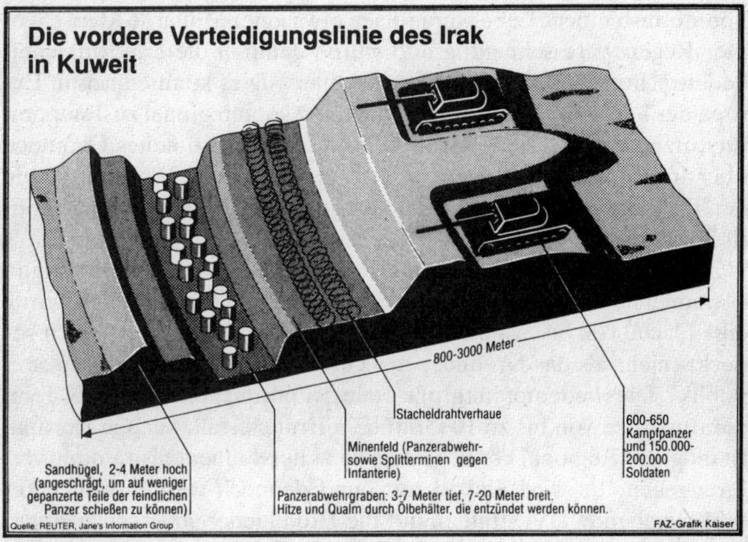

Quelle: *Frankfurter Allgemeine Zeitung*

Als Folge jedes dieser tatsächlichen und avisierten Ölbrände entsteht eine Rauchentwicklung, die Ruß, Schwefeldioxid (SO_2), Kohlenmonoxid (CO) und Stickoxide (NO_x) sowie andere schwer gesundheitsgefährdende Substanzen freisetzt. Auch Kohlendioxid (CO_2), zu 50% am Treibhauseffekt beteiligt, wird in großen Mengen freigesetzt.

Wie stark die Umwelt beeinträchtigt wird, ist von der Menge des brennenden Öls und der jeweiligen Dauer abhängig. Jede Tonne Öl kann in verschiedene Äquivalente der genannten Stoffe umgerechnet werden. Es gibt zwei Haupt-Szenarien.

1. Es brennen täglich 3 Mio. Barrel Öl, und dies ein Jahr lang: Dabei

würden etwa 5 % der jährlichen Weltkohlendioxid-Emission freigesetzt werden. Zum Vergleich: Die ehemalige Bundesrepublik emitierte jährlich 3,7 % des weltweit freigesetzten CO_2.

Der Rauch summiert sich in der Atmosphäre und kann, bedingt durch die Hitze bei den vielen Bränden, in die Stratosphäre eindringen, wo er um die nördliche Hemisphäre (Asien, Nordamerika, Europa) transportiert wird. Schon nach 30 Tagen wäre eine Fläche halb so groß wie die USA mit Rauch bedeckt. Der Monsunregen in Indien könnte ausbleiben, Lebensgrundlage etwa einer Milliarde Menschen. Der Regen wäre sehr giftig und würde dadurch die Landwirtschaft beeinträchtigen, weil der Boden versauert. Dies könnte auch in Europa der Fall sein. Die Rauchentwicklung kann regional zu Temperaturstürzen von bis zu 20 Grad Celsius führen. Ein neues Ozonloch über Indien und anderen Gebieten kann entstehen. Weltweit würde der Treibhauseffekt einen Schub bekommen (z. B. Cox 1991; Scientific Task Force 1991).

2. Zehn Millionen Barrel Öl (1,6 Mio. Tonnen) gehen pro Tag in Flammen auf: 100000 Tonnen Ruß gehen in die Luft. Täglich würde eine Fläche von bis zu einer Million Quadratkilometer mit Rauch bedeckt (mehr als das Dreifache der Größe der ehemaligen Bundesrepublik). Dies bedeutet für große Teile der nördlichen Halbkugel Temperaturstürze von bis zu 10 Grad. Ein Ernteausfall, auch in Europa, ist möglich. Regional können bis zu 85 % der Sonneneinstrahlung verlorengehen. Es wird dunkel sein, und dennoch werden weit mehr krebserrebende UV-Strahlen auf die Erde niedergehen als je zuvor. Die Rußflocken verbinden sich und schneien herab. An ihnen könnten chemische und radioaktive Substanzen hängen. Die Rußteile und Gase erwärmen die Stratosphäre und lösen bis zu 60 % der Ozonschicht auf (Crutzen 1991; *Der Spiegel* 3/1991).

Gelangt der Ruß in eine Höhe von mehr als 12 Kilometer, wird er vom Jet-Stream, einem ständig tosenden Orkan mit 200 bis 500 km Stundengeschwindigkeit, erfaßt, und von West nach Ost um die Nordhalbkugel getragen. Dort würden sich der Rauch und die Partikel jahrelang halten (Schuster/Thews 1991; Wedemeyer 1991).

Der Klimatologe Prof. Bach meint, es sei abhängig von der Jahreszeit, welche Weltregionen stärker betroffen sein würden. Ein «Winterkrieg» würde zuerst Afrika gefährden, während ein «Sommerkrieg» das oben geschilderte Szenario verursachen würde (Wille

1991). Eins steht jedenfalls fest: Die Biosphäre würde aufs schwerste geschädigt, die Lebensgrundlage von Pflanzen, Tieren und Menschen elementar angegriffen werden. Andere Wissenschaftler bestätigen Teilaspekte der vorgelegten Berechnungen. Richard Scorer, Meteorologe am Londoner Imperial College, fürchtet die Ausbreitung einer Rußwolke bis Bombay und in einem Monat um die ganze Welt herum (*Spiegel* 3/1991). Dr. Mojib Latif vom Max-Planck-Institut für Meteorologie in Hamburg befürchtet katastrophale Folgen für Indien und Europa (Wedemeyer 1991). Der Atomphysiker Prof. Dr. Hans Bienlein, Leiter des Deutschen Elektronen-Synchroton (DESY) in Hamburg, sieht reale Gefahren für unser Klima und Europa (*Hamburger Morgenpost* 10.1.91).

In der ökologischen Weltgeschichte gab es bereits mehrere Ereignisse, die die Berechtigung solcher Szenarien bestätigen. Am 30. August 1987 fand in Oregon (USA) ein Waldbrand statt, dem 203 Quadratkilometer Wald zum Opfer fielen. Es gab regionale Temperaturstürze von bis zu 20 Grad Celsius. Über den gesamten September hinweg lagen an drei Wochen die Temperaturen um 5 Grad und eine Woche lang um 15 Grad unter dem Normalwert. Zum einen verschluckte der Rauch große Teile der nicht-reflektierenden Strahlung, andererseits wurde mehr Sonnenstrahlung zurückgeworfen. Die Rauchschicht wurde erwärmt, der Boden kühlte ab. Das hatte verheerende Folgen für die Landwirtschaft (Trageser 1989). Im US-Staat Washington kam es im Mai 1980 zum Ausbruch des Vulkans Mount St. Helen. Tagelang ging in einem Gebiet von 100 Kilometern Breite und 1000 Kilometern Länge ein Ascheregen nieder. Sichtbarer Ruß fiel noch in 1500 Kilometer Entfernung; nachweisbar waren die Folgen der Eruption in der gesamten Atmosphäre. Im Juli 1816 kam es zum Ausbruch des Vulkans Mount Tambora in Ostindien. Ruß und Asche umkreisten für Monate die nördliche Hemisphäre. Die US-Staaten New England, New York und Pennsylvania verschwanden unter einer Decke von Eis und Schnee. Auch in Europa kam ein Wintereinbruch im Sommer und vernichtete die Ernte (Rosenkranz 1991).

Der Golf wird verseucht

Wie berechtigt die schlimmsten ökologischen Befürchtungen sind und wie schnell sie von der Wirklichkeit eingeholt werden, beweist der unübersehbar große Ölteppich, der sich ab dem 25. Januar 1991 von der kuwaitischen Küste aus im Golf ausbreitet. Saddam Hussein hat sich – wie schon im Krieg gegen den Iran – nicht gescheut, seine Drohung wahr zu machen, das Öl als Waffe zu benutzen und den ökologischen Krieg zu führen. Nach Schätzungen des saudiarabischen Ölministeriums ließ der Irak aus Tankern und riesigen Sammeltanks bei al Ahmadi in Kuwait gut 1,5 Milliarden Liter Rohöl ins Meer fließen und verursachte so die größte Umweltkatastrophe der Menschheitsgeschichte. Zum Vergleich: Die gewaltige Meeresverseuchung durch den leckgeschlagenen Tanker «Exxon Valdez» vor Alaska, die 1989 die Welt erschütterte, wurde von 42 Millionen Litern ausströmenden Öls verursacht. Der Ölteppich, der offenbar Landemanöver der Alliierten in Kuwait verhindern und die Wasserversorgung von Saudi-Arabien (und damit auch der alliierten Truppen) aus den Meerwasserentsalzungsanlagen lahmlegen sollte und auch Raffinerien und Kraftwerke stillegen könnte (*Spiegel* 5/91), hatte nach wenigen Tagen bereits eine Fläche von etwa 1000 Quadratkilometern erfaßt und nahm stetig zu. Die Biosphäre in weiten Teilen des Golfs wird auf Jahrzehnte hinaus völlig vernichtet sein. Es sterben die Delphine, Wale, Fische, Schildkröten und Meeresvögel, der Boden des relativ flachen Gewässers wird mit giftigem Teer-Schleim bedeckt, der Seegraswiesen und Korallenriffe vernichtet, viele Millionen Liter von Ölbestandteilen verflüchtigen sich in der Hitze in die Atmosphäre und vergiften sie. Den Menschen der Region wird die Lebensgrundlage entzogen, die Trinkwassergewinnung ist auf Dauer gefährdet, eine wichtige Nahrungsquelle – 130000 Tonnen Fisch fingen Iran, Irak, Kuwait und Saudi-Arabien jährlich aus dem Golf – ist unwiederbringlich dahin. Es kann noch schlimmer kommen: Durch die Einleitung von Benzin in den Golf entstünde eine leichtentzündbare Mischung. Wird sie in Brand gesetzt, könnte die Feuersbrunst auch Ölreservoire auf dem Festland erreichen – mit denkbaren Folgen, wie sie bei einer Vielzahl brennender Ölquellen hier bereits beschrieben worden sind.

All dies haben die kriegführenden Regierungen und Militärs frühzeitig wissen können und müssen – und nicht nur durch unermüdliche Warnungen von Umweltschutzverbänden. Richard Golob aus Cambridge/Massachusetts, Herausgeber des Fachblatts *Golob's Oil Pollution Bulletin*, verarbeitete die Erfahrungen mit der «Exxon Valdez»-Katastrophe und dem von Saddam Hussein während des Iran-Krieges als Erpressungsmanöver verübten Raketenangriffs auf die iranische Öl-Plattform Naurus (352 Millionen Liter Rohöl flossen in den Golf) zu einer Studie, die – wie der *Spiegel* (5/91) berichtet – seit einiger Zeit jedenfalls in den Zentralen der Ölmultis zirkulierte. Ihr Titel: «Umweltwirkungen eines Krieges im Golf». Die Analyse liest sich wie eine Vorwegnahme dessen, was dann auch durch den erneuten Krieg im Golf eintraf. Es war vorher klar: Dieser Krieg würde ein «totaler Krieg» gegen die Schöpfung werden.

Flüchtlinge

Die «Ärzte gegen den Atomkrieg» (IPPNW) warnten lange vor Kriegsbeginn, die Invasion in Kuwait nicht mit 100000fachem Bruch des Menschenrechts zu beantworten. Vor allem Kinder werden bei diesem Krieg leiden und getötet werden, allein schon deshalb, weil ca. 45 % der Iraker unter 15 Jahre alt sind.

Bis zu zwei Millionen Flüchtlinge gibt es, bedingt durch die Kriegshandlungen – allein im Iran, wo bereits zum Kriegsanfang über 100000 Menschen aus Kuwait Zuflucht gesucht haben.

Aus dem Irak flüchten die Menschen nach Jordanien und Syrien. Auch in die Türkei seien 100000 Menschen geflüchtet. In der Türkei selbst versuchen Millionen grenznah lebende Einwohner, die Region zu verlassen. Insgesamt rechnete das UN-Flüchtlingskommissariat bereits Mitte Januar mit drei Millionen Flüchtlingen. Sollten die ökologischen «worst-case»-Szenarien eintreffen, würden diese Flüchtlingsströme noch weiter anwachsen.

Umweltvernichtung durch militärische Rüstung in Friedenszeiten

Deutsche Waffen, deutsches Geld...

Eine Liste des Außenpolitischen Ausschusses des US-Senats nennt 213 Firmen, davon 87 deutsche, die an der Aufrüstung des Irak beteiligt waren und sind. «Ohne die Bundesrepublik gäbe es die Golfkrise nicht», meinte ein Mitglied des US-Haushaltsausschusses dazu kommentierend.

Dies gilt aber nicht nur wegen der Rüstungsexporte, sondern besonders auch wegen des Rüstungs-Übungs-Imports: Die Bundesrepublik war und ist der größte Truppenübungsplatz der derzeit kriegsführenden westlichen Alliierten. Nirgendwo auf der Welt üben die Briten und die Amerikaner soviel Tiefflug- und Panzereinsätze wie in der Bundesrepublik. Alle Waffensysteme und Strategien (Air-Land-Battle!) wurden bei Manövern auf deutschem Boden und Truppenübungsplätzen durchgetestet. Gerade der Nacht-Tiefflug im Golf mit dem Radar *Lantirn* bei der F-15, welches laut Pentagon «eine große Rolle» bei den Nachteinsätzen gespielt habe (*Tagesspiegel* 18.1.91), wurde in Rheinland-Pfalz erprobt (vgl. Luber 1989). Auch die Übungsplätze am Boden wurden und werden wegen des Golfkriegs verstärkt durch Panzer und für Schießübungen genutzt.

Das im September 1990 ausgesprochene Tiefflugverbot für die alliierten und deutschen Streitkräfte wurde im gleichen Atemzug für die Briten und Amerikaner «im Rahmen ihrer Vorbereitung auf den Einsatz in der Golfregion» wieder unterlaufen. Im Dezember gab es noch einmal eine Sondergenehmigung für die Amerikaner für eine Woche (13.–19.). Am 18.1.1991 hob Bundeskanzler Kohl persönlich für das Oldenburger Jagdgeschwader die Bestimmungen auf, damit sich die Piloten auf ihren Einsatz in der Türkei vorbereiten könnten.

Es werden vermehrt Luftbetankungsübungen im Norden der Bundesrepublik gesichtet; ohne Luftbetankung wäre ein Golfeinsatz vieler Flieger gar nicht möglich. Welche ökologischen Folgen der Tiefflug und die Manöver haben, vor allem durch Unfälle, Verseuchungen und Energieverbrauch, wurde bereits an anderer Stelle ausführlich dargestellt (vgl. Achilles 1988 u. 1989).

Die Bundeskoordination der Bewegung gegen militärische Flüge weist in einer Presseerklärung darauf hin, daß die Tiefflüge immer als

«Abschreckungs- und Kriegsverhinderungswaffen» betitelt wurden. «Angeblich dienten die Übungen der Sicherung des Friedens und zur Verteidigung der Bundesrepublik. Tatsächlich jedoch wurden das Land und der Luftraum als Truppenübungsplatz genutzt, in dem nicht Frieden, sondern Krieg geübt und vorbereitet wurde».

Ökologische Vorleistungen für militärische Sicherheit

Bereits vor dem «heißen Krieg» gab es schwerwiegende ökologische Folgen, hervorgerufen durch die Besetzung Kuwaits durch den Irak und die damit zusammenhängende Truppenmassierung am Golf.

Über 9000 Panzer, über 2000 Flugzeuge, fast 1,1 Millionen Soldaten mit entsprechendem Gerät, zahlreiche Schiffe etc. wurden und werden zu Luft, Land und Wasser (teilweise) über Tausende von Kilometern bewegt (stationiert). Hierbei entstehen nicht nur zahlreiche Schäden. Es wurde und wird eine ungeheure Menge an Energie verbraucht.

Das Militär hat weltweit einen Anteil am Kerosinverbrauch von mindestens 24%. Dies ergibt allein einen jährlichen CO_2-Ausstoß von 136 Millionen Tonnen, was 18,3% der jährlichen CO_2-Gesamtemission der Alt-Bundesrepublik entspricht. Hinzu kommt, daß diese Emissionen gerade in klimasensiblen Zonen der Atmosphäre entstehen.

Zum Beispiel hat der gesamte Militärapparat in der Bundesrepublik eine CO_2-Emission von ca. 39,1 Millionen Tonnen pro Jahr. Dies sind 5,26% der Gesamt-CO_2-Emission der früheren Bundesrepublik oder 21,72% der Emission der Haushalte und Kleinverbraucher bzw. 39,1% der Industrie-Emission per anno.

Allein die US-Army hat einen jährlichen Energieverbrauch von ca. 14% des Gesamtverbrauchs der Bundesrepublik bzw. 51,3% des Gesamtverbrauchs von Holland. 1988 waren dies 56,12 Millionen Tonnen Steinkohleeinheiten. Dieser Verbrauch, wie auch der weltweite militärische Kerosinverbrauch, werden sich natürlich infolge der Golfkrise und des Krieges enorm steigern.

Gerade bei den klimarelevanten Gasen nimmt der Rüstungs- und Militärbereich eine führende Position ein:

Allein US-Navy und Air Force verbrauchen das 2,8fache des bundesdeutschen Gesamtkonsums an Halon 1211, nämlich 2348,28 Tonnen pro Jahr. Das US-Militär konsumiert nach eigenen Angaben über die Hälfte des Gesamt-FCKW-113-Verbrauchs der USA (Stand 1986). Ein weiterer, nicht zu vernachlässigender ökologischer Faktor sind die zahlreichen (Klima-)Gifte in Treibstoffadditiven etwa beim Stealth-Bomber oder in den Marschflugkörpern sowie in den Dekontaminationsmitteln etc. (vgl. Achilles 1991).

Weltweit beeinträchtigte das Militär unseren Planeten bereits durch oberirdische Atomwaffentests, Atomunfälle, verseuchte Landstriche, Energieverschwendung etc.

Die ökonomischen Kosten des Kriegs

Willy Brandt schrieb schon vor Jahren in seinem Buch «Der organisierte Wahnsinn», daß in dem Rüstungsgeld «das Todesurteil für Millionen unserer Mitmenschen steckt». «Die Mittel, sie leben zu lassen, werden durch Waffen absorbiert.» Nach Schätzungen des US-Kongresses können sich die Kosten des Golfkrieges allein für die USA auf 42 bis 130 Milliarden DM belaufen (*Frankfurter Rundschau* 18.1.91). Bei der niedrigsten Zahl wird vorausgesetzt, daß der Krieg weniger als einen Monat dauert. Der schlechteste angenommene Fall wäre ein Krieg von einem halben Jahr Dauer, mit 45000 toten und verwundeten Soldaten sowie 900 Panzer- und 600 Flugzeugverlusten (ebd.).

Die Briten bezifferten ihre Kosten im Golf bis zum 18.1. auf 2,7 Milliarden DM (*Süddeutsche Zeitung* 19.1.91). Allein der erste Tag des Krieges kostete ca. 750 Millionen DM einschließlich der «Verluste» (*Frankfurter Rundschau* 19.1.91). Die *Financial Times* meldete am selben Tag Kosten von 20 bis 30 Milliarden US-Dollar pro Monat, insgesamt könnten es 130 Milliarden US-Dollar werden. Experten schätzen die täglichen Kriegskosten auf 500 Millionen US-Dollar. Im Fall eines Bodenkampfes koste der Krieg eine Milliarde US-Dollar am Tag – nur für die Alliierten.

Michael Renner, Forscher beim World-Watch-Institut in Washington, errechnete, daß für die weltweit 29 Millionen Soldaten, 16 Millionen militärischen Bediensteten und 10 Millionen Paramilitärs seit

1945 17,5 Trillionen US-Dollar (Index 1987) ausgegeben wurden. Die Zahl Trillion bedeutet Million × Million × Million, eine 1 mit 18 Nullen. Insgesamt arbeiten weltweit in Militärorganisationen als Soldaten, Ingenieure, Wissenschaftler, Beamte und Arbeiter zwischen 60 und 80 Millionen Menschen. Die Militärausgaben haben einen Anteil am Weltbruttosozialprodukt von 6,1 %. Sie belaufen sich weltweit auf rund 1000 Milliarden US-Dollar im Jahr.

Der Anteil an den Staatsausgaben für Militär beträgt weltweit nach UNO-Angaben zwischen 25 und 28 %. Allein der Etat der Bundeswehr soll 1991 54 Milliarden DM betragen. Dies sind 1990 tagtäglich 150 Millionen DM – pro Stunde fast 6,3 Millionen DM. Solche ökonomischen Aufrechnungen von Kriegskosten sind angesichts des unendlichen Leids und auch der drohenden ökologischen Weltkatastrophe makaber genug. Und sie lassen naturgemäß die unermeßlichen Schäden für die Umwelt, an Gebäuden und Infrastruktur, auch wohl an einigen der ältesten Kulturstätten der Menschheit, völlig außer acht. Aber sie machen zumindest das gigantische Ausmaß der Vergeudung von Mitteln deutlich, die anderswo dringend eingesetzt werden müßten:

Lester Brown, Leiter des renommierten World-Watch-Institutes in Washington, hat errechnet, daß die Menschheit in den nächsten zehn Jahren jedes Jahr 150 Milliarden US-Dollar bereitstellen müßte, um eine wirkliche ökologische Wende herbeizuführen (Brown 1990).

Jede Mark für das Militär fehlt also nicht nur in dem Bereich der internationalen ökologischen Sicherheit; im Gegenteil wird diese gerade im Golf derzeit bedroht, und die Ausgaben tragen schließlich zur weiteren Schädigung des angeschlagenen Weltklimas bei.

Ökologisches Völkerrecht

Es gibt viele Stimmen, die unbesehen eine «ökologische Entwarnung» für einen Golfkrieg ausgesprochen haben oder auf die schlechte Datenlage verweisen (z. B. Thomas/Schuh-Tschan). Jedoch sind die vorliegenden Angaben ausreichend, um auf jeden Fall Kriegshandlungen allein schon aus ökologischen Gründen zu unterlassen.

In Artikel 42 der «Charta der Vereinten Nationen» heißt es, daß «zur Wahrung oder Wiederherstellung des Weltfriedens und der internationalen Sicherheit erforderliche(n) Maßnahmen» durchgeführt werden dürfen. Angesichts der weltökologischen Situation müßte inzwischen selbstverständlich sein, daß die «internationale Sicherheit» dabei primär ökologisch definiert werden muß. Allein die durch die potentiellen Ölbrände verursachte Gift- und CO_2-Freisetzung sollte jegliche Kriegshandlungen von selbst verbieten. Entsprechend lautet Artikel 55 des 46. Zusatzprotokolls zu dem Genfer Abkommen vom 12.8.1949 über den Schutz der Opfer internationaler Konflikte, der dem «Schutz der natürlichen Umwelt» gewidmet ist:

«(1) Bei der Kriegführung ist darauf zu achten, daß die natürliche Umwelt vor ausgedehnten, langanhaltenden und schweren Schäden geschützt wird. Dieser Schutz schließt das Verbot der Anwendung von Methoden oder Mitteln der Kriegführung ein, die dazu bestimmt sind oder von denen erwartet werden kann, daß sie derartige Schäden der natürlichen Umwelt verursachen und dadurch Gesundheit oder Überleben der Bevölkerung gefährden.

(2) Angriffe gegen die natürliche Umwelt im Wege der Repressalie sind untersagt.»

Und in Artikel 54 dieses Zusatzprotokolls, das vom 12.12.1977 stammt, wird festgelegt, daß «für die Zivilbevölkerung lebensnotwendige Objekte wie ‹Trinkwasserversorgungsanlagen» nicht zerstört werden dürfen. In der Vier-Millionen-Stadt Bagdad ist die Wasserversorgung schon nach fünf Tagen des Bombardements zusammengebrochen. Die Folge werden die verschiedensten Seuchen und Epidemien sein, da die Menschen sich das Wasser aus dem Tigris holen.

Wer den Weltfrieden sichern will und dabei die internationale ökologische Sicherheit beachtet, muß mit behutsamen und wirkungsvollen, vor allem aber mit ökologisch verträglichen Methoden arbeiten. Raketen und Panzer, Kampfflugzeuge und Atomwaffen, Herbizide und Ozonbomben können diesen Anforderungen sicherlich nicht entsprechen.

Dieser Krieg nimmt die ökologische Vernichtung großer Teile unseres einzigartigen Planeten in Kauf. Wir wissen inzwischen, daß gerade das Volk der Iraker dabei bedroht ist. Bei alledem sollen die eklatanten Völker- und Menschenrechtsverletzungen der politischen Führung des Irak keinesfalls beschönigt oder verharmlost werden.

Quellen

Achilles, Olaf: «Natur ohne Frieden»; München 1988

ders./Lange, Jochen: «Tiefflieger»; Reinbek 1989

ders.: «Von der heiligen Kuh zum Trojanischen Pferd»; Bonn 1990

ders.: «Militär, Rüstung und Klima»; KÖF-Reihe Band 6, Alheim 1991

Arbeits- und Forschungsstelle «Militär, Ökologie und Planung» (MÖP) e. V./Achilles, Olaf: «Die ökologischen Folgen eines Golfkrieges»; Presseerklärung zur Pressekonferenz des Netzwerk Friedenskooperative am 10.1.91 in Bonn

Bundeskoordination gegen militärische Flüge: «Tiefflug-Gegnerinnen fordern Regierung zum Rücktritt und die Bevölkerung zur Verweigerung auf»; Pressemitteilung 17.1.91; Biebelnheim

Brown, L. R.: «Für die Militärs bleibt genug»; Spiegelgespräch in: Der Spiegel 3/90, S. 90–98

Crutzen, Paul J.: «Brief an das Königshaus Jordanien»; 5.1.91

Cox, John: «Environmental Consequences of a Gulf War»; London, Januar 1991

Der Spiegel: «Es wäre die Hölle los»; 3/91, S. 116

Evangelischer Pressedienst: «Experte: Militärs vernichten, was sie verteidigen wollen»; Hamburg 7.1.91

Financial Times: «Saudi Arabian refinery to close after artillery attack»; 18.1.91

Frankfurter Allgemeine Zeitung: «Kuwait kann mit massiven Lufteinsätzen allein nicht befreit werden», 19.1.91

Karisch, Karl-Heinz: «Nach dem Krieg bleibt Irak eine vergiftete Wüstenlandschaft»; in: Frankfurter Rundschau 19.1.91

Klingelschmidt, Klaus-Peter: «Schon im Vietnamkrieg ging's ums Öl»; in: die tageszeitung 18.1.91

Lean, Geoffrey: «Mining of oil wells would lead to climate disaster, say scientists»; in: Observer 6.1.91

Lindemann, Inge: «Atomunfall im Golf durch HERO/Elektrosmog?»; in: Friedensforum 1/91; Bonn 1991

Loske, Reinhard: «Im Schatten der Golfkrise»; in: die tageszeitung 26.10.90

Luber, Burkhard: «Tiefflug der amerikanischen Luftwaffe»; in: möp-rundbrief 19/20; Bonn 1989

Lutz, Ernst: «Lexikon zur Sicherheitspolitik»; München 1980

Netzwerk Friedenskooperative: «Aktionstag der Friedensbewegung mit Veranstaltungen im ganzen Bundesgebiet. Ökologische Folgen des Krieges katastrophal»; Presseerklärung vom 10.1.91

Nonnenmacher, Peter: «Experten sagen bei Golfkrieg auch eine Umweltkatastrophe voraus»; in: Frankfurter Rundschau 4. 1. 91

Paasch, Rolf: «Schlacht zwischen US-Waffengattungen ums Geld»; in: die tageszeitung 15. 1. 91

Renner, Michael: «National Security: The Economic and Environmental Dimensions»; Washington 1989

Rosenkranz, Gerd: «Wenn das Schwarze Gold brennt»; in: die tageszeitung 16. 1. 91

Schuh-Tschan, Hans: «Apokalypse?»; in: Die Zeit 3/91

Schuster, Gerd/Thews, Klaus: «Wenn die Ölfelder brennen»; in: Stern 3/1991

Scientific Task Force: «Environmental Impact of War in the Gulf»; New York 11. 1. 1991

dies.: «Interim Summary of the Scientific Evidence Concerning the Ecological Effects of a War in the Gulf»; London 14. 1. 91

The Green Party Great Britain: «Environmental impact of War in the Gulf»; Policy Briefing; London 2. 1. 91

Thomas, David: «Oilfield pollution: a burning issue»; in Financial Times 9. 1. 91

Trageser, Gerd: «Idee des nuklearen Winters durch Waldbrände bestätigt»; in: Spektrum der Wissenschaft 1/1989

Vorholz, Fritz: «Was wird am Golf verteidigt?»; in: Die Zeit 4. 1. 91

Watts, Susan: «Kuwait could burn for a year»; in: The Independent 3. 1. 91

Wedemeyer, Georg: «Saddam will ‹das Licht auf viele Jahre löschen›»; in: Hamburger Morgenpost 19. 1. 91

Wille, Joachim: «Wenn die Ölfelder brennen, wird es finster auf der Erde»; in: Frankfurter Rundschau, 23. 1. 91

Hartwig Bögeholz

Von der Krise zum Krieg

Eine Chronik

2. August 1990: Nach anhaltenden Spannungen, die aus dem Gebietsanspruch des Irak auf die kuwaitischen Inseln Bubiyan und Warba sowie dem Vorwurf herrühren, Kuwait fördere aus dem grenznahen irakischen Ölfeld Ramaila, überschreiten im Morgengrauen irakische Truppen die Grenze zu Kuwait. Als Vorwand dient ein angebliches Hilfeersuchen «kuwaitischer Revolutionäre». Gegen heftigen Widerstand der 20000 Soldaten Kuwaits besetzen die Truppen das Emirat. Dem Scheich Jaber al Ahmad al Jaber as-Sabah und anderen führenden Persönlichkeiten gelingt die Flucht nach Saudi-Arabien. Zahllose Bewohner Kuwaits versuchen verzweifelt, mit Autos und Bussen ebenfalls die Grenze zum Nachbarland zu erreichen.

- Wenige Stunden nach der Invasion verabschiedet der UN-Sicherheitsrat bei Enthaltung des Jemen eine Resolution, die den Irak zum sofortigen und bedingungslosen Rückzug auffordert. Auch die Regierungen der USA und der Sowjetunion bekräftigen diese Forderung. In mehreren Ländern werden kuwaitische Guthaben eingefroren, um sie dem Zugriff des Irak zu entziehen.
- In Kairo halten sich anläßlich der Islamischen Weltkonferenz zahlreiche Außenminister auf. Die Mitglieder der Arabischen Liga kommen auf Antrag Kuwaits zu einer Dringlichkeitssitzung zusammen, können sich indes noch nicht auf eine gemeinsame Stellungnahme einigen.
- Israel warnt den Irak vor einem Überschreiten der jordanischen Grenze, dies werde als Kriegsgrund betrachtet.
- In Amman erklären Regierungsvertreter, die jordanische Bevölkerung stehe hinter dem Irak, dieser habe richtig gehandelt.

3. August 1990: Als erstes arabisches Land fordert Ägypten den Irak zum sofortigen Abzug auf. Die iranische Regierung verurteilt den Einmarsch, spielt dessen Bedeutung aber zugleich herunter.

- Am späten Abend verabschiedet in Kairo der Rat der Arabischen Liga bei 14 Ja- und 6 Nein-Stimmen eine Resolution, in der der Einmarsch verurteilt und keines seiner Ergebnisse anerkannt wird.
- Während eines Blitzbesuches in Moskau erarbeiten und veröffentlichen US-Außenminister James Baker und sein sowjetischer Amtskollege Edu-

ard Schewardnadse eine gemeinsame Erklärung ihrer Regierungen. Beide glauben, «daß die Weltgemeinschaft die Aktion nicht nur verurteilen, sondern als Antwort darauf praktische Schritte unternehmen sollte».

– Die Sowjetunion stellt ihre Waffenlieferungen an den Irak ein. Tags darauf vollziehen die ČSFR und Polen den gleichen Schritt.

– In den späten Abendstunden verbreitet die irakische Regierung eine Erklärung, sie werde ihre Invasionstruppen vom 6. August an aus Kuwait zurückziehen.

4. August 1990: Die USA legen dem UN-Sicherheitsrat einen Resolutionsentwurf vor, der weitreichende Sanktionen gegen den Irak vorsieht.

– Auf einer Sondersitzung in Rom beschließen die EG-Außenminister den Stopp aller Öleinfuhren aus Irak und Kuwait, ein Waffenembargo, das Einfrieren aller irakischen Guthaben sowie den Schutz kuwaitischer Gelder, die Streichung von Handelserleichterungen und die Beendigung technischer Zusammenarbeit.

– Einem Bericht der ägyptischen Zeitung *Al Ahram* zufolge wurden am 3. August im Irak 120 Offiziere hingerichet, weil sie die Teilnahme an der Invasion verweigert haben sollen.

5. August 1990: Die irakische Führung bildet in Kuwait eine ihr getreue «Übergangsregierung» sowie eine «Volksarmee», der auch Iraker beitreten können.

6. August 1990: Erstmals seit 23 Jahren verhängt der UN-Sicherheitsrat ein lückenloses Handelsembargo.

– Irakische Truppen beginnen damit, zahlreiche Ausländer von Kuwait in den Irak zu verschleppen. Augenzeugen berichten von Plünderungen und Greueltaten irakischer Soldaten in Kuwait.

7. August 1990: Saddam Hussein erklärt in einer Rundfunkrede: «Wir werden lieber sterben als uns demütigen zu lassen, und wir werden denen die Augen herausreißen, die die arabische Nation angreifen.»

– Im Persischen Golf treffen mehr und mehr Kriegsschiffe aus den USA, Frankreich, Großbritannien und der Sowjetunion ein.

– In Jerusalem kommt es in der Nacht zu schweren Zusammenstößen zwischen Arabern und Juden.

8. August 1990: Die irakische Führung erklärt Kuwait zu einem «Teil unseres Landes», sie habe dem «Wunsch Kuwaits nach Rückkehr in seine Heimat» zugestimmt. Damit ist das Emirat de facto annektiert.

– In Saudi-Arabien treffen die ersten amerikanischen Soldaten ein. Drei Tage zuvor hatte der saudische König Ibn Abdul-Aziz Fahd dem amerikanischen Verteidigungsminister Richard Cheney seine Zustimmung dazu erteilt. George Bush erklärt, Saudi-Arabien habe um amerikanische Hilfe gebeten, eine multinationale Streitmacht solle Schutz vor einem möglichen Angriff des Irak gewähren.

– Mit der Unterbrechung von Pipelines durch die Türkei und Saudi-Arabien kommt der Ölexport des Irak zum Erliegen.

9. August 1990: Einstimmig erklärt der UN-Sicherheitsrat die Annexion Kuwaits für null und nichtig, er fordert die Wiederherstellung der «Souveränität, Unabhängigkeit und territorialen Integrität Kuwaits».

– Der Irak schließt seine Grenzen für alle Ausländer, ausgenommen sind nur Diplomaten.

10. August 1990: Saddam Hussein ruft zum Jihad auf, zum Heiligen Krieg. Die Saudis sollten sich gegen ihr Königshaus erheben, um die islamischen Heiligtümer zu befreien, die jetzt von ausländischen Truppen geschützt würden. Araber und Moslems in aller Welt sollten bei einem amerikanischen Angriff gegen US-Interessen losschlagen.

– In Kairo stimmt ein Krisengipfel der Arabischen Liga mit knapper Mehrheit für eine Beteiligung am Truppenaufmarsch in Saudi-Arabien, um das Königreich vor einem Angriff zu schützen.

– In mehreren Städten Jordaniens gibt es Sympathiekundgebungen für Saddam Hussein. Bereits 40000 Jordanier sollen sich als potentielle Kriegsfreiwillige auf seiten des Irak gemeldet haben.

11. August 1990: In Saudi-Arabien treffen die ersten Soldaten aus Ägypten und Marokko ein. Innerhalb der nächsten Monate werden Truppen und unterstützende Einheiten aus fast 30 Ländern folgen.

12. August 1990: Saddam Hussein verknüpft die Besetzung Kuwaits jetzt mit den ungelösten Problemen des Nahen Ostens. Eine Verhandlungslösung der Golfkrise sei möglich, wenn zugleich der Abzug Israels aus den besetzten Gebieten, Syriens aus dem Libanon und der US-Truppen aus Saudi-Arabien vereinbart würde.

– Das türkische Parlament ermächtigt in einer Sondersitzung die Regierung, bei einem Angriff ohne weiteren Parlamentsbeschluß eine Kriegserklärung auszusprechen, den Notstand auszurufen und ausländische Truppen ins Land zu holen.

13. August 1990: Beim Versuch, die Grenze von Kuwait nach Saudi-Arabien zu überqueren, wird ein Brite von irakischen Soldaten erschossen.

14. August 1990: Die amerikanische Regierung teilt mit, das UN-Embargo werde eingehalten und wirke ausgezeichnet, zur Zeit könnten Schiffe den Irak weder verlassen noch erreichen. Zugleich unternehmen die USA erste Schritte, um ein internationales Militärkommando unter dem Oberbefehl der UN zu errichten.

– Nach Angaben des kuwaitischen Botschafters in den USA, Saud Nasir al-Sabah, haben irakische Truppen bei der Plünderung der Zentralbank in Kuwait Gold und Bargeld im Werte von fünf Milliarden US-Dollar erbeutet.

15. August 1990: Überraschend verkündet Saddam Hussein die Anerkennung des Vertrages von Algier, der die Grenze zum Iran als in der Mitte der Fahrrinne des Schatt al-Arab verlaufend bestimmt. Mit der plötzlichen Anerkennung des bisher verdammten Vertrages ist der sofortige Abzug der irakischen Truppen von besetztem iranischem Gebiet verbunden. Außerdem sollen alle Kriegsgefangenen ausgetauscht werden.

16. August 1990: Auf dem wichtigsten Fluchtweg, der zu Lande aus dem Irak herausführt, drängen Zehntausende von Menschen nach Jordanien, vor allem Angehörige arabischer und asiatischer Staaten. Da sie zumeist nicht weiterreisen können, werden die ersten Notaufnahmelager errichtet.

– Von Wilhelmshaven läuft ein bundesdeutscher Minensuchverband mit sieben Schiffen aus, der sich im östlichen Mittelmeer für den Fall einer Verminung internationaler Schiffahrtswege bereithalten soll.
– Die ägyptische Nachrichtenagentur MENA berichtet von einem gescheiterten Mordanschlag auf Saddam Hussein, aufgrund dessen am Tag zuvor Massenverhaftungen stattgefunden hätten.

17. August 1990: US-Präsident George Bush weist die amerikanischen Kriegsschiffe in der Golfregion an, Handelsschiffe, die das Embargo gegen den Irak unterlaufen wollen, aufzubringen. UN-Generalsekretär Javier Pérez de Cuéllar kritisiert diese Entscheidung als Verstoß gegen die UN-Charta.

– Sieben Manager deutscher Firmen werden wegen des Verdachts verhaftet, an der Lieferung von Teilen für eine Giftgasanlage im Irak beteiligt gewesen zu sein.

18. August 1990: Der irakische Parlamentspräsident Sadi Mahdi Saleh bekräftigt das Ausreiseverbot für die in Irak und Kuwait festgehaltenen Bürger westlicher Staaten. Das irakische Volk habe sich entschieden, so lange «Gastgeber für die Bürger dieser aggressiven Nationen» zu sein, wie der Irak von einem Krieg bedroht sei. Die ersten Ausländer werden an strategisch wichtige Orte verbracht, dort sollen sie als lebende Schutzschilde dienen.

– Die offizielle irakische Nachrichtenagentur INA zitiert eine Zeitung des Verteidigungsministeriums mit der Drohung, atomare und chemische Waffen einzusetzen: «Die im Besitz des Irak befindlichen Waffen der Massenvernichtung und der strategischen Abschreckung warten auf alle, die an Aggression denken.»
– Erstmals wird versucht, Frachtschiffe mit Schüssen vor den Bug zu stoppen. Amerikanische Kriegsschiffe wenden diese Maßnahme bei zwei irakischen Tankern allerdings vergeblich an.

19. August 1990: Das Vermögen der aus Kuwait geflohenen Herrscherfamilie wird durch einen von Saddam Hussein unterzeichneten Erlaß beschlagnahmt.

– Die USA und Großbritannien weisen das Angebot Saddam Husseins zurück, die festgehaltenen Ausländer im Gegenzug für eine Beendigung der Wirtschaftsblockade und den Abzug der amerikanischen Truppen aus der Golfregion freizulassen.

20. August 1990: US-Präsident George Bush macht den Irak für die Sicherheit der von ihm festgehaltenen Ausländer direkt verantwortlich. Er verlangt die freie Ausreise der, dieses Wort verwendet er erstmals, Geiseln. Die USA geben bekannt, daß amerikanische Truppen nun auch in den Vereinigten Arabischen Emiraten stationiert würden.

21. August 1990: Der UN-Sicherheitsrat vertagt die Entscheidung über eine von den USA eingebrachte Resolution, die Kriegsschiffen aller im Krisengebiet vertretenen UN-Mitglieder erlauben soll, mit «dem notwendigen Minimum an Gewalt» Schiffe aufzuhalten und zu durchsuchen.

- Im irakischen Fernsehen ruft Saddam Hussein George Bush nachdrücklich zu Verhandlungen auf. Bush könne wählen, die Krise friedlich beizulegen oder einer weltweiten Katastrophe entgegenzusteuern.
- In Paris beschließen die Außen- und Verteidigungsminister der «Westeuropäischen Union» (WEU) ein stärkeres militärisches Engagement in der Golfregion.
- Scheich Jad al-Hag Ali Ajd al-Haq, in Kairo ansässiges geistliches Oberhaupt der sunnitischen Moslems, verwirft den Aufruf Saddam Husseins zum Jihad, zum Heiligen Krieg. Zugleich verurteilt er die Invasion und fordert zum Kampf gegen Saddam Hussein auf. Außerdem rechtfertigt er die umstrittene Präsenz ausländischer Truppen in Saudi-Arabien.
- Als «Geste des guten Willens» erlaubt die irakische Regierung einigen Franzosen und Japanern die Ausreise.

23. August 1990: Erstmals seit 1968 unterzeichnet der US-Präsident eine Anordnung zur Einberufung von Reservisten.

- Aus Moskau werden mehrere Äußerungen laut, die den Vorrang einer politischen vor einer militärischen Lösung betonen.
- Der UN-Sicherheitsrat beschließt wirtschaftliche Hilfen für die Länder, die aufgrund der Sanktionen gegen den Irak in Schwierigkeiten geraten.
- Im irakischen Fernsehen zeigt sich Saddam Hussein mit westlichen Geiseln.

24. August 1990: In Kuwait umstellen irakische Truppen die meisten der noch offenen Botschaften; nach und nach werden die Gebäude von der Wasser- und Stromversorgung abgeschnitten. Am 9. August war den ausländischen Vertretungen in Kuwait bis heute die Schließung und Verlegung nach Bagdad befohlen worden.

- Die sowjetische Nachrichtenagentur TASS veröffentlicht eine «persönliche Eilbotschaft» von Michail Gorbatschow an Saddam Hussein. Darin droht er an, den UN-Sicherheitsrat zu zusätzlichen Maßnahmen zu veranlassen, falls sich der Irak nicht aus Kuwait zurückziehe.
- Der österreichische Bundespräsident Kurt Waldheim reist in den Irak, um sich für die Freilassung der ausländischen Geiseln einzusetzen. Tags darauf wird er alle festgehaltenen Landsleute mit nach Österreich nehmen können.

25. August 1990: Zur Durchsetzung seiner Sanktionen beschließt der UN-

Sicherheitsrat bei Enthaltung von Kuba und Jemen die Anwendung militärischer Mittel. Der irakische Außenminister Tariq Aziz wirft darauf den USA vor, den Sicherheitsrat in ein «Instrument ihrer aggressiven und ungerechten Außenpolitik zu verwandeln».

– Ägyptische Militärs berichten, der Irak habe als strategische Reserve Kampfflugzeuge in den Jemen und den Sudan verlegt. Wenige Tage später wird dies vom Jemen dementiert.

26. August 1990: In Moskau fordern die Außenminister Frankreichs und der Sowjetunion, Roland Dumas und Eduard Schewardnadse, den Irak gemeinsam auf, die Annexion Kuwaits rückgängig zu machen. Beide rechtfertigen zugleich die früheren Waffenlieferungen ihrer Staaten an den Irak.

27. August 1990: Die USA verweisen 36 der 55 irakischen Diplomaten in Washington des Landes.

– Größere Gruppen von sowjetischen und polnischen Geiseln dürfen den Irak verlassen.

28. August 1990: Saddam Hussein ruft Kuwait zur «19. Provinz» des Irak aus. Zugleich ordnet er an, daß alle ausländischen Frauen und Kinder ab dem nächsten Tag den Irak verlassen können. Das irakische Fernsehen berichtet, Saddam Hussein habe bei einem Besuch festgehaltener ausländischer Familien ein direktes Gespräch mit George Bush und Margaret Thatcher angeboten. «Lassen wir die Debatte zwischen mir und ihnen im Fernsehen stattfinden, damit die ganze Welt zuschauen kann.»

29. August 1990: Für die Dauer der Golfkrise beschließt die OPEC in Wien eine Ausweitung der Rohölförderung, die die bisherigen Lieferausfälle kompensieren soll.

30. August 1990: US-Präsident George Bush gibt einen Plan bekannt, der andere Länder an den Kosten der Sanktionen gegen den Irak beteiligen will, vor allem die Bundesrepublik Deutschland und Japan. Die japanische Regierung kündigt darauf eine Beteiligung von einer Milliarde US-Dollar an.

– Die zugesagte Ausreise westlicher Frauen und Kinder aus dem Irak verzögert sich. Irakische Behörden machen die Landegenehmigung für abholende ausländische Flugzeuge davon abhängig, daß die Maschinen Lebensmittel und Medikamente mitbringen. Andernfalls müßten die Frauen und Kinder über den beschwerlichen Landweg in die Türkei ausreisen.

31. August: Der erste diplomatische Lösungsversuch der Krise scheitert. In Amman beginnen Gespräche zwischen UN-Generalsekretär Javier Pérez de Cuéllar und dem irakischen Außenminister Tariq Aziz, sie werden einen Tag später ergebnislos enden.

– In Kairo treffen die Außenminister der Arabischen Liga zusammen, allerdings nehmen nur dreizehn der einundzwanzig Länder teil. Erneut wird die irakische Invasion verurteilt und die unverzügliche Freilassung der festgehaltenen Geiseln gefordert.

1. September 1990: In Washington wird die Entscheidung von George Bush bekannt, Ägypten Schulden in Höhe von 7,1 Milliarden US-Dollar aus früheren Rüstungslieferungen zu erlassen.

– Nach einem Bericht der *New York Times* bereitet die US-Regierung die Lieferung hochentwickelter Waffen im Wert von einer Milliarde US-Dollar nach Israel vor.

2. September 1990: Bei einem Besuch in Pakistan sagt der irakische Diplomat Siad Ahmed Safar Gillani, die irakischen Streitkräfte hätten den Auftrag von Saddam Hussein erhalten, «im Falle einer Aggression oder des Gebrauchs von Atomwaffen» ohne Rücksprache beim Hauptquartier sofort Israel anzugreifen.

3. September 1990: Als Reaktion auf die UN-Sanktionen stellt der Irak die Rückzahlung von Auslandsschulden ein, die insgesamt auf etwa 30 Milliarden US-Dollar geschätzt werden.

– Aufgrund der schwerwiegenden Differenzen nach der Invasion Kuwaits tritt der Generalsekretär der Arabischen Liga, der Tunesier Chedli Klibi, zurück. Ihm wurde vorgeworfen, zu wenig für die arabische Einheit getan zu haben.

4. September 1990: Nach undurchschaubaren Kriterien dürfen erste Gruppen westlicher Ausländer den Irak verlassen, darunter 116 Deutsche.

– In Wladiwostok schlägt der sowjetische Außenminister Eduard Schewardnadse eine internationale Golfkonferenz unter Einbeziehung Israels vor.

5. September 1990: Abermals ruft Saddam Hussein den Heiligen Krieg gegen Amerikaner und Saudis aus. Ein Sprecher verliest die mit Koransuren gespickte Rede, in der die Befreiung Jerusalems sowie der Sturz des saudischen Königshauses und des ägyptischen Präsidenten Mubarak angekündigt wird.

– In Moskau führt der irakische Außenminister Tariq Aziz Gespräche mit Michail Gorbatschow, bei denen er allerdings keine Anzeichen für eine Kompromißbereitschaft erkennen läßt.

6. September 1990: US-Präsident George Bush nimmt das Angebot an, eine Fernsehrede aufzuzeichnen, die im irakischen Fernsehen ausgestrahlt werden soll.

– Der Irak versucht, seine Isolation zu durchbrechen. Um eine «Erhöhung der bilateralen Hilfe» zu erreichen, reist der stellvertretende Ministerpräsident Jassin Ramadan nach Peking. Drei Tage später wird mit Außenminister Tariq Aziz der erste hochrangige Politiker seit Beginn des Golfkrieges 1980 nach Teheran reisen.

– US-Finanzminister Brady und Außenminister Baker brechen zu diplomatischen Missionen auf, um etwa zehn Milliarden US-Dollar Finanzhilfe bei arabischen Ländern, aber auch bei Südkorea und Japan zu fordern. Saudi-Arabien, die Vereinigten Arabischen Emirate und die kuwaitische Exilregierung werden insgesamt zwölf Milliarden US-Dollar zusagen.

7. September 1990: In Rom beschließen die Außenminister der EG eine Verschärfung des Wirtschaftsembargos gegen den Irak sowie Hilfsmaßnahmen für die von der Golfkrise am stärksten betroffenen Länder.

– Indien und andere asiatische Länder werden vom Irak aufgefordert, Nahrungsmittel für ihre im Lande festgehaltenen Bürger zu schicken.

– Irans Präsident Rafsandjani wendet sich scharf gegen eine Daueranwesenheit amerikanischer Truppen in der Region. Er verurteilt erneut gleichzeitig den irakischen Überfall auf Kuwait.

8. September 1990: In jordanischen Lagern warten mehr als hunderttausend Ausländer auf die Möglichkeit zur Weiterreise. Dem Vernehmen nach treten erste Fälle von Cholera auf.

9. September 1990: Bei ihrem Treffen in Helsinki fordern George Bush und Michail Gorbatschow den Irak zum bedingungslosen Rückzug aus Kuwait auf. Unterschiedlicher Ansicht sind sie über den Stellenwert militärischer Maßnahmen.

10. September 1990: Als «Geste der Solidarität» bietet Saddam Hussein den Ländern der Dritten Welt freie Öllieferungen an, für den Transport müßten jedoch die Abnehmer selbst sorgen.

– In Moskau verlautet, daß die Sowjetunion und Saudi-Arabien in Kürze ihre vor fünfzig Jahren abgebrochenen diplomatischen Beziehungen wiederaufnehmen werden.

11. September 1990: In Mekka spricht die Moslemische Weltliga Saddam Hussein das Recht ab, zum Jihad aufzurufen. «Ein Heiliger Krieg kann nur gegen Feinde des Islam ausgerufen werden», sagt der Generalsekretär Abdullah Omar Naseef auf dem Treffen der Islamgelehrten aus 60 Ländern.

– US-Präsident George Bush bezeichnet in einer Rede vor beiden Häusern des Kongresses die Besetzung Kuwaits als ersten Angriff auf die «neue Welt» und als «ersten Test für unseren Mut». Er sagt ein Scheitern Saddam Husseins voraus.

12. September 1990: Das geistliche Oberhaupt der schiitischen Moslems im Iran, Ayatollah Ali Khamenei, kritisiert den amerikanischen Truppenaufmarsch scharf: «Der Kampf gegen die amerikanische Aggression, Habsucht, Pläne und Politik im Persischen Golf wird als Heiliger Krieg im Namen Allahs zählen, und jeder, der dabei getötet wird, ist ein Märtyrer.»

13. September 1990: Nach längerer Uneinigkeit im UN-Sicherheitsrat, ob aus humanitären Gründen bestimmte Lieferungen von Medikamenten und Lebensmitteln in den Irak gestattet werden sollen, wird ein Beschluß gefaßt, der enge Grenzen definiert. So wird der indischen Regierung gestattet, ein Schiff mit Nahrungsmitteln für die 150000 im Kuwait festsitzenden Inder zu entsenden.

– Die irakische Regierung erklärt jegliches kuwaitische Vermögen im In- und Ausland für beschlagnahmt. Zuvor gab der Finanzminister der kuwaitischen Exilregierung bekannt, die Sperrung der kuwaitischen Auslandsguthaben sei aufgehoben worden und seine Regierung habe volle Verfügungsgewalt darüber.

14. September 1990: Im besetzten Kuwait dringen irakische Soldaten in mehrere westliche Botschaften ein und verschleppen einige Franzosen. Als Reaktion wird Präsident François Mitterrand tags darauf 4000 Soldaten mit Hubschraubern und Panzern in die Golfregion entsenden.

– In Damaskus trifft der US-Außenminister James Baker den syrischen Präsidenten Hafiz al-Assad zu einer langen Unterredung.

15. September 1990: Die Bundesregierung wird den amerikanischen Truppenaufmarsch am Golf mit Zahlungen über insgesamt 3,3 Milliarden US-Dollar unterstützen. Diese Zusage macht Bundeskanzler Helmut Kohl dem US-Außenminister James Baker bei dessen Besuch in Oggersheim.

– Nach einem Bericht der *New York Times* bereitet die US-Regierung ein riesiges Waffengeschäft mit Saudi-Arabien vor. Insgesamt sollen Waffen im Wert von mindestens 18 Milliarden US-Dollar geliefert werden.

16. September 1990: Der UN-Sicherheitsrat verurteilt einstimmig die Übergriffe des Irak gegen die ausländischen Botschaften in Kuwait und droht harte Sanktionen, so eine Luftblockade, an.

– Das irakische Fernsehen strahlt die Rede von US-Präsident George Bush aus, die bereits in den USA mit arabischen Untertiteln versehen wurde. Einige Tage später wird Saddam Hussein amerikanischen Fernsehsendern ebenfalls eine Rede zur Ausstrahlung übergeben lassen.

– Während einer überraschenden Öffnung der Grenze Kuwaits zu Saudi-Arabien läßt der Irak Tausende von Kuwaitis ausreisen. Diese Maßnahme steht im Zusammenhang mit der planmäßig betriebenen Irakisierung des Emirats.

17. September 1990: Als Reaktion auf die anhaltenden Übergriffe irakischer Soldaten gegen die in Kuwait befindlichen Europäer beschließen die EG-Außenminister in Brüssel, sämtliche irakischen Militärattachés auszuweisen und die Bewegungsfreiheit der anderen Diplomaten zu beschränken.

– Auf einer Kundgebung in Amman rufen islamische Führer aus Jordanien, Sudan, Algerien und Tunesien zum Heiligen Krieg gegen Israel und die westliche Welt auf.

18. September 1990: Die irakische Regierung lehnt den Vorschlag der UN ab, von einem Gesandten der Vereinten Nationen die Versorgungslage im Irak und die Notwendigkeit humanitärer Hilfe prüfen zu lassen.

– Die Münchener Staatsanwaltschaft ermittelt gegen den Konzern MBB wegen der Lieferung von als zivil deklarierten Kampfhubschraubern an den Irak.

19. September 1990: Die fünf ständigen Mitglieder des UN-Sicherheitsrates einigen sich darauf, eine Luftblockade gegen den Irak zu verhängen.

- Der Irak beschlagnahmt rückwirkend zum 6. August Vermögenswerte derjenigen Staaten, die sich an den Sanktionen beteiligen.
- König Hassan II. von Marokko unterbreitet zusammen mit König Hussein von Jordanien und dem algerischen Präsidenten Chadli Ben Jedid einen Friedensplan für die Golfregion. Neben dem koordinierten Rückzug der Iraker aus Kuwait und der ausländischen Truppen aus Saudi-Arabien sieht der Plan eine internationale Nahost-Konferenz sowie eine Volksabstimmung in Kuwait vor.
- Der israelische Verteidigungsminister Mosche Arens erhält bei einem USA-Besuch die Zusage, daß auch seinem Land weitere moderne Waffen geliefert werden.

20. September 1990: Saddam Hussein erklärt, er fürchte sich weder vor einer lang anhaltenden Wirtschaftsblockade noch vor einem Krieg. Informationsminister Latif Nassif el-Dschassem droht, im Falle eines Angriffes werde der Irak mit allen zur Verfügung stehenden Waffen alle Ölfelder der Region zerstören.

21. September 1990: Als Vergeltung für die Ausweisung seiner Militärattachés aus den EG-Staaten weist der Irak seinerseits alle Militärattachés dieser Länder aus.

22. September 1990: Wegen ihrer proirakischen Haltung setzt Saudi-Arabien die Nachbarländer Jordanien und Jemen massiv unter Druck. Nach der Einstellung der Öllieferungen an Jordanien werden zahlreiche Bürger beider Staaten aus Saudi-Arabien ausgewiesen.

- Zu einem mehrtägigen Besuch trifft der syrische Präsident Hafiz al-Assad in Teheran ein. Beide Seiten verurteilen den Überfall des Irak auf Kuwait und sind sich einig, daß die Sicherheit der Region am besten durch die Länder der Region selbst gewahrt würde.

24. September 1990: Der Irak schafft die kuwaitische Währung ab. Bis zum 6. Oktober können kuwaitische Dinar im Verhältnis eins zu eins gegen irakische Dinar getauscht werden.

- Vor der UN-Vollversammlung umreißt der französische Präsident François Mitterrand einen Friedensplan, der einen umfassenden Friedensprozeß für alle bedeutsamen Probleme in Gang setzen soll.
- Die Bundesregierung gibt bekannt, daß die von ihr zugesagte Militärhilfe für die Truppen am Golf zu einem erheblichen Teil aus Gerätschaften der Nationalen Volksarmee der DDR bestehen wird.

25. September 1990: Der sowjetische Außenminister Eduard Schewardnadse schließt vor der UN-Vollversammlung eine Gewaltanwendung der Vereinten Nationen gegen den Irak nicht mehr aus.

- Gegen die Stimme Kubas beschließt der UN-Sicherheitsrat die Ausweitung der Blockade-Sanktionen auf den Luftweg. Der irakische UN-Botschafter bezeichnet dies als «kriegerischen Akt».

26. September 1990: In den israelisch besetzten Gebieten bekunden die Palästinenser mit einem Generalstreik ihre Sympathie für den Irak.

27. September 1990: Der japanische Ministerpräsident Toshiki Kaifu legt einen Gesetzentwurf vor, der erstmals seit dem Zweiten Weltkrieg die Entsendung japanischer Soldaten ins Ausland erlauben soll.

– Die Stärke der amerikanischen Truppen in der Golfregion erreicht die Zahl von 150000 Soldaten.

– Ägypten warnt den mit dem Irak sympathisierenden Sudan, ausländische Raketen zu stationieren, sie würden sofort zerstört werden.

28. September 1990: In Washington sichert George Bush dem Emir von Kuwait, Scheich Jaber al Ahmad al Jaber as-Sabah, die Befreiung seines Landes zu. Der Scheich schildert Bush Greueltaten der Iraker.

29. September 1990: Unter Berufung auf Geheimdienstmitarbeiter berichtet die *Washington Post*, der Irak werde in wenigen Monaten ein beträchtliches Arsenal biologischer Waffen einsatzbereit haben.

1. Oktober 1990: Vor der UN-Vollversammlung bezeichnet US-Präsident George Bush das Verhalten Iraks als «Rückfall in eine dunkle Zeit». Er hoffe aber auf eine friedliche Lösung der Krise. Nach einem Rückzug des Irak könne auch der israelisch-arabische Konflikt im internationalen Rahmen erörtert werden.

– Die israelische Regierung läßt die Verteilung von Gasmasken an die Bevölkerung im Norden des Landes anlaufen.

3. Oktober 1990: Als erstes westliches Staatsoberhaupt reist der französische Präsident François Mitterrand in die Golfregion, er besucht die Vereinigten Arabischen Emirate und Saudi-Arabien.

– Überraschend besucht Saddam Hussein das besetzte Kuwait.

4. Oktober 1990: In New York fordert die jährliche Versammlung der Blockfreienbewegung den bedingungslosen Rückzug Iraks aus Kuwait und die Wiedereinsetzung der kuwaitischen Regierung.

– Der ägyptische Präsident Hosni Mubarak wirft Saddam Hussein vor, Terrorakte in Ägypten zu planen.

5. Oktober 1990: Der irakische Außenminister Tariq Aziz läßt eine dreimal verschobene Rede vor der UN-Vollversammlung verlesen, in der er die Länder der Dritten Welt auffordert, die Fronten zu wechseln. Die USA versuchten, «vor allem den Ländern der Dritten Welt» ihre «imperialistische politische, wirtschaftliche und militärische Hegemonie» aufzuzwingen.

7. Oktober 1990: Erneut rufen Ägypten und Syrien die arabischen Länder zu einer gemeinsamen Haltung im Golfkonflikt auf, die zum Abzug des Irak aus Kuwait führen könnte.

8. Oktober 1990: Blutige Ausschreitungen zwischen Juden und Palästinensern auf dem Jerusalemer Tempelberg rufen eine harte Reaktion der Sicherheitskräfte hervor. 22 Palästinenser kommen ums Leben.

9. Oktober 1990: Saddam Hussein nimmt die Ereignisse in Jerusalem zum Anlaß, die Israelis zum Verlassen ihres Landes aufzufordern. Er droht mit der Anwendung einer neuen weitreichenden Rakete.

– Weltweit ruft das scharfe Vorgehen der israelischen Polizei Kritik hervor. Die USA erwägen, im UN-Sicherheitsrat einer Verurteilung zuzustimmen, um die Anti-Irak-Front nicht zu gefährden. George Bush fordert Israel zu größerer Zurückhaltung auf. Die französische Regierung nennt die Einberufung einer internationalen Nahost-Konferenz «absolut notwendig».

11. Oktober 1990: In Kairo spricht sich Ägyptens Präsident Hosni Mubarak gegen eine Verbindung von Golfkrise und Palästina-Frage aus.

– In Bonn erklärt Bundeskanzler Helmut Kohl dem Außenminister Saudi-Arabiens, Prinz Saud al-Feisal, die Bundesregierung werde deutschen Firmen nicht erlauben, Waffen an sein Land zu liefern.

12. Oktober 1990: In Kairo wird der ägyptische Parlamentspräsident Rifaat Mahgub von unbekannten Tätern erschossen.

– Einstimmig verurteilt der UN-Sicherheitsrat Israel wegen des Blutbades auf dem Jerusalemer Tempelberg.

– Die bundesdeutsche Botschaft in Kuwait wird geschlossen, die verbliebenen Diplomaten reisen nach Bagdad. Jetzt sind nur noch vier westliche Vertretungen geöffnet.

14. Oktober 1990: Israel lehnt eine Untersuchung des Blutbades auf dem Tempelberg durch eine UN-Delegation ab. Zugleich wird eine verstärkte jüdische Ansiedlung der besetzten arabischen Altstadt von Jerusalem beschlossen.

15. Oktober 1990: US-Verteidigungsminister Richard Cheney erklärt, die amerikanischen Truppen in der Golfregion würden nun mehr als 200000 Mann umfassen. Anderntags reist Cheney in die Sowjetunion, wo er auch Aufschluß über die militärische Schlagkraft des Irak zu erlangen hofft.

16. Oktober 1990: Die kuwaitische Exilregierung lehnt jede Gebietsabtretung an den Irak ab.

18. Oktober 1990: Außenminister James Baker verweigert eine Garantie, daß der US-Kongreß vor einem möglichen Angriff auf irakische Truppen in Kuwait oder auf den Irak selbst konsultiert wird.

– Auf der Sondersitzung der Arabischen Liga in Tunis kommt es zu einem Eklat. Die Delegierten des Irak, Jemen, Sudan und der PLO ziehen aus, nachdem eine von ihnen eingebrachte Resolution, die die USA wegen zurückhaltender Bewertung des Blutbades in Jerusalem verurteilte, keine Mehrheit fand.

– Bundesaußenminister Hans-Dietrich Genscher bestellt den irakischen Botschafter Omar Ghani nach Bonn, um dessen Regierung zur sofortigen Freilassung aller festgehaltenen Ausländer aufzufordern.

19. Oktober 1990: Der ehemalige britische Premierminister Edward Heath trifft in Bagdad ein, um sich auf Wunsch von Angehörigen bei Saddam Hussein um die Freilassung der Geiseln zu bemühen. Fünf Tage später wird Heath mit 40 Briten nach London reisen.

– In Bonn demonstrieren Angehörige und Freunde von Geiseln, die im Irak festgehalten werden, gegen die ihrer Meinung nach unzureichenden Bemühungen der Bundesrepublik. Aus dem Irak senden deutsche Geiseln ein Protestschreiben an Bundeskanzler Helmut Kohl. Sie werfen ihm vor, er lasse sie praktisch im Stich.

20. Oktober 1990: Der UN-Sicherheitsrat beharrt darauf, daß die israelische Regierung eine UN-Delegation empfängt, die das Blutbad auf dem Jerusalemer Tempelberg untersuchen soll.

21. Oktober 1990: In Paris äußert der US-Verteidigungsminister Richard Cheney, Saddam Hussein sei jetzt in schwerer wirtschaftlicher Bedrängnis und könne ohne Krieg zum Abzug aus Kuwait gezwungen werden.

22. Oktober 1990: In Bonn spricht der SPD-Ehrenvorsitzende Willy Brandt mit dem irakischen Botschafter Omar Ghani.

23. Oktober 1990: Überraschend wird allen französischen Geiseln die Ausreise aus dem Irak gestattet, das irakische Parlament verabschiedet folgende Begründung: «Die Entscheidung wurde als Huldigung an das französische Volk getroffen, das dem Vorgehen des amerikanischen Präsidenten George Bush feindlich gegenübersteht, und als Anerkennung für die Initiative des Präsidenten Mitterrand für eine friedliche Lösung der Probleme der Region.»

– Frankreich will, wie die iranische Nachrichtenagentur IRNA aus Paris meldet, dem Iran beim wirtschaftlichen Wiederaufbau helfen.

24. Oktober 1990: Nach Unruhen unter den Palästinensern riegelt israelisches Militär die Grenzen zu den besetzten Gebieten für fünf Tage ab.

– Der UN-Sicherheitsrat mißbilligt einstimmig die Weigerung Israels, zur Untersuchung des Blutbades in Jerusalem mit einer UN-Delegation zusammenzuarbeiten. Nachdem sie einige Formulierungen abmildern konnten, stimmen auch die USA zu.

25. Oktober 1990: US-Verteidigungsminister Richard Cheney hält die Entsendung weiterer Soldaten für möglich. Nach seinen Angaben hat der Irak jetzt 400000 Soldaten in Kuwait stationiert.

26. Oktober 1990: Eine vom israelischen Ministerpräsidenten Yitzhak Schamir eingesetzte Untersuchungskommission gibt der Jerusalemer Polizeiführung die alleinige Schuld am Blutbad auf dem Tempelberg.

– Dem UN-Sicherheitsrat gelingt es nicht, sich über eine neue, gegen den Irak gerichtete Resolution zu einigen. Damit droht die bisherige Einmütigkeit zu zerbrechen.

27. Oktober 1990: In Kairo erschießt die Polizei bei einem Feuergefecht zwei Männer, die zu den Attentätern des Parlamentspräsidenten gehören sollen. In den nächsten Tagen wird es zu Massenverhaftungen kommen.

28. Oktober 1990: In Bagdad kommt der sowjetische Sonderbotschafter Jewgenij Primakow zum zweiten Male mit Saddam Hussein zusammen. Zwar kann er die Freilassung der festgehaltenen Sowjetbürger erreichen, wird aber anderntags zugestehen, daß ansonsten keine Fortschritte erzielt werden konnten.

– Saddam Hussein hebt die vor sechs Tagen in Kraft getretene Benzinrationierung auf und entläßt den Erdölminister, um ihn durch einen Schwiegersohn zu ersetzen.

29. Oktober 1990: Bei Enthaltung von Kuba und Jemen faßt der UN-Sicherheitsrat eine neue Resolution, die den Irak für finanzielle und andere Schäden im Zusammenhang mit seinem Überfall Kuwaits verantwortlich macht.

– Auf ihrer Gipfelkonferenz in Rom verurteilen die Staats- und Regierungschefs der EG den Irak wegen der Geiselnahme und lehnen jegliche Verhandlung darüber ab.

– Die britische Premierministerin Margaret Thatcher sagt in einem Interview mit der BBC, auch nach einem Rückzug aus Kuwait müsse der Irak mit den UN-Sanktionen so lange unter Druck gesetzt werden, bis er die atomare, biologische und chemische Aufrüstung eingestellt habe.

30. Oktober 1990: Nach der neuen UN-Resolution äußert US-Außenminister James Baker, «daß die Geduld der internationalen Gemeinschaft eine Grenze hat». Saddam Hussein läßt verlautbaren, er rechne mit dem Ausbruch von Feindseligkeiten «in den nächsten Tagen».

31. Oktober 1990: US-Präsident George Bush erklärt, die UNO-Sanktionen hätten bisher nur begrenzte Wirkung gezeigt.

– In New York spricht der SPD-Ehrenvorsitzende Willy Brandt mit dem UN-Generalsekretär Javier Pérez du Cuéllar über die Golfkrise und die Geiselfrage.

– Nach elfjähriger Abwesenheit residiert die Arabische Liga wieder in Kairo.

1. November 1990: Die USA übernehmen turnusmäßig die Präsidentschaft im UN-Sicherheitsrat, sie wollen dies für die Durchsetzung neuer Resolutionen gegen den Irak nutzen.

2. November 1990: Die irakische Führung bietet an, daß die Angehörigen der Geiseln über Weihnachten zu Besuch in den Irak kommen können.

– In der irakischen Regierungszeitung *Al Jumhurija* wird ein begrenzter Krieg ausgeschlossen: «Wenn der Funke gezündet wird, ist es der Beginn eines totalen Krieges, der weltweit alles verbrennt, was den aggressiven Eindringlingen lieb und teuer ist.»

3. November 1990: In Bagdad trifft der frühere japanische Ministerpräsident Yasuhiro Nakasone ein, um sich für die Freilassung seiner festgehaltenen Landsleute wie auch für eine friedliche Lösung der Krise einzusetzen. Vier Tage später kehrt er mit 74 Japanern heim.

4. November 1990: Erstmals haben in der syrischen Hafenstadt Latakia syrische und iranische Vertreter Konsultationen, die neben dem Golfkonflikt auch die Entwicklung im Libanon betreffen. Wenige Tage später werden die von Syrien unterstützte Amal-Miliz und die vom Iran gestützte Hisbollah-Miliz, bisher verfeindet, ein Friedensabkommen unterzeichnen.

5. November 1990: Im saudischen Taif trifft US-Außenminister Baker mit dem kuwaitischen Emir zusammen. Der Emir spricht sich für eine Militäraktion gegen den Irak auch ohne UN-Auftrag aus.

- In einem Flugzeug, das eine Lieferung von Medikamenten an Bord hat, bricht Willy Brandt zu seiner umstrittenen Reise nach Bagdad auf. Dort wird er sich in den nächsten Tagen für die Freilassung nicht nur deutscher Geiseln einsetzen und Wege zu einer friedlichen Lösung des Golf-Konfliktes suchen.

6. November 1990: In «völliger Zufriedenheit» beider Regierungen einigen sich US-Außenminister Baker und der saudische König Fahd in Jiddah über die Befehlsstrukturen im Kriegsfall.

- Vor einem Gespräch mit der britischen Premierministerin Margaret Thatcher in Genf am Rande der Weltklimakonferenz sagt König Hussein von Jordanien für den Kriegsfall eine gewaltige Umweltkatastrophe voraus.
- In Japan wird der Gesetzentwurf, der die Entsendung japanischer Soldaten in ausländische Krisengebiete erlauben soll, zurückgezogen.

7. November 1990: Die Bemühungen von Heath, Nakasone und Brandt um die Freilassung von Geiseln werden von einem Sprecher des Weißen Hauses als Wanderung auf «schmalem Grat» bezeichnet. Die Politiker würden von Saddam Hussein zu Propagandazwecken mißbraucht, um die internationale Koalition zu schwächen.

8. November 1990: In Moskau verständigen sich die Außenminister James Baker und Eduard Schewardnadse, weiterhin «eine friedliche und politische Lösung» anzustreben. Allerdings könnten andere Optionen nicht ausgeschlossen werden.

- Der britische Oppositionspolitiker und frühere Minister Tony Benn reist nach Bagdad, um in persönlicher Mission einen Krieg verhindern zu helfen.

9. November 1990: In Bagdad bewirkt Willy Brandt in mehreren Anläufen die Freilassung von 136 deutschen und etwa fünfzig ausländischen Geiseln, mit denen er nach Frankfurt zurückkehrt.

- Nach Informationen des Katastrophenhilfswerkes der UN hat der Irak alle Ausländer aufgefordert, Kuwait zu verlassen.

11. November 1990: In Teheran bekunden der türkische Präsident Turgut Özal und der iranische Präsident Rafsandjani übereinstimmend, in der Golfkrise dürften keine territorialen Zugeständnisse an den Irak gemacht werden.

- Der marokkanische König Hassan II. ruft in einem dramatischen Appell zu einem arabischen Gipfeltreffen auf, das «innerhalb von einer Woche» einen «kurz bevorstehenden Krieg» verhindern müsse.

12. November 1990: Der ägyptische Präsident Hosni Mubarak schließt die Beteiligung seiner Soldaten an einem Einmarsch in den Irak aus. In einem vom Irak befreiten oder geräumten Kuwait würden ägyptische Verbände dagegen an der Friedenstruppe mitwirken.

– Die israelische Regierung zeigt sich jetzt bereit, einen persönlichen Beauftragten des UN-Generalsekretärs zu empfangen, um mit ihm die jüngsten Konflikte mit Palästinensern zu erörtern.

13. November 1990: Nach einem Treffen mit dem chinesischen Außenminister Qian Qichen zeigt sich Saddam Hussein «um des Friedens willen zu Opfern bereit». Auch revidiert er seine zunächst ablehnende Haltung zu einem arabischen Gipfel in Rabat, er entsendet seinen stellvertretenden Ministerpräsidenten Jassin Ramadan nach Marokko. Dieser stellt dort allerdings neue Bedingungen für eine Teilnahme Iraks, vor allem die Aufhebung der nach dem Einmarsch gefaßten Verurteilungen seines Landes. Mehrere andere arabische Länder lehnen einen Gipfel zum jetzigen Zeitpunkt ab.

14. November 1990: In Saudi-Arabien treffen die ersten Panzer vom Typ «M1A1» ein, des modernsten Panzers der US-Armee.

15. November 1990: Die amerikanische Raumfähre «Atlantis» startet von Cape Canaveral. Sie wird über dem Persischen Golf einen militärischen Beobachtungssatelliten aussetzen.

16. November 1990: Der ägyptische Präsident Hosni Mubarak bittet den amerikanischen Präsidenten um eine «Verschiebung der militärischen Option». Zwei bis drei Monate Aufschub seien vor der Anordnung militärischer Schritte notwendig, um Zeit für eine friedliche Lösung zu gewinnen.

– In Bagdad sagt Saddam Hussein in einem Fernsehinterview, alle Ausländer dürften den Irak verlassen, wenn Präsident Bush das öffentliche Versprechen gebe, keinen Krieg zu beginnen.

17. November 1990: König Hussein von Jordanien kritisiert scharf die Haltung der westlichen Länder im Golfkonflikt. Ihre wahren Motive seien weit davon entfernt, «das Recht zu schützen und Prinzipien zu verteidigen. Ihre wirklichen Ziele rühren von ihrer Absicht, über unser Schicksal und die Rohstoffe der arabischen Nation zu bestimmen.»

– Nach einem Bericht der Londoner Zeitung *The Independent* verfügt der Irak über drei Superkanonen, mit denen Geschosse bis zu 750 Kilometer weit geschossen werden können.

18. November 1990: Während seines Besuches bei Bundeskanzler Helmut Kohl in Oggersheim fordert US-Präsident George Bush das neue, vereinte Deutschland zu Führungsverantwortung auch in Hinsicht auf den Golf-Konflikt auf.

– Der Irak kündigt eine Verstärkung seiner Truppen in Kuwait um 200000 Mann an. Die Zahl der bereits dort befindlichen Soldaten wird mit 250000 angegeben.

– Der israelische Ministerpräsident Yitzhak Schamir spricht sich erneut für ein «Groß-Israel» aus, das das Land vom Meer bis zum Jordan umfassen soll.

19. November 1990: Offenbar führt das irakische Parlament die Todesstrafe für Personen ein, die rationierte Lebensmittel wie Weizen, Weizenmehl, Reis, Gerste und Mais horten.

20. November 1990: Saddam Hussein kündigt die Freilassung aller deutschen und weiterer ausländischer Geiseln an. Damit sollten die traditionell guten Beziehungen Deutschlands mit der arabischen Welt gewürdigt und die Äußerungen von Helmut Kohl, bei der Suche nach einer friedlichen Entschärfung der Krise seien alle diplomatischen Mittel auszuschöpfen, honoriert werden. In Washington spricht das Weiße Haus von einem weiteren Beispiel für die «zynische Propaganda» Iraks.

– 40 Abgeordnete der Demokratischen Partei im US-Repräsentantenhaus wollen vor Gericht Klage gegen Präsident George Bush erheben, um zu erzwingen, daß er militärische Aktionen gegen den Irak nur mit parlamentarischer Zustimmung befehlen kann.

22. November 1990: US-Präsident George Bush besucht zum Thanksgiving die amerikanischen Truppen in Saudi-Arabien; er zeigt sich vor ihnen entschlossen, notfalls auch Krieg zu führen. Aus saudischen Regierungskreisen verlautet, dem Irak werde nur noch bis Mitte Januar Zeit gegeben. Verlasse er bis dahin Kuwait nicht, werde er angegriffen.

– Die britische Premierministerin Margaret Thatcher erklärt ihren Rücktritt. Wenige Tage später wird John Major zu ihrem Nachfolger gewählt werden.

23. November 1990: In Kairo konferiert US-Präsident George Bush mit Ägyptens Präsident Hosni Mubarak. Anschließend fliegt er nach Genf, wo er mit dem syrischen Präsidenten Hafiz al-Assad zusammentrifft. In beiden Unterredungen drängt Bush auf die baldige Verabschiedung einer neuen Resolution des UN-Sicherheitsrates, die einen Militäreinsatz gegen den Irak erlauben soll.

24. November 1990: US-Verteidigungsminister Richard Cheney ordnet an, daß alle Soldaten, deren Ausscheiden aus den Streitkräften bevorsteht, bis auf weiteres im Dienst bleiben müssen.

– Nach einem Bericht des *Spiegel* läuft in fast allen irakischen Rüstungsfabriken die Produktion weiter. Zahlreiche europäische Fachleute würden den Betrieb trotz des Embargos aufrechterhalten, darunter seien auch Deutsche, die die Herstellung des Giftgases Tabun steuerten.

25. November 1990: Die letzten etwa hundert deutschen Geiseln werden freigelassen und treffen in Frankfurt ein. Fünfzehn Geschäftsleute bleiben auf eigenen Wunsch im Irak zurück.

– Im Irak werden jetzt alle bisher vom Wehrdienst befreiten Bauern einberufen, nach offiziellen Angaben 60000 Mann.

26. November 1990: US-Außenminister James Baker glaubt, im UN-Sicherheitsrat die erforderliche Mehrheit für eine neue Resolution gegen den Irak gefunden zu haben. Am 1. Dezember wird turnusgemäß der Jemen den Vorsitz im Sicherheitsrat von den USA übernehmen. Da die Amerikaner dann eine Verzögerungstaktik befürchten, drängen sie auf eine Verabschiedung noch unter ihrer Präsidentschaft.

– Michail Gorbatschow sagt dem irakischen Außenminister Tariq Aziz in Moskau, das Schicksal des Irak liege in den Händen seiner Führung – und die Zeit laufe davon. Wenn der Irak das Schlimmste verhüten wolle, müsse er Kuwait räumen, die Geiseln freigeben und alle Ausländer ausreisen lassen.

27. November 1990: Vor dem UN-Sicherheitsrat schildern Zeugen die Greueltaten irakischer Soldaten im besetzten Kuwait, auch Fotos und Filme werden vorgelegt. Außerdem bringt die Exilregierung Kuwaits den Antrag ein, daß der UN-Generalsekretär eine auf Computerdisketten aus dem Lande geschmuggelte Kopie des Bevölkerungsregisters in Verwahrung nehmen soll, um eine mögliche Irakisierung der Bevölkerung entlarven zu können. Dies wird anderntags einmütig vom Sicherheitsrat beschlossen.

– In Wien teilt die «Internationale Atomenergie-Organisation» mit, bei einer Inspektion nuklearer Anlagen im Irak habe sie keine Unregelmäßigkeiten bei der Verwendung spaltbaren Materials, etwa die Abzweigung für Atomwaffen, feststellen können. Tags zuvor bestritt Saddam Hussein, daß der Irak atomare Waffen besitze.

28. November 1990: Großbritannien und Syrien kündigen die Wiederaufnahme ihrer vor vier Jahren abgebrochenen diplomatischen Beziehungen an.

29. November 1990: Auf Drängen der USA setzt der UN-Sicherheitsrat dem Irak in der bisher entschiedensten Resolution eine Frist bis zum 15. Januar 1991, um Kuwait vollständig zu räumen. Nur Kuba und Jemen stimmen dagegen, China enthält sich. Damit hat der Rat zum zweitenmal in seiner Geschichte die Anwendung von Gewalt gebilligt, zum erstenmal war dies 1950 gegen Nordkorea geschehen.

30. November 1990: Überraschend bietet US-Präsident George Bush der irakischen Führung Gespräche über die Beilegung der Krise an. Er werde den irakischen Außenminister Tariq Aziz nach Washington einladen und seinen Außenminister James Baker nach Bagdad entsenden.

– Der Irak weist die UN-Resolution als «Kriegserklärung» zurück, der Sicherheitsrat sei ein «aggressives Werkzeug der USA» geworden.

1. Dezember 1990: Nach einer Meldung der irakischen Nachrichtenagentur INA zeigt sich der Irak grundsätzlich bereit, mit den USA Gespräche zu führen.

– Der frühere Boxweltmeister Muhammed Ali erreicht in Bagdad die Freilassung einiger Geiseln.

3. Dezember 1990: In der Türkei erklärt Generalstabschef Necip Torumtay wegen zunehmenden Einflusses islamischer Fundamentalisten seinen Rücktritt. Des weiteren wirft er Präsident Turgut Özal «blinde Loyalität» zu den USA vor: «Ich empfange keine Befehle von Bush!»

4. Dezember 1990: Ein Bericht der Londoner Zeitung *Guardian*, die ständigen Mitglieder des UN-Sicherheitsrates würden dem Irak eine Nichtangriffsgarantie geben, falls dieser Kuwait räumt, wird von US-Außenminister James Baker indirekt bestätigt.

– Israel erwartet nach Worten seines Außenministers David Levy von den USA eine Beseitigung der militärischen Bedrohung durch den Irak. Wenn dies nicht geschehe, fühle sich Israel nicht länger zur Zurückhaltung verpflichtet.
– Der französische Außenminister Roland Dumas erklärt, seine Regierung halte eine umfassende Regelung aller Nahost-Probleme für unausweichlich, sobald die Golfkrise beigelegt ist.
– In Bagdad wird bekanntgegeben, daß ab dem nächsten Tag alle sowjetischen Geiseln ausreisen können.

5. Dezember 1990: Ägypten, Syrien und Saudi-Arabien fordern auf einem Außenministertreffen in Kairo den Irak erneut zum Rückzug aus Kuwait auf. Am Rande des Treffens verlautet, daß Saudi-Arabien Ägypten als Ausgleich für erlittene Verluste 1,5 und als Entwicklungshilfe 0,5 Milliarden US-Dollar gewähren wird.

– In London berichten Exil-Kurden, erstmals seit der Besetzung Kuwaits hätten irakische Truppen jetzt kurdische Rebellen nahe der Grenze zum Iran angegriffen.

6. Dezember 1990: Saddam Hussein ordnet die Freilassung aller festgehaltenen Ausländer an. Vor den für den 17. Dezember ins Auge gefaßten Gesprächen mit den USA wird damit eine der Hauptforderungen der UN erfüllt. Kurz vor Weihnachten werden die letzten Geiseln den Irak verlassen können.

– Die UN-Vollversammlung verabschiedet gegen die Stimmen der USA und Israels eine Entschließung, die den Wunsch nach Einberufung einer Friedenskonferenz für den gesamten Nahen Osten bekräftigt.

7. Dezember 1990: Bei einem Treffen mit seinen Amtskollegen der NATO in Brüssel bekräftigt US-Verteidigungsminister Richard Cheney, die Freilassung der Geiseln ändere die amerikanischen Pläne für die Golfkrise in keiner Weise. Der «vollständige und totale Rückzug» des Irak sei die einzig akzeptable Lösung. Die USA stationierten genügend Streitkräfte, um mit den anderen Truppen die Möglichkeit zu einer Offensive zu haben.

– Vorerst scheitern die wochenlangen Bemühungen, eine Palästina-Resolution im UN-Sicherheitsrat zu verabschieden. Die USA rücken wieder von einer Formulierung ab, die sie schon gebilligt hatten. Darin wird eine Nahost-Friedenskonferenz «zur geeigneten Zeit» gefordert.

8. Dezember 1990: Der wochenlange Terminpoker zwischen dem Irak und den USA beginnt. Von Bagdad wird der 17. Dezember für den Besuch des irakischen Außenministers Tariq Aziz in Washington vorgeschlagen, am 12. Januar 1991 soll der Besuch von US-Außenminister James Baker in Bagdad erfolgen. Die USA sollen dagegen den 20. bis 22. Dezember für das Treffen in Washington und den 3. Januar als spätesten Termin für das Treffen in Bagdad vorgeschlagen haben.

11. Dezember 1990: Frankreich macht seine Zustimmung zur Palästina-Resolution im UN-Sicherheitsrat nun davon abhängig, daß darin eine internationale Nahost-Konferenz erwähnt wird.

12. Dezember 1990: Überraschend entläßt Saddam Hussein seinen Verteidigungsminister. Zu seinem Nachfolger wird der frühere Generalinspekteur der Streitkräfte, Generalleutnant Saad Taha Abbas, ernannt.

14. Dezember 1990: Ein Vermittlungsversuch des algerischen Präsidenten Chadli Ben Jedid, der ein Treffen zwischen Saddam Hussein und dem saudischen König Fahd zustande bringen wollte, scheitert.

15. Dezember 1990: In einem Interview mit der *Washington Post* äußert der Chef des US-Geheimdienstes CIA, William Webster, er erwarte für den Fall eines Krieges lange und blutige Auseinandersetzungen.

17. Dezember 1990: In Brüssel stellen sich die NATO-Außenminister hinter die Golfpolitik der USA. Eine Teillösung wird strikt abgelehnt, zudem wird der Irak vor einem Angriff auf das NATO-Mitglied Türkei gewarnt. US-Außenminister James Baker erklärt, er halte einen Teilrückzug des Irak kurz vor dem 15. Januar für möglich.

– Im Irak werden in einer dritten Einberufungswelle seit dem 19. November alle dreiunddreißigjährigen Reservisten zu den Waffen gerufen.
– Die Londoner Zeitung *Sunday Times* berichtet, der Irak verfüge jetzt über ausreichend westliche Technologie, um in etwa einem Jahr eine Atombombe bauen zu können.

18. Dezember 1990: Die EG-Außenminister lehnen ein Gespräch mit ihrem irakischen Amtskollegen Tariq Aziz ab, wenn dieser nicht vorher mit dem US-Präsidenten geredet habe.

– Saddam Hussein schließt direkte Gespräche mit den USA aus, wenn diese nur die Forderung nach Iraks Rückzug aus Kuwait vortragen wollten.
– Amnesty International wirft dem Irak vor, in Kuwait zahlreiche Menschenrechtsverletzungen wie Folterungen, Mißhandlungen, Plünderungen, willkürliche Inhaftierungen und Hinrichtungen begangen zu haben.

20. Dezember 1990: Der UN-Sicherheitsrat verabschiedet einstimmig die lange umstrittene Palästina-Resolution, die den Schutz der in den von Israel besetzten Gebieten lebenden Palästinensern verbessern soll. Eine Friedenskonferenz für den Nahen Osten wird darin nicht erwähnt, sie taucht nur in der Stellungnahme des Ratspräsidenten auf.

– Völlig überraschend verkündet in Moskau Außenminister Eduard Schewardnadse seinen Rücktritt. Er begründet ihn unter anderem auch mit vehementer Kritik reaktionärer Kräfte an seiner Politik im Golf-Konflikt.
– In Washington versuchen Regierungsvertreter, die Äußerungen des stellvertretenden Kommandeurs der amerikanischen Golf-Truppen, General Calvin Waller, herunterzuspielen, nach denen die eingesetzten Streitkräfte erst im Februar 1991 ihre volle Kampfbereitschaft erreichen würden. Waller nannte auch erstmals mit 430000 Mann die angestrebte amerikanische Truppenstärke.
– In einem Interview mit dem «ZDF» sagt Saddam Hussein, einen Rückzug aus Kuwait zum 15. Januar werde es nicht geben.
– Der französische Präsident François Mitterrand äußert die Hoffnung, die diplomatischen Bemühungen um eine Entschärfung der Krise könnten doch noch erfolgreich sein. Es wird bekannt, daß Mitterrand über PLO-Vertreter Geheimkontakte mit der irakischen Regierung gesucht hat.

21. Dezember 1990: Nach Basra erlebt Bagdad eine erste riesige Evakuierungsübung, bei der eine Million Menschen in sieben Lager außerhalb der Stadt gebracht werden. Weitere Übungen werden für die nächsten Tage, eine außerordentlich umfangreiche für den 15. Januar 1991 angekündigt.
– Die amerikanische Botschaft in Bonn übergibt der Bundesregierung eine Liste mit fünfzig deutschen Firmen, die im Verdacht stehen, das Embargo gegen den Irak unterlaufen zu haben.

24. Dezember 1990: Saddam Hussein droht in einem Interview mit dem spanischen Fernsehsender «Tele 5», er werde im Kriegsfall den ersten Schlag gegen Israel führen, selbst wenn dieses sich nicht an einem Angriff gegen die irakischen Truppen in Kuwait beteiligen werde. Als Hauptziel nennt Saddam Hussein Tel Aviv.

26. Dezember 1990: Vor der omanischen Insel Massirah wird ein unter irakischer Flagge fahrendes Schiff von amerikanischen, britischen und australischen Marinesoldaten aufgebracht. Es wurde von der «Generalunion der arabischen Frauen» gechartert, um Medikamente, Milchpulver und Nahrungsmittel, die dem UN-Embargo unterliegen, in den Irak zu bringen. An Bord befinden sich 250 «Friedensdemonstrantinnen» und 40 irakische Seeleute. Ihr Widerstand wurde mit Warnschüssen gebrochen, wird später ein US-Marinesprecher erklären. Nach irakischen Angaben werden 65 Frauen und Kinder beim Entern verletzt.
– Nach amerikanischen Angaben testet der Irak eine Boden-Boden-Rakete sowjetischer Bauart.

27. Dezember 1990: Während eines Besuchs in Peking äußert der Außenminister der kuwaitischen Exilregierung, Scheich Sabah al Ahmad al Jaber as-Sabah, eine friedliche Lösung sei nicht mehr vorstellbar.

28. Dezember 1990: Auf 30 Schiffen, darunter die Flugzeugträger «America» und «Theodore Roosevelt», werden weitere 30000 US-Soldaten zur Golfregion in Marsch gesetzt. In Großbritannien werden erstmals seit 25 Jahren wieder Reservisten einberufen.

– Ein Sprecher des US-Verteidigungsministeriums bestätigt, daß die amerikanischen Soldaten am Golf geimpft würden, um sie gegen die Wirkungen biologischer Waffen zu immunisieren.

– Jordanien verstärkt seine Truppen an der Grenze zu Israel, um einen befürchteten Durchmarsch israelischer Truppen in Richtung Irak zu verhindern.

– Nach amerikanischen Angaben testet der Irak wiederum eine mehrere hundert Kilometer weit reichende Rakete.

29. Dezember 1990: Der jugoslawische Außenminister Budimir Lončar, dessen Regierung derzeit den Vorsitz der 102 Länder umfassenden Staatengruppe der Blockfreien innehat, trifft in Bagdad ein. In Gesprächen mit Saddam Hussein und Außenminister Tariq Aziz unternimmt er einen neuerlichen Versuch zu einer friedlichen Beilegung der Krise. Nach seiner Rückkehr aus dem Irak sagt Lončar, im Bewußtsein der katastrophalen Auswirkungen eines Krieges sei Saddam zum Dialog bereit.

– Die irakische Nachrichtenagentur INA verbreitet eine Erklärung, nach der es vor dem Ablauf des UN-Ultimatums am 15. Januar 1991 keine Überraschungen mehr geben werde.

30. Dezember 1990: Der israelische Botschafter in den USA, Schoval, sagt, eine Befreiung Kuwaits sei noch keine Lösung für den Nahen Osten. Solange der Irak seine biologischen und chemischen Waffen behalte, bestehe Gefahr; diese Waffen müßten «auf die eine oder andere Weise» beseitigt werden.

– Deutsche und belgische Militärexperten prüfen auf Wunsch der Türkei vor Ort, ob und wie NATO-Eingreifverbände in die Nähe der türkisch-irakischen Grenze verlegt werden können.

31. Dezember 1990: Im Irak werden nun siebzehnjährige Männer einberufen; in vier großen Wellen sollen die irakischen Streitkräfte bisher um 400000 Mann verstärkt worden sein. Saddam Hussein verbringt die Neujahrsnacht bei seinen Truppen in vorderster Linie.

1. Januar 1991: Die Anregung des luxemburgischen Außenministers Jacques Poos, dessen Regierung heute turnusgemäß die Präsidentschaft in der EG übernimmt, eine Lösung der Golfkrise indirekt mit einer Lösung des Palästinenserproblems zu verknüpfen, wird vom israelischen Ministerpräsidenten Yitzhak Schamir in aller Schärfe zurückgewiesen.

– Der japanische Ministerpräsident Toshiki Kaifu bietet dem Irak für den Fall, daß er sich aus Kuwait zurückzieht, Wirtschaftshilfe an.

– Der Iran kündigt für Mitte Januar umfangreiche Manöver entlang der Grenze zum Irak an, bekräftigt zugleich aber seine Neutralität im Golfkonflikt.

– Nach Informationen des *Stern* wird die Staatsanwaltschaft Darmstadt noch im Januar Anklage gegen die Manager mehrerer deutscher Firmen wegen der Lieferung von Giftgasanlagen an den Irak erheben.

2. Januar 1991: In Brüssel beraten NATO-Gremien das kurz vor Weihnachten gestellte Gesuch der Türkei, noch vor Ablauf des UN-Ultimatums Flugzeugverbände der NATO-Eingreiftruppen in die Nähe der Grenze zum Irak zu verlegen. Der Ständige NATO-Rat beschließt, zwischen dem 6. und 10. Januar mehr als 40 Kampfflugzeuge aus Belgien, Italien und Deutschland in die Türkei zu entsenden.

– In Kairo kommen die Außenminister Ägyptens, Syriens und Libyens zusammen, um ein baldiges Treffen ihrer Staatsoberhäupter vorzubereiten. Zuvor äußerte Libyens Muammar al-Gaddafi im französischen Fernsehen, ein Krieg im Golf sei «Wahnsinn».

– Jordaniens König Hussein beginnt in London eine Europareise, auf der er die EG von der Notwendigkeit einer Verknüpfung der Golfkrise mit den anderen Problemen der Region überzeugen will. Der König läßt streuen, Saddam Hussein sei dann zu einem Teilrückzug bereit. Allerdings müsse in Kuwait eine «nationale Regierung» unter arabischer oder internationaler Aufsicht gewählt werden, zudem müßten die Inseln Warba und Bubiyan sowie das ganze Ölfeld Ramaila dem Irak zufallen. Der Irak werde zwei bis drei Monate brauchen, um seine Truppen bis zur «neuen Grenze» zurückzuziehen. Vor der Abreise des Königs wurden in Jordanien fünf neue Regierungsmitglieder ernannt, die allesamt dem fundamentalistischen Lager zugerechnet werden.

3. Januar 1991: Als «letzten Versuch, einen Krieg zu vermeiden», schlägt US-Präsident George Bush dem Irak ein Treffen der Außenminister vor, er rückt von seinen ursprünglichen Terminvorstellungen ab. Das Treffen soll nun zwischen dem 7. und 9. Januar in der Schweiz stattfinden, die Antwort des Irak wird bis zum 5. Januar erwartet. Für den Frieden gehe er diesen «Extra-Schritt», läßt Bush mitteilen, es gelte jedoch: «keine Verhandlungen, keine Kompromisse, keine Versuche, das Gesicht zu wahren, und keine Belohnung der Aggression». Führende Abgeordnete des US-Kongresses drängen den Präsidenten, für eine friedliche Lösung bis zum äußersten zu gehen.

– In der libyschen Küstenstadt Misratah beraten die Staatschefs Ägyptens, Syriens und Libyens, zu denen kurzfristig auch der Präsident des Sudan hinzukommt, der bisher als Unterstützer des Irak galt. Es wird als letzter ernstzunehmender arabischer Lösungsversuch gewertet. In Islamabad erörtern die Außenminister Irans, Pakistans und der Türkei die Situation.

– Großbritannien kündigt die Ausweisung von sieben irakischen Diplomaten, einem Mitarbeiter der Botschaft und 67 weiteren Irakern an. Auf dem Flughafen droht einer der Diplomaten terroristische Maßnahmen in Großbritannien an, wenn Krieg ausbreche.

– Der irakische Botschafter in Belgien, Said Haidar, fordert von der bevorstehenden EG-Außenministerkonferenz eine eigene Friedensinitiative.

4. Januar 1991: US-Außenminister James Baker bezeichnet das amerikanische Gesprächsangebot als «letzte Chance» für den Irak.

– Über die Nachrichtenagentur UNA läßt der irakische Außenminister Tariq Aziz am Abend mitteilen, daß er am 9. Januar in Genf mit James Baker zusammentreffen werde.

– Nach seinem Besuch in Bagdad Anfang November hat Yasuhiro Nakasone, früherer japanischer Ministerpräsident, einen Sieben-Punkte-Friedensplan erarbeitet, der jetzt Saddam Hussein übermittelt wird. Er sieht den sofortigen Rückzug des Irak aus Kuwait und den anschließenden Abzug der internationalen Streitkräfte aus der Golfregion vor. Lediglich die arabischen Truppen sollten noch am Golf stationiert bleiben. Der Irak solle Garantien dafür erhalten, daß sein Territorium unangetastet bleibt und die Führung juristisch nicht behelligt wird. In direkten Verhandlungen zwischen Irak und Kuwait solle dann die Grenze bestimmt werden; die Inseln Warba und Bubiyan sollten internationalisiert werden.

5. Januar 1991: Nach einer Unterredung mit dem UN-Generalsekretär Javier Pérez de Cuéllar wendet sich George Bush in einer Ansprache an die Bevölkerung. «Die Zeit läuft ab», ein militärischer Angriff zur Befreiung Kuwaits werde zu «furchtbaren Konsequenzen» führen.

– Das irakische Außenministerium schlägt eine Einladung der EG vom Vortag aus. Sie sei ebenso wie das UN-Ultimatum bloß ein «Diktat Amerikas». Vielmehr sollten die Minister der EG-Staaten nach Bagdad kommen.

– Im Rahmen der französischen, mit anderen Ländern abgestimmten diplomatischen Bemühungen führt der Vorsitzende des Außenpolitischen Ausschusses der Nationalversammlung, Michel Vauzelle, ein vierstündiges Gespräch mit Saddam Hussein.

6. Januar 1991: In einer Rundfunk- und Fernsehansprache zum 70. Jahrestag der irakischen Streitkräfte ruft Saddam Hussein zur «Schlacht aller Schlachten» gegen ausländische Hegemonie auf, die «schwere Opfer» fordern werde. Er bekräftigt, daß Kuwait «immerwährender Teil» des Irak sei und sich seine Truppen nicht zurückziehen würden. Nach der «Befreiung» Kuwaits müsse auch die «Befreiung» Palästinas erreicht werden. Israels Außenminister David Levy nennt Saddam Husseins Rede «im Effekt eine Kriegserklärung».

– Erstmals halten sich Bundeswehrsoldaten in einem ausländischen Krisengebiet auf. 18 Alpha-Jets und etwa 200 Soldaten treffen als Teil der NATO-Eingreiftruppen auf dem türkischen Flugplatz Erhac ein.

– Vor seinem Aufbruch nach Saudi-Arabien, Ägypten und Oman sagt der britische Premierminister John Major: «Mit einem Einbrecher verhandelt man nicht darüber, ob er das Haus verlassen soll oder nicht.» Der Irak müsse für angerichtete Schäden Wiedergutmachung leisten.

7. Januar 1991: Nach einem Bericht der *Washington Post* hat die amerikanische Militärführung den Einsatz atomarer wie chemischer Waffen in einem möglichen Krieg ausgeschlossen. Im Vertrauen auf die überlegene Feuerkraft der US-Truppen seien auf dem saudischen Festland weder nukleare noch chemische Waffen stationiert worden.

– Der saudische König Fahd besucht erstmals die in seinem Land stationierten internationalen Truppen. Auf einem Feldflughafen in der Wüste inspiziert er Verbände aus 16 Ländern. Dabei sagt er, die ausländischen Truppen müßten sein Land nach Beilegung der Golfkrise verlassen. Zuvor hatten die USA angeregt, amerikanische Soldaten auch nach einer Lösung des jetzigen Konfliktes als Sicherheitsgarant in Saudi-Arabien zu belassen.
– Saddam Hussein kündigt an, der nächste Kampf werde nicht auf dem Gebiet des Irak, sondern im gesamten arabischen Vaterland geführt werden: «Palästina, Jerusalem, die Kaaba und das Grab des Propheten werden befreit.»
– Israels Ministerpräsident Schamir bietet in einem Gespräch mit dem französischen Rundfunksender «Europe 1» allen arabischen Staaten, auch dem Irak, direkte Verhandlungen zur Beilegung aller Nahost-Probleme und zur Rüstungsbegrenzung an.
– Während eines Palästinensertreffens in Bagdad sagt der PLO-Vorsitzende Yassir Arafat, im Falle eines Krieges, der zwischen «drei und sechs Jahren» dauern werde, werde sich seine Organisation an die Seite des Irak stellen. Gemeinsam werde man «nach der großen Konfrontation gegen Jerusalem marschieren».

8. Januar 1991: US-Außenminister James Baker reist über Paris und Bonn nach Genf. Er äußert sich zufrieden über die «sehr solide und einheitliche» Haltung der Verbündeten.

– Sollte das bevorstehende Treffen zwischen Aziz und Baker erfolglos ausgehen, wollen die Europäer auch dann noch auf der Grundlage der UN-Beschlüsse eine friedliche Lösung herbeizuführen versuchen. Auf der Grundlage der bisherigen diplomatischen Bemühungen werden französisch-arabische oder europäisch-arabische Initiativen als wahrscheinlich erachtet. Michel Vauzelle, Vorsitzender des Außenpolitischen Ausschusses der französischen Nationalversammlung, sagt, dann sei es «kein Problem, den Tag X hinauszuschieben».

9. Januar 1991: In einem Brief an führende Kongreß-Abgeordnete bittet George Bush förmlich um einen Beschluß, «daß der Kongreß den Gebrauch aller notwendigen Mittel zur Durchsetzung» des UN-Ultimatums gutheiße. Bisher lehnte Bush eine Debatte darüber ab, weil der Irak sie als falsches Signal werten könne.

– Nach dreiwöchigen Anhörungen des Komitees für die Streitkräfte im US-Repräsentantenhaus legt dessen Vorsitzender, Les Aspin, eine Analyse der

Lage am Golf vor. Danach sei ein «schneller Sieg mit leichten bis gemäßigten amerikanischen Verlusten» zu erwarten.

- Jordanien schließt angesichts des erwarteten Ausreisestromes seine Grenze für ausländische Flüchtlinge aus dem Irak und Kuwait so lange, bis die Heimatregierungen den Weitertransport gewährleisten.
- In Bonn werden wegen eines möglichen Anschlags auf die amerikanische Botschaft «Polizeiaktionen» vorgenommen, ohne daß Einzelheiten mitgeteilt werden.
- Die EG erneuert ihr Gesprächsangebot an den Irak, sie bietet dem Außenminister Tariq Aziz ein Treffen in Algier an.
- Der irakischen Nachrichtenagentur INA zufolge äußert Saddam Hussein vor Funktionären der Ba'ath-Partei, bei einem Angriff würden die Amerikaner «in ihrem eigenen Blut schwimmen».
- Gebannt schaut die Welt nach Genf, wo Tariq Aziz und James Baker zusammenkommen. Aufgrund der Länge der Unterredungen und einer Äußerung aus dem Weißen Haus, sie seien «gehaltvoll», erwachsene Hoffnungen werden enttäuscht. Nach insgesamt sechsstündiger Dauer gehen Aziz und Baker ohne irgendeine Annäherung auseinander. Aziz verweigert zudem die Annahme des an Saddam Hussein gerichteten Briefs von George Bush – nachdem er ihn zuvor las. Zwischenzeitlich treffen in Genf auch der algerische Außenminister Sid Ahmed Ghozali und ein hoher PLO-Vertreter ein.
- In New York stürzen die Aktienkurse. Der Ölpreis vollführt am Nachmittag die größten Sprünge der Geschichte.
- US-Präsident George Bush erläßt ein Dekret, das im Bedarfsfall die Umstellung der Industrie auf Kriegswirtschaft ermöglicht.

10. Januar 1991: Die Hoffnungen der Welt ruhen auf dem UN-Generalsekretär. Javier Pérez du Cuéllar erklärt in New York, «er halte es für seine moralische Pflicht, das Schlimmste zu verhindern». Deshalb werde er nach Bagdad reisen, um Saddam Hussein die Räumung Kuwaits und die anschließende Stationierung von UN-Truppen vorzuschlagen. Ihr sollen weder amerikanische Soldaten noch Verbände aus den anderen an den internationalen Streitkräften im Golf beteiligten Länder angehören.

- Zahlreiche westliche Länder ziehen ihre diplomatischen Vertreter aus Bagdad ab und rufen ihre Staatsbürger zum Verlassen der Golfregion auf.
- Die Bundesregierung wird den internationalen Streitkräften am Golf weitere Finanz- und Sachhilfe zukommen lassen, darunter 24000 Schuß Panzermunition im Wert von 59 Millionen DM.

11. Januar 1991: Pérez de Cuéllar trifft in Paris ein, wo er mit François Mitterrand Details einer möglichen Friedensregelung bespricht, und reist dann nach Genf weiter. Hier trifft er mit den EG-Außenministern zusammen, die ihm «starke Unterstützung» für seine «Ideen» zusichern.

– US-Präsident George Bush mahnt Israel in einem Telefongespräch mit Ministerpräsident Yitzhak Schamir zur Zurückhaltung. Zugleich fordert die amerikanische Regierung alle US-Bürger zum Verlassen Israels auf.
– Ägyptens Präsident Mubarak und Syriens Präsident Assad versichern Israel, daß es ein natürliches Recht habe, sich gegen einen irakischen Angriff zu verteidigen. Kairo und Damaskus würden sich an einem irakischen Angriff nicht beteiligen; sofern sich Israel nur verteidige, würden sie den Irak militärisch auch nicht unterstützen.

12. Januar 1991: UN-Generalsekretär Javier Pérez de Cuéllar macht Zwischenstation in Amman, wo er mit König Hussein konferiert. In der jordanischen Hauptstadt verlautet, Pérez werde in Bagdad einen Fünf-Punkte-Plan vorlegen. Dieser sehe eine Nichtangriffsgarantie für den Irak, die Entsendung einer neutralen UN-Friedenstruppe nach Kuwait und eine internationale Nahost-Konferenz vor. Am Abend trifft Pérez in Bagdad ein und führt ein erstes Gespräch mit Außenminister Tariq Aziz.
– Der nahende Ablauf des UN-Ultimatums fördert erste Risse im internationalen Bündnis zutage. Beim Besuch von US-Außenminister James Baker in Syrien bedeuten ihm Präsident Hafiz al-Assad und Außenminister Faruk al-Schara, im Fall einer Intervention Israels werde ihr Land auf seiten der Araber stehen. Zuvor richtete Assad einen dramatischen Appell an Saddam Hussein, sich aus Kuwait zurückzuziehen und der arabischen Nation einen vernichtenden Krieg zu ersparen.
– Während eines Besuchs in Kairo fordert der Außenminister Jemens, Abdul Karim al-Irjani, Saddam Hussein zum Rückzug aus Kuwait auf. Bisher stand der Jemen an der Seite des Irak.
– Nach langen und ernsten Diskussionen beschließen in Washington beide Häuser des amerikanischen Parlaments mit Mehrheit, den Präsidenten zu ermächtigen, nach Ablauf des UN-Ultimatums militärische Mittel gegen den Irak anzuwenden. Anschließend deutet George Bush an, bereits ein, dann allerdings massiver Teilrückzug des Irak aus Kuwait bis zum 15. Januar könne einen Angriff verhindern helfen.
– US-Verteidigungsminister Richard Cheney rechnet mit einem Krieg, der Monate dauern werde: «Krieg ist ein sehr ungewisses Unternehmen.»
– Die Kriegsangst treibt Millionen Menschen auf die Straße, die größten Aktionen werden aus Westeuropa und den USA gemeldet.

13. Januar 1991: In Bagdad trifft UN-Generalsekretär Pérez mit dem PLO-Vorsitzenden Yassir Arafat zusammen. Letzterer sagt anschließend, Türen und Fenster für eine friedliche Lösung seien noch offen. Es gebe mehrere Initiativen, allerdings sei eine Regelung nicht in wenigen Stunden zu erreichen.
– Bevor er Pérez empfängt, läßt Saddam Hussein als Antwort auf den gestrigen Appell Syriens eine Erklärung verbreiten. Darin heißt es, Kuwait

werde 19. Provinz des Irak bleiben und zum «Schauplatz des großen Kampfes zwischen Gläubigen und Ungläubigen werden». Er spricht auch von «Wunderwaffen», die den Feinden gewaltige Schäden zufügen würden.

– Nachdem er ihn mehrere Stunden hat warten lassen, führt Saddam Hussein mit Pérez eine zweieinhalbstündige Unterredung. Über den Inhalt wird nichts bekannt. Pérez sagt kurz vor seinem Abflug nach Paris lediglich dies: «Nur Gott weiß, ob es am Golf Krieg geben wird oder nicht.»
– In Israel berichtet die Zeitung *Jerusalem Post*, die USA hätten von Israel Zurückhaltung auch im Falle eines Angriffs verlangt. Mehrere Politiker äußern sich darauf ähnlich wie Verteidigungsminister Mosche Arens: «Wenn wir angegriffen werden, werden wir uns verteidigen.»
– Nach einem Besuch bei Ägyptens Präsident Hosni Mubarak trifft US-Außenminister James Baker in Ankara ein. Er wird vom türkischen Präsidenten Turgut Özal die Erlaubnis erhalten, den Luftwaffenstützpunkt Incirlik für Aktionen gegen den Irak nutzen zu können.

14. Januar 1991: In Bagdad tritt der Nationalrat zusammen; er unterstützt einmütig die Haltung von Saddam Hussein. Fünfzehn Minuten lang lassen die Abgeordneten ihn hochleben. Sie verabschieden eine Resolution, in der es heißt, der Irak habe sich gegen «die Aggressionspläne unter Führung der USA zu wehren» und dürfe Kuwait niemals preisgeben. Es wird beschlossen, die Nationalflagge des Irak ab heute mit dem Satz «Allahu akbar» (Allah ist groß) zu versehen.

– In Paris führt UN-Generalsekretär Pérez ein Gespräch mit Präsident François Mitterrand und Außenminister Roland Dumas, nach dem er erklärt, es habe «keine Fortschritte in Bagdad» gegeben. Anschließend unterrichtet Pérez den luxemburgischen Außenminister Jacques Poos von seinen Bemühungen. Poos erklärt hinterher, die Chance auf einen friedlichen Ausgang «schwinde von Minute zu Minute». Er reist sofort nach Brüssel, wo die EG-Außenminister in einer Sondersitzung die Situation beraten. Angesichts der Erfolglosigkeit der Pérez-Mission wissen auch sie keinen Rat – sie warten nun die Sitzung des UN-Sicherheitsrates in New York ab, auf der Pérez berichten wird.
– Mehrere arabische Länder unternehmen verzweifelte Versuche, den nahenden Krieg zu verhindern. Algeriens Präsident Chadli Ben Jedid und Außenminister Sid Ahmed Ghozali reisen in den Irak. Auch der Ministerpräsident des Jemen, Haidar abu Bakr al-Attas, trifft überraschend in Bagdad ein, um einen Sechs-Punkte-Friedensplan zu unterbreiten. Im Rahmen von «nationalen Initiativen» entsendet Libyens Muammar al-Gaddafi seinen Stellvertreter Abdel Salam Dschallud nach Bagdad. Auch Tunesien schaltet sich in diese Bemühungen ein.
– Zum Abschluß seiner Reise durch zehn Länder der Allianz stellt US-Außenminister James Baker in Kanada fest, «daß die internationale Koalition

politisch, wirtschaftlich und militärisch für jede Eventualität bereit ist». Einzig Syriens Mitwirkung an einer «offensiven Aktion» sei ungewiß.

- Israel versetzt seine Streitkräfte in höchste Alarmbereitschaft, da ein irakischer Raketenangriff noch vor Ablauf des UN-Ultimatums für möglich gehalten wird. Auch Syrien und Griechenland rufen für ihre Streitkräfte die Alarmbereitschaft aus. Jordanien beruft 200000 Reservisten der paramilitärischen Einheiten ein. Tunesien wird morgen Alarmbereitschaft verhängen, weil nach der Ermordung von drei hohen PLO-Funktionären israelische Luftangriffe auf das in Tunis gelegene Hauptquartier der PLO befürchtet werden. Bei den Opfern handelt es sich um den nach Yassir Arafat zweiten Mann der PLO, Salah Khalaf, besser bekannt als Abu Iyad, seinen wichtigsten Berater, Fakhri al-Omari, und den Sicherheitschef der PLO, Hayel Abdel Hamid.
- In Washington wird bekannt, die USA ließen offen, wann ein militärischer Schlag gegen den Irak geführt werden könne. Der Präsident habe noch nicht entschieden.
- Die Entwicklung des vergangenen halben Jahres findet ihren ebenso traurigen wie treffenden Ausdruck darin, daß sich kurz vor dem Ablauf des Ultimatums beide Hauptgegner wechselseitig die Verantwortung zuschanzen. In Washington läßt George Bush seinen Sprecher Marlin Fitzwater erklären: «Nur Saddam Hussein kann einen Krieg abwenden. Jeder einzelne Tag bietet ihm die Chance, Frieden statt Krieg zu wählen.» Saddam Hussein sagt vor irakischen Journalisten in Bagdad: «Nur die USA können eine allerletzte Initiative ergreifen, denn sie riefen nach Krieg. Wenn sie allerdings zum Krieg entschlossen sind, dann kann niemand ihn verhindern.»

15. Januar 1991: Im UN-Sicherheitsrat wird hektisch beraten, vor allem im Zusammenhang mit einem sechs Punkte umfassenden Friedensvorschlag Frankreichs. Dieser wird jedoch wegen seiner Verknüpfung zwischen dem irakischen Rückzug aus Kuwait und einer internationalen Nahost-Konferenz vor allem von den USA abgelehnt. Alle Betriebsamkeit verläuft ergebnislos.

- Das britische Parlament billigt mit überwältigender Mehrheit den Einsatz von militärischen Mitteln gegen den Irak, falls sich dessen Truppen nicht bis zum Ablauf des Ultimatums aus Kuwait zurückziehen. Anderntags wird auch die französische Nationalversammlung einen gleichartigen Beschluß fassen. Im Kriegsfall werden die französischen Truppen am Golf sofort dem amerikanischen Oberbefehl unterstellt.
- Demonstrativ besucht Saddam Hussein irakische Truppen in Basra und in Kuwait.
- Zum Ablauf des UN-Ultimatums läßt US-Präsident George Bush erklären, daß dieser Termin nicht automatisch den Beginn militärischer Aktionen bedeute. Die irakische Führung könne immer noch den Frieden wählen.

16. Januar 1991: Nach Ablauf des Ultimatums befinden sich die etwa eine

Million Soldaten auf beiden Seiten in höchster Alarmbereitschaft. Zwar werden hüben wie drüben verstärkte militärische Aktivitäten etwa beim Funkverkehr und bei Übungsflügen beobachtet, Angriffsaktionen aber bleiben aus.

- Radio Bagdad erwähnt den Ablauf des Ultimatums nicht, es sendet patriotische Lieder und Verhaltensregeln für den Kriegsfall. Saddam Hussein übernimmt persönlich das Oberkommando über die Streitkräfte. Er werde «ab sofort die Schlacht lenken». Der Irak schließt den einzigen Grenzübergang zur Türkei, über den in der vergangenen Woche noch 60000 Menschen ausreisen konnten.
- In Washington wird erklärt, es gebe keine neue Entwicklung und keinerlei diplomatische Bemühungen mehr. Marlin Fitzwater, Sprecher von Präsident George Bush, fordert alle US-Journalisten dringend zum Verlassen des Irak auf: «Wir nähern uns den harten Entscheidungen.» Und weiter: «Krieg ist jeden Moment möglich.»
- Gegen sieben deutsche Firmen laufen Ermittlungsverfahren wegen des Verdachts, das Embargo gegen den Irak unterlaufen zu haben.

17. Januar 1991: In den frühen Morgenstunden beginnt der Krieg. Von amerikanischen Kriegsschiffen im Persischen Golf werden Marschflugkörper abgefeuert. Dann fliegen mehrere hundert amerikanische, britische, saudische und kuwaitische Flugzeuge kontinuierliche Luftangriffe auf den Irak und auf Kuwait. Auch vom türkischen Luftwaffenstützpunkt Inçirlik starten, wie später bekannt wird, amerikanische Flugzeuge in den Irak. Französische Flugzeuge greifen erst später ein, als Präsident François Mitterrand den Einsatzbefehl unterzeichnet hat. Sie dürfen vorerst nur über Kuwait operieren.

- Überraschenderweise führen die irakischen Streitkräfte keinen Gegenschlag. Die Luftwaffe, so heißt es, sei weitgehend zerstört und die Israel bedrohenden Waffen seien angeblich ausgeschaltet worden. Um die Mittagszeit gelingt es irakischer Artillerie, Öltanks einer Raffinerie im saudischen Ras al Khafji in Brand zu schießen. Aus Bagdad wird gemeldet, 44 angreifende Flugzeuge seien abgeschossen worden. Zunächst von westlichen Militärs als «lächerlich» dementiert, wird dann aber doch das Ausbleiben dreier Maschinen bestätigt. Über die tatsächlich angegriffenen Ziele und die tatsächlich erlittenen Verluste der internationalen Truppen wird bewußt Unklarheit erzeugt – alle westliche Berichterstattung über die «Operation Wüstensturm» unterliegt der militärischen Zensur. So erwächst an diesem ersten Tag der Eindruck, als sei der Irak schon besiegt.
- In einer Rede kurz nach Beginn der Kampfhandlungen rechtfertigt US-Präsident George Bush, der den Einsatzbefehl am 15. Januar unterzeichnete, den Angriff: «Die Welt konnte nicht länger warten.» Ziel der Operation sei nicht die Eroberung des Irak, sondern die Befreiung Kuwaits und die Wiedereinsetzung von dessen rechtmäßiger Regierung. Bush hofft, daß der Krieg nur von kurzer Dauer sein werde. Michail Gorbatschow wird unmit-

telbar vor Beginn des Angriffs informiert. Er ruft daraufhin Bush an, um diesem eine Kontaktaufnahme mit Saddam Hussein vorzuschlagen, damit ein Krieg noch verhindert werden könne. Bush lehnt ab, dafür sei es jetzt zu spät.

- Erst mit dreistündiger Verspätung meldet Radio Bagdad die Luftangriffe. Es sendet zwei Kommuniqués, in denen eingestanden wird, daß «Wohngebiete in Bagdad und mehrere Luftwaffenstützpunkte» getroffen seien. Auch ein offenbar bereits gestern aufgezeichneter «Appell an die Nation» von Saddam Hussein wird ausgestrahlt. Jetzt habe die «Schlacht aller Schlachten» begonnen. Iraks Soldaten würden «Kuwait zum Schlachtfeld machen, um den Sieg zu erreichen. Wir werden es Bush bereuen lassen. Wir werden ihm eine Lektion erteilen.» Der Krieg werde «der Anfang vom Ende des Imperialismus sein». Saddam Hussein droht abermals, «mehrere Fronten» zu eröffnen – gemeint ist Israel. Es wird weiterhin gemeldet, Saddam Hussein sei am Vormittag durch Bagdad gefahren und habe Militärobjekte und Wohnviertel inspiziert.
- In Israel, das angesichts der Bedrohung mit chemischen Waffen den zivilen Ausnahmezustand verhängte, wird die Zerstörung der irakischen Raketenstellungen mit Erleichterung aufgenommen. In den besetzten Gebieten gilt eine Ausgangssperre; hier wurden nur zehn Prozent der Palästinenser mit Gasmasken versorgt – und das auch erst auf Anordnung des Obersten Gerichts.
- Das Hauptquartier der PLO in Tunis fordert Gegenaktionen «auf allen Ebenen». Wenig später ruft Bagdad alle Palästinenser auf, weltweit amerikanische Zielobjekte anzugreifen. In den nächsten Tagen werden sich mehrere Anschläge ereignen, so in Manila und Beirut.
- Am späten Nachmittag verbieten die irakischen Behörden den in Bagdad tätigen Korrespondenten des amerikanischen Fernsehsenders CNN, der sich schon Monate zuvor das Recht auf bevorzugte Berichterstattung sichern konnte und wichtigste unzensierte, live sendende Informationsquelle am ersten Kriegstag ist, jede weitere Berichterstattung. Anderntags kann wieder berichtet werden, doch unterliegt CNN nun der Zensur.
- Abends tagt in Bagdad der Revolutionsrat unter Saddam Hussein. Er verkündet, der Angriff der multinationalen Streitkräfte werde zurückgeschlagen werden, die irakische Armee sei «von ihrem Sieg überzeugt». Ein irakischer Diplomat in Westeuropa äußert, Saddam Hussein plane immer noch einen Angriff auf Israel.
- In Jemens Hauptstadt Sanaa demonstrieren etwa 100000 Menschen gegen den Angriff auf den Irak, sie führen pro-irakische Spruchbänder mit sich. Auch in Algier protestieren Zigtausende.
- Nach den gewaltigen Bombardements fordert die US-Regierung Saddam Hussein auf, sich zu ergeben und seine Truppen aus Kuwait zurückzuzie-

hen. Wenn er seinen Kurs ändern wolle, brauche er nur aufzugeben und alle UN-Resolutionen zu erfüllen.

- In Erwartung eines schnellen Sieges über den Irak gibt es an den Börsen der Welt bei gewaltigen Umsätzen Rekordbewegungen: In New York stürzt der Rohölpreis um mehr als zehn US-Dollar, der Dow-Jones-Aktienindex vollführt mit 114,60 Punkten den zweithöchsten Aufwärtssprung seiner Geschichte.
- Die «Internationale Energie-Agentur» setzt ihren am 11. Januar beschlossenen Notstandsplan zur Sicherung der Ölreserven in Kraft. Danach sollen die Mitgliedsländer innerhalb von zwei Wochen täglich 2,5 Millionen Barrel aus den strategischen Reserven bereitstellen.

18. Januar 1991: Angesichts fortdauernder schwerster Bombenangriffe durch die multinationalen Luftverbände unternimmt der Irak einen Gegenschlag. Am frühen Morgen werden weiterentwickelte Scud-Raketen sowjetischer Bauart nicht mit den befürchteten chemischen, sondern mit konventionellen Sprengköpfen gegen Israel abgeschossen. Fünf Raketen schlagen in Tel Aviv, Haifa und im besetzten Westjordanland ein, drei stürzen ins Meer. Sie richten nur leichte Schäden an. Eine auf das saudische Dhahran, wo große Kräfte der internationalen Truppen konzentriert sind, gezielte Rakete wird von der US-Abwehr mit einer Rakete vom Typ «Patriot» im letzten Moment abgeschossen.

- Um Israel von einem Gegenschlag abzuhalten, der Syrien und andere arabische Länder an die Seite des Irak treiben würde, sichert die amerikanische der israelischen Regierung zu, die mobilen Abschußrampen im Westen des Irak würden unverzüglich von den internationalen Luftstreitkräften angegriffen werden. Nach einer Sondersitzung des israelischen Kabinetts erklärt Außenminister David Levy, es sei die Verpflichtung seines Landes, auf solche Angriffe «ohne Verzögerung» zu reagieren. Israel verzichte aber zunächst auf einen Vergeltungsschlag, behalte sich jedoch weitere Aktionen vor. Michail Gorbatschow verurteilt den Angriff und fordert die arabischen Staaten auf, Krieg mit Israel zu vermeiden.
- Aus Syrien kommen widersprüchliche Stellungnahmen: Informationsminister Salman äußert in Damaskus, Syrien werde die alliierte Streitmacht nur verlassen, wenn Israel einen Erstschlag gegen Irak oder Jordanien führe.
- In Bagdad werden Hunderttausende Waffen verteilt. Die Stadt werde sich in einen «Dschungel von Kriegern und Schützengräben» verwandeln, erklärt der Parlamentspräsident Saadi Mehdi Saleh.
- Vor allem aus den Grenzregionen des Irak fliehen zahllose Menschen in die Nachbarländer. Jordanien öffnet seine jüngst geschlossene Grenze zum Irak. Binnen kurzer Zeit strömen 10000 Menschen ins Land. Im Iran sind bereits 100000 Flüchtlinge eingetroffen, obwohl der Irak die Grenze zu sperren versucht. In der Türkei sind aus dem Grenzgebiet nach Angaben eines UN-Sprechers drei Millionen Menschen ins Landesinnere geflohen.

- Am Abend fordert das jordanische Parlament die arabischen Länder auf, die multinationale Allianz zu verlassen. In einer mit großer Mehrheit beschlossenen Resolution wird das Vorgehen Iraks ausdrücklich unterstützt. Der Irak müsse seinen Weg weitergehen und sich dem «Großen Satan» widersetzen. Die USA seien verantwortlich für jeden Tropfen Blut, der vergossen wird.
- Mehrere Sympathiedemonstrationen für den Irak werden gemeldet: In Algier fordern Hunderttausende die Einrichtung von Meldestellen für Freiwillige, die auf seiten des Irak kämpfen wollen. In Istanbul demonstrieren 2000 moslemische Fundamentalisten gegen den Angriff auf den Irak. 5000 Menschen gehen in Nouakchott, der Hauptstadt von Mauretanien, für Saddam Hussein auf die Straße. Die Regierung von Mauretanien dementiert eine Meldung der BBC, die Familie Saddam Husseins und hochrangige Mitarbeiter seien in vier Flugzeugen aus dem Irak dorthin geflohen.

19. Januar 1991: Nach mehreren Fehlalarmen in der Nacht wird Israel am Morgen erneut von irakischen Raketen getroffen. Mehrere mit konventionellen Sprengköpfen bestückte Scud-Raketen schlagen in Tel Aviv ein. Wiederum werden nur leichte Schäden verursacht. Auf mehreren Ebenen versuchen die USA, Israel von einem Vergeltungsschlag abzuhalten. Außer der Zusage, die mobilen wie stationären Raketenabschußrampen im Irak würden massiv angegriffen, erhält Israel die amerikanischen Luftabwehrsysteme «Patriot», die in einer Blitzaktion herangebracht und in Einsatzbereitschaft versetzt werden. Die Bedienungsmannschaften werden von den USA gestellt. Damit halten sich erstmals amerikanische Militärs in Israel auf.

- Nachdem ausländische Medien detailliert über den ersten Raketenangriff berichteten, verschärft Israel die Militär-Zensur. Es wird befürchtet, daß der Irak anhand der Angaben die Zielgenauigkeit seiner Raketen verbessern könne.
- CNN meldet unter Berufung auf das US-Verteidigungsministerium, die massiven Bombardements des Irak und Kuwaits könnten noch zwei Wochen andauern, bevor Bodentruppen in das besetzte Kuwait vorstoßen. Einige Luftlandetruppen im Norden Saudi-Arabiens rücken jedoch näher an die Grenze heran, wobei offenbleibt, ob an die kuwaitische oder irakische. Amerikanische Schiffe und Kampfhubschrauber erobern neun Ölbohrinseln vor der Küste Kuwaits, auf denen irakische Soldaten mit Luftabwehrgeschützen stationiert sind. Dabei werden 23 Irakis gefangengenommen.
- US-Präsident George Bush ordnet an, daß der CIA zusammen mit der Armee psychologische Kriegsführung gegen den Irak betreiben soll. Es werden bereits Flugblätter über Kuwait abgeworfen, die zur Desertion auffordern. Audio- und Videocassetten, die Saddam Hussein als korrupten Kriegstreiber darstellen, sollen folgen. Des weiteren unterzeichnet Bush

eine Order, die dem Verteidigungsministerium die Einberufung von bis zu einer Million Reservisten erlaubt.

- Der Irak meldet angebliche israelische Raketenangriffe. Während der internationalen Luftangriffe soll ein Geschoß Takrit getroffen haben, den Geburtsort von Saddam Hussein. Auch mehrere heilige Orte seien angegriffen worden. Saddam Hussein läßt eine Belohnung von 30000 US-Dollar für jeden ergriffenen ausländischen Piloten aussetzen.
- Radio Bagdad sendet einen Aufruf der Ba'ath-Partei, der die Moslems in aller Welt zu Angriffen auf westliche Einrichtungen auffordert. «Die Aggression gegen den Irak» sei gegen alle Araber und Moslems gerichtet. Alle Gläubigen hätten keine Wahl, als sich am Heiligen Krieg zu beteiligen.
- Nach Auskunft eines BBC-Journalisten haben die irakischen Behörden alle ausländischen Korrespondenten zum sofortigen Verlassen des Irak aufgefordert. Lediglich ein CNN-Reporter darf vor Ort bleiben, er unterliegt weiterhin der Zensur.
- Der Sudan erlebt die größte Demonstration seiner Geschichte. Hunderttausende protestieren in Khartum gegen den Angriff auf den Irak. In der libyschen Hauptstadt Tripolis marschiert Muammar al-Gaddafi einer Million Menschen voran. In Karachi bekunden viele Pakistani ihre Sympathie für Saddam Hussein, in Bangla Desh melden sich Tausende Freiwillige.
- Von Indien, Marokko, Jordanien, Libyen, Iran, Spanien und der Sowjetunion werden diplomatische Initiativen unternommen, um einen Waffenstillstand zu bewirken, der zu einer friedlichen Lösung des Konfliktes führen könnte.

20. Januar 1991: In Israel versucht der stellvertretende US-Außenminister Lawrence Eagleburger, die Regierung weiterhin auf eine zurückhaltende Politik festzulegen. Allerdings bestreitet Ben Elisar, Vorsitzender des Außenpolitischen Ausschusses des israelischen Parlaments, es gebe im Zusammenhang mit der Lieferung der «Patriot»-Raketen eine Zusage seines Landes, auf Vergeltungsschläge zu verzichten.

- In Washington spricht Generalstabschef Colin Powell von einem strategischen Wendepunkt: «Es hat eine Verschiebung von den ersten Zielen gegeben.» Jetzt werden massive Truppenkonzentrationen in Kuwait und im Hinterland des Irak angegriffen. In Saudi-Arabien gibt General Norman Schwarzkopf, Oberkommandierender der US-Truppen am Golf, die Zerstörung der irakischen Atomanlagen bekannt.
- Im irakischen Fernsehen werden sieben Gefangene vorgeführt; es handelt sich um Piloten aus den USA, Großbritannien, Italien und Kuwait. Die US-Regierung überreicht dem irakischen Geschäftsträger in Washington eine Note, in der die Behandlung der Gefangenen entsprechend der Genfer Konvention gefordert wird. Darauf fordert der irakische Botschafter in Frankreich, Abdul Razzak al-Haschimi, dies würde nur geschehen, wenn

die jeweiligen Regierungen die Gefangennahme ihrer Soldaten offiziell bestätigten.

- Radio Bagdad strahlt eine Ansprache von Saddam Hussein aus, in der es heißt: «Unsere Landstreitkräfte sind bisher gar nicht, unsere Luftstreitkräfte nur zum Teil eingesetzt worden.»
- Der britische Außenminister Douglas Hurd hält es für möglich, daß der Krieg gegen den Irak auf dessen Territorium auch nach einem Rückzug aus Kuwait fortgeführt wird. Falls der Irak dann weiterhin Kuwait bedrohe, heiße das Ziel Befreiung Kuwaits und Beendigung der Aggression.
- In der Nacht werden vom Irak aus 18 Scud-Raketen mit konventionellen Sprengköpfen auf Saudi-Arabien abgefeuert. Alle im Anflug auf die Hauptstadt Riad und auf Dhahran werden von «Patriot»-Raketen zerstört, eine stürzt ins Meer.

21. Januar 1991: *Newsweek* berichtet, US-Präsident George Bush habe einen Plan gebilligt, der eine Bodenoffensive der alliierten Truppen in einer Zangenbewegung um Kuwait herum vorsieht. Bush führt Telefongespräche mit den Präsidenten von mehreren an den internationalen Truppen beteiligten Ländern.

- Saddam Hussein ordnet an, ausländische Kriegsgefangene als lebende Schutzschilde an strategisch wichtige Orte zu bringen. US-Präsident George Bush zeigt sich empört, Verteidigungsminister Richard Cheney bezeichnet dies als «Kriegsverbrechen», beide kündigen aber auch an, daß die alliierten Bombenangriffe weitergingen.
- Sowohl Frankreichs Präsident François Mitterrand als auch der britische Premierminister John Major bereiten die Öffentlichkeit auf eine längere Dauer des Krieges vor.
- Saddam Hussein lehnt einen von Michail Gorbatschow an ihn gerichteten Friedensvorschlag ab, der einen Waffenstillstand und anschließend den Rückzug des Irak aus Kuwait vorsieht. UN-Generalsekretär Javier Pérez de Cuéllar wendet sich an den jugoslawischen Außenminister Budimir Lončar, dessen Regierung derzeit der Blockfreien-Bewegung vorsteht, mit der dringenden Bitte, im Bemühen um einen Waffenstillstand nicht nachzulassen.
- Irans Außenminister Ali Akbar Velayati verurteilt in Teheran die Bombenangriffe gegen die «unschuldige Bevölkerung des Irak». Er bekräftigt die Neutralität seines Landes und dementiert einen Bericht der japanischen Zeitung *Sankei Shimbun*, nach dem etwa 250 Kampfflugzeuge des Irak in den Iran verlegt worden seien. Die iranische Regierung werde allerdings keine Veränderung der geographischen Gegebenheiten hinnehmen. Anderntags wird der iranische Präsident Rafsandjani der türkischen Regierung mitteilen lassen, daß eine Aufteilung irakischen Territoriums in keinem Fall akzeptiert werden könne.
- In New York kommen die Finanzminister und Notenbankchefs der

«Gruppe Sieben» (G-7) zusammen, der die USA, Japan, Frankreich, Großbritannien, Italien, Kanada und die Bundesrepublik Deutschland angehören. Japan und Deutschland werden von den anderen Ländern zu deutlich verstärkten finanziellen Leistungen für den Golfkrieg ermahnt. Während Japan noch vor dem Treffen seine Gesamtzahlungen um neun Milliarden US-Dollar aufzustocken ankündigt, mag sich Bundesfinanzminister Theo Waigel nicht festlegen.

22. Januar 1991: Während die alliierten Bombenangriffe auf den Irak unvermindert fortdauern, werden am frühen Morgen erneut mehrere Scud-Raketen auf Saudi-Arabien abgeschossen. Abermals können sie von «Patriot»-Raketen abgefangen werden oder stürzen auf unbewohnte Gebiete. Auch am Nachmittag auf das saudische Dhahran gerichtete Scud-Raketen können in der Luft zerstört werden.

– Am Abend greift der Irak zum drittenmal Israel mit konventionell bestückten Scud-Raketen an. Es werden zwar «Patriot»-Abwehrraketen eingesetzt, dennoch schlägt ein Geschoß in einem Wohnviertel von Tel Aviv ein. Es verwüstet mehrere Gebäude, drei Menschen kommen ums Leben, etwa hundert werden verletzt. Damit beklagt Israel die ersten Todesopfer während des Krieges.
– In der *Washington Post* äußern sich der Außen- und der Verteidigungsminister Syriens. Sie sprechen Israel das Recht zu, sich gegen Angriffe zu verteidigen.
– Im besetzten Kuwait beginnen irakische Truppen, Ölförderanlagen zu zerstören. Amerikanische Luftaufnahmen sollen Sprengungen im Ölfeld al-Wafra in der neutralen Zone zu Saudi-Arabien zeigen. Britische Militärs bezweifeln diese Angaben, sie halten es für wahrscheinlicher, daß ölgefüllte Panzerabwehrgräben in Brand gesetzt seien.
– Erstmals seit Kriegsausbruch äußert sich Ägyptens Präsident Hosni Mubarak. Er lehnt jede Initiative für einen Waffenstillstand vor dem Rückzug des Irak aus Kuwait ab. Mubarak bestätigt, daß die ägyptische Opposition den Abzug der Soldaten des Landes aus Saudi-Arabien fordert. Dies könne und wolle Ägypten nicht tun. Dem «arabischen islamischen Brudervolk im Irak» spricht er sein Mitgefühl aus, da es unter der Politik «eines einzigen Mannes» leiden müsse. Zugleich warnt Mubarak den Sudan vor einer Unterstützung des Irak.
– Die Zahl der Opfer des Krieges bleibt vor allem wegen der Zensurbestimmungen im dunkeln. Manfred Opel, SPD-Bundestagsabgeordneter, beziffert die Opfer unter der irakischen Zivilbevölkerung unter Berufung auf amerikanische Militärs auf 300000 Menschen, 100000 davon allein in Bagdad. In einem Schreiben des Irak an den UN-Generalsekretär heißt es dagegen, die Luftangriffe auf «zivile Zentren» hätten 41 Tote und 191 verletzte Zivilisten gefordert. Auch die Zahlen der alliierten Flugzeugverluste klaf-

fen weit auseinander: Der Irak behauptet, 160 Abschüsse getätigt zu haben, die Alliierten wollen nur 17 Flugzeuge verloren haben.

– Die BBC berichtet, vor allem britische Firmen hätten im Irak Flugzeugbunker errichtet, die besser geschützt seien als die der NATO. Große Teile der Luftwaffe, mobile Raketenabschußrampen oder chemische Waffen könnten darin sicher vor jeglichen Luftangriffen gelagert werden. Unter anderem von deutschen Firmen seien absolut sichere Bunker in Bagdad gebaut worden, in der die Führungsspitze um Saddam Hussein lange Zeit überleben könne.

– Kuwaitische Oppositionelle, die in Kairo im Exil leben, verlangen vom Scheich Jaber, schon jetzt eine Einheitsregierung zu bilden, die alle politischen Strömungen des Emirats einschließt. So soll der politische Einfluß der Familie des Scheichs begrenzt werden.

– Die kuwaitische Exilregierung gewährt der Sowjetunion einen über sieben Jahre laufenden Kredit in Höhe von einer Milliarde US-Dollar; damit wird die sowjetische Verurteilung der Besetzung anerkannt.

23. Januar 1991: Nach einem Bericht der britischen Zeitung *The Guardian* haben am 18. Januar sieben irakische Oppositionelle versucht, den Fernsehsender in Bagdad zu besetzen, um einen Aufruf zum Widerstand gegen Saddam Hussein zu verlesen. Alle seien getötet worden.

– Der irakische Außenminister Tariq Aziz sendet ein Schreiben an seinen türkischen Amtskollegen Ahmed Alptemocin, in der er es als «Agression» bezeichnet, daß die türkische Regierung amerikanische Flugzeuge zu Angriffen von ihrem Territorium starten lasse. Die Türkei trage volle Verantwortung für das «ungerechtfertigte aggressive Verhalten gegen den Irak». Tags darauf erwidert der türkische Präsident Turgut Özal in einem Interview mit der ARD, daß jeder mögliche Angriff des Irak auf sein Land zu einem Vergeltungsschlag führen werde.

– Bundeswirtschaftsminister Jürgen Möllemann teilt mit, es lägen zumeist von ausländischen Nachrichtendiensten gegebene Hinweise auf 110 deutsche Firmen vor, die das Embargo gegen den Irak gebrochen hätten.

24. Januar 1991: Die türkische Zeitung *Milliyet* zitiert Präsidenten Özal mit einer vor Abgeordneten der regierenden «Mutterlandpartei» getanen Äußerung: «Wenn der Krieg endet, ist die Türkei Führungsmacht.»

– Bundesaußenminister Hans-Dietrich Genscher reist zusammen mit Entwicklungshilfeminister Carl-Dieter Spranger und CDU-Generalsekretär Volker Rühe nach Israel. Diese als Geste der Solidarität gewertete Reise wurde angesetzt, nachdem der SPD-Vorsitzende Hans-Jochen Vogel eine Reise nach Israel ankündigte, die er ebenfalls heute antritt. Die Minister werden Israel eine Soforthilfe über 250 Millionen DM überbringen und eine Prüfung zusagen, ob deutsche «Patriot»-Raketen nach Israel geliefert werden können.

25. Januar 1991: Marlin Fitzwater, Sprecher von US-Präsident George Bush, berichtet von einem 15 Kilometer langen Ölteppich, der sich vor der Küste Kuwaits ausbreite. Iraker pumpten das Öl ins Meer, um eine Landung der Alliierten zu behindern.

- Am Abend beginnt der Irak seinen fünften Raketenangriff auf Israel und Saudi-Arabien. Nach offiziellen Angaben können zwar alle konventionell bestückten Scud-Raketen abgefangen werden, doch herabstürzende Trümmer fordern zwei Todesopfer und zahlreiche Verletzte. Mehrere Gebäude in Tel Aviv, Haifa und Riad werden völlig zerstört.

26. Januar 1991: Weiterhin ist der Irak in der Lage, Scud-Rakten mit konventionellen Sprengköpfen abzufeuern. Über Israel und Saudi-Arabien werden in den späten Abendstunden mehrere Geschosse abgefangen, die erstmals in zwei Wellen aufeinander folgen.

- Die offizielle irakische Nachrichtenagentur INA zitiert Bagdader Zeitungen, nach denen neuartige «nicht-konventionelle» Waffen zum Einsatz kommen werden. «Die nächsten Tage werden noch dramatischer sein und eine neue Ära einleiten, in der es den israelischen Staat nicht mehr geben wird.»
- Der offenbar vom kuwaitischen al-Ahmadi ausgehende Ölteppich im Persischen Golf erreicht eine Ausdehnung von 50 mal 13 Kilometern und bewegt sich auf Saudi-Arabien und Qatar zu. Amerikanische Flugzeuge führen einen Bombenangriff, um die Pumpstationen lahmzulegen und damit den Ölfluß zu verringern.*

* Eine erweiterte und fortgeschriebene Fassung dieser Chronologie kann als Broschüre gegen Voreinsendung vom 10 DM vom Hartwig Bögeholz Verlag, Postfach 150265, 4800 Bielefeld 15, bezogen werden.

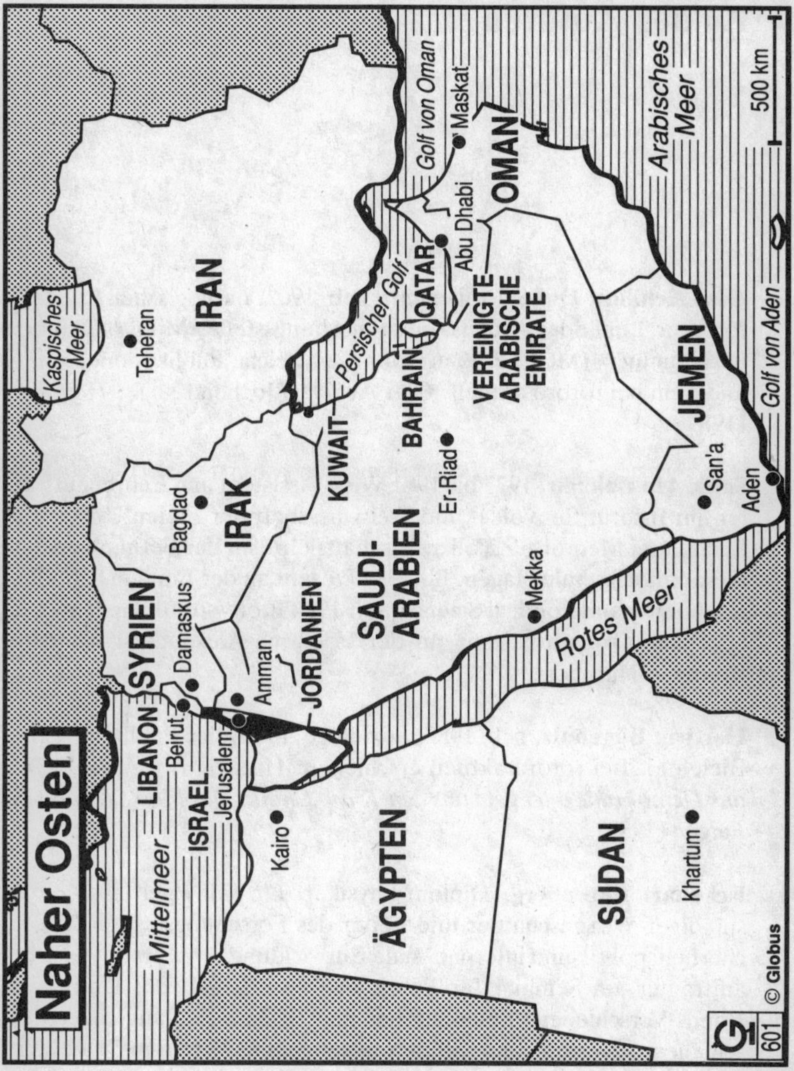
Naher Osten
Mittelmeer
Kaspisches Meer
Persischer Golf
Golf von Oman
Arabisches Meer
Golf von Aden
Rotes Meer
IRAN
Teheran
IRAK
Bagdad
SYRIEN
Damaskus
LIBANON
Beirut
ISRAEL
Jerusalem
JORDANIEN
Amman
KUWAIT
SAUDI-ARABIEN
Er-Riad
Mekka
BAHRAIN
QATAR
Abu Dhabi
VEREINIGTE ARABISCHE EMIRATE
OMAN
Maskat
JEMEN
San'a
Aden
ÄGYPTEN
Kairo
SUDAN
Khartum
500 km
601
© Globus

Zu den Autoren

Olaf Achilles, Diplom-Ingenieur, geb. 1962, ökologischer Friedensforscher, Leiter der Arbeits- und Forschungsstelle «Militär, Ökologie und Planung» (MÖP) e. V. in Bonn. Zahlreiche Publikationen, unter anderem bei rororo aktuell: Olaf Achilles/Jochen Lange: *Tiefflieger* (1989).

Sefik Alp Bahadir, 1977 bis 1981 Wiss. Assistent und Lehrbeauftragter am Institut für Volks- und Weltwirtschaft der Freien Universität Berlin und Mentor für Volkswirtschaftslehre an der Fernuniversität/Gesamthochschule Hagen, bis 1984 Dozent an der London School of Economics and Political Science, seit 1984 Professor für Gegenwartsbezogene Orientforschung an der Friedrich-Alexander-Universität Erlangen-Nürnberg.

Hartwig Bögeholz, geb. 1952, Soziologe und freier Publizist, lebt in Bielefeld. Bei rororo aktuell erschienen: Hartwig Bögeholz: *«Gebt uns Demokratie oder gebt uns den Tod». China: Das Massaker und die Folgen* (1989).

Eckehart Ehrenberg, Diplom-Physiker, Dr. phil., geb. 1944, selbständiger Wissenschaftler und Leiter des Forschungsinstituts für Sicherheitspolitik und internationale Entwicklung e. V., Bonn; Lehrbeauftragter am Seminar für Politische Wissenschaft der Universität Bonn. Verschiedene Publikationen zum Thema Rüstung, zuletzt erschienen: «Rüstung und Militär im Nahen und Mittleren Osten», in: Steinbach Robert (Hg.): *Der moderne Nahe und Mittlere Osten*, Leverkusen 1988.

Arnold Hottinger, geb. 1926 in Basel, Orientalist, studierte in Basel, Zürich, Paris und Chicago. Korrespondent des Schweizer Radios und später der *Neuen Zürcher Zeitung* in der arabischen Welt seit 1958. Wohnsitz in Beirut bis 1968, dann in Madrid bis 1982, seither in Nikosia. Letzte Buchpublikation: *Die Araber vor ihrer Zukunft*, NZZ Verlag, Zürich 1989. Regelmäßige Beiträge zur nahöstlichen Politik in NZZ und in *Europa Archiv*, Bonn.

Peter Lock, geb. 1941, Koordinator der Forschungsstelle der Berghof-Stiftung, verantwortlicher Herausgeber der Zeitschrift *Militärpolitik Dokumentation*. Veröffentlichungen zu den Bereichen Rüstungswirtschaft, Militarisierung und Entwicklungsprobleme.

Andreas Rieck, geb. 1954, Studium der Islamwissenschaft, Politologe und Iranistik, 1984 bis 1987 Referent am Orient-Institut der Deutschen Morgenländischen Gesellschaft in Beirut/Libanon, seit 1989 Wiss. Mitarbeiter am Deutschen Orient-Institut in Hamburg. Veröffentlichungen zur «islamischen Wirtschaftstheorie», zum Libanonkonflikt und zum Iran.

Shaker Alhamdani (Pseudonym), irakischer Oppositioneller, lebt in der Bundesrepublik im Exil.

A. S., Nahostexpertin aus der Bundesrepublik, lebt zur Zeit in Israel.

Marianne Stern, geb. 1952, Lehrerin in Hamburg, arbeitet und schreibt seit Jahren über die Regionen in Nahost. Bei rororo aktuell erschienen: Anja Malanowski/Marianne Stern (Hg.): *Iran – Irak. ‹Bis die Gottlosen vernichtet sind›* (1987).

Dritte Welt

Hartwig Bögeholz
«Gebt uns Demokratie oder gebt uns den Tod»
China: Das Massaker und die Folgen (12733)

Anja Malanowski/Marianne Stern (Hg.)
Iran – Irak
«Bis die Gottlosen vernichtet sind»
(12133)

Bahman Nirumand
Iran – hinter den Gittern verdorren die Blumen (15735)

Bahman Nirumand/Keywan Daddjou
Mit Gott für die Macht
Eine politische Biographie des Ayatollah Chomeini (12718)

Freidoune Sahebjam
«Ich habe keine Tränen mehr»
Iran: Die Geschichte des Kindersoldaten Reza Behrouzi (12139)

12728

12474

Herausgegeben von Ingke Brodersen

rororo aktuell

C 2373/3